dtv

Weiblichkeit und Natur – Männlichkeit und Geist, von dieser Festschreibung der Geschlechter ist unsere abendländische Kultur und Zivilisation zutiefst geprägt. Erst der modernen Frauenbewegung und den daraus entstandenen Theorien ist es gelungen, an den geistigen Fundamenten für die jahrhundertelange Unterdrückung der Frauen zu rütteln, die schon Simone de Beauvoir auf den Punkt bringt: »Die Frau wird bestimmt und unterschieden in Bezug auf den Mann, dieser aber nicht in Bezug auf sie, sie ist das Unwesentliche angesichts des Wesentlichen. Er ist das Subjekt, er ist das Absolute; sie ist das Andere.« Sich gegen die Gleichsetzung von Frau und Natur in der Philosophie und den damit einhergehenden Ausschluß der Frauen aus dem Vernunft- und Subjektbegriff zu wenden ist der Leitfaden feministischer Philosophie.
Ursula I. Meyer analysiert den Begriff der feministischen Philosophie und gibt einen Überblick über die zentralen Themen – weibliche Vernunft, Geschlechterdifferenz, Wissenschaftskritik und feministische Ethik – sowie einige ihrer wichtigsten Vertreterinnen. Dabei wird gezeigt, daß feministische Philosophie keine neue philosophische Disziplin ist, sondern daß sie sich mit allen Bereichen traditioneller Philosophie auseinandersetzt.

Ursula I. Meyer, geboren 1961, studierte nach mehrjähriger Tätigkeit als Diplomingenieurin für Versorgungstechnik Philosophie, klassische Archäologie und Vor- und Frühgeschichte. Sie arbeitet als Verlegerin und Autorin philosophischer Fachtexte mit Schwerpunkt feministische Philosophie. Veröffentlichungen u. a.: ›Das Symbol gibt zu denken‹ (1990); ›Studienführer Philosophie. Ein Leitfaden für StudienanfängerInnen‹ (2. Aufl. 1993); ›Philosophinnen-Lexikon‹ (Hgin; 1994); ›Die Welt der Philosophin. Antike und Mittelalter‹ (1995).

Ursula I. Meyer

Einführung in die feministische Philosophie

Deutscher Taschenbuch Verlag

Juli 1997
Deutscher Taschenbuch Verlag GmbH & Co. KG,
München

(ISBN 3-928089-06-4)
Umschlaggestaltung: Balk & Brumshagen
Umschlagbild: ›Notes in Times on Women‹
(Ausschnitt, 1979) von Nancy Spero,
Courtesy Barbara Gross Galerie
Gesetzt aus der10,4/13˙ Stempel Garamond
Satz und Herstellung: Hartmut Czauderna, Gräfelfing
auf Apple Macintosh Quark XPress
Gedruckt auf säurefreiem, chlorfrei gebleichtem Papier
Druck und Bindung: C. H. Beck'sche Buchdruckerei,
Nördlingen
Printed in Germany · ISBN 3-423-30635-1

Inhalt

Vorwort ... 9

Einleitung ... 11
1. Die Entstehung der feministischen Philosophie ... 11
2. Der Begriff der feministischen Philosophie ... 19
3. Die Inhalte der feministischen Philosophie ... 23
4. Die feministische Philosophie im akademischen Umfeld ... 28

Kritik der Vernunft, des Patriarchats und der Wissenschaften ... 31

1. Einleitung ... 31
1.1. Feministische Kritik der rationalen Vernunft und des neutralen Subjekts ... 34
1.2. Feministische Alternativen zur patriarchalen Vernunft ... 39
1.3. Feministische Kritik der Wissenschaften ... 42

2. Simone de Beauvoir und ›Das andere Geschlecht‹ ... 56
2.1. Das andere Geschlecht ... 57
2.2. Kritik am anderen Geschlecht ... 66
2.3. Simone de Beauvoir und die Frauenbewegung ... 69
2.4. Die Moral der Doppelsinnigkeit ... 71

3. Mary Daly und die ›Reine Lust‹ ... 75
3.1. Jenseits von Gottvater, Sohn & Co. ... 82
3.2. Gyn/Ökologie ... 84
3.3. Reine Lust ... 92
3.4. Kritik an Dalys Radikalfeminismus ... 104

4. Sandra Harding und die ›Feministische Wissenschaftstheorie‹ 106
4.1. Feministische Wissenschaftstheorie ... 107
4.2. Feministischer Empirismus, Standpunkttheorie und Postmoderne ... 117

4.3. Revolution oder Reform 126
4.4. Feminismus und die afrikanische Weltsicht 128

Geschlechterdifferenz 133

1. Einleitung 133
1.1. Das Problem der Geschlechterdifferenz in der Philosophie 136
1.2. Feministische Philosophie und Postmoderne 141
1.3. Feministische Theorien zur Geschlechterdifferenz 145
1.4. Das weibliche Subjekt 147
1.5. Frauen unter sich – affidamento 153

2. Luce Irigaray und die ›Ethik der sexuellen Differenz‹ 159
2.1. Psychoanalyse und Philosophie 163
2.2. Ethik der sexuellen Differenz 167
Weibliche Sexualität und Identität 171
Weibliche Genealogie 173
Weibliches Sprechen 175
2.3. Politik der sexuellen Differenz 179
2.4. Kritik an Irigaray 183

3. Julia Kristeva und ›Die Revolution der poetischen Sprache‹ . 185
3.1. Das Semiotische und das Symbolische 186
3.2. Das Semiotische und die prä-ödipale Mutter 193
3.3. Die Frauen und die Zeit 197
3.4. Fremde wie du und ich 201

Feministische Ethik 205

1. Einleitung 205
1.1. Die Inhalte der feministischen Ethik 208
1.2. Kritik der universalistischen Ethik 213
1.3. Ansätze zur feministischen Ethik 216
Die konkrete Andere 216
Philosophie der Freundschaft 220
Ethik der Mütterlichkeit 223

2. Carol Gilligan und ›Die andere Stimme‹ 226
2.1. Moral der Fürsorge 228
2.2. Fürsorge und Gerechtigkeit – ein Gegensatz? 233
2.3. Die andere Stimme in der Kritik 237

3. Sarah Hoagland und ›Die Revolution der Moral‹ 240
3.1. Kritik des Heterosexualismus 242
3.2. Lesbische Ethik 244
3.3. Moralische Handlungsfähigkeit 250
3.4. Die Revolution der Moral 253

Literatur 257
Register 267

Vorwort zur zweiten Auflage

Es ist immer erfreulich, ein Vorwort für die zweite Auflage eines Buches zu schreiben, einfach weil es schön ist zu wissen, daß die erste gut angekommen ist. Bei der ›Einführung in die feministische Philosophie‹ ist es für mich besonders erfreulich, weil mir dieses Buch sehr wichtig ist. Gefreut haben mich auch die zahlreichen positiven Rückmeldungen, die ich zu diesem Buch bekommen habe; mir wurde immer wieder bestätigt, daß es einen guten Überblick zum Thema feministische Philosophie bietet und verständlich geschrieben ist, was es auch philosophisch nicht-vorgebildeten LeserInnen zugänglich macht – das war ja auch mein Ziel.

Mir selbst liegt viel an diesem Buch, weil ich, wie die meisten anderen Philosophinnen, durch mein Studium und die Arbeit an der Universität in erster Linie mit den abstrakten Inhalten des traditionellen philosophischen Kanons konfrontiert worden bin. Durch die feministische Philosophie konnte ich mich nun endlich mit einer Form des Philosophierens befassen, die mich als Frau anspricht. Deshalb ist die feministische Philosophie für mich eine sinnvolle Verbindung zwischen meinem Anspruch als Feministin und meinem Denken als Philosophin.

Zum Inhalt des Buches möchte ich noch anmerken, daß ich den Text für die zweite Auflage (1994) vollständig überarbeitet habe; die allgemeinen Kapitel wurden um einige Ideen aus neuen Publikationen ergänzt und zum Teil habe ich auch neue Abschnitte, zum Beispiel zum Thema Postmoderne, eingefügt. Auch die Kapitel über einzelne Philosophinnen wurden überarbeitet und, falls möglich, um neue Inhalte erweitert.

Meine ›Einführung in die feministische Philosophie‹ hat nicht das

Ziel, alle Bereiche und Themen der feministischen Philosophie erschöpfend zu diskutieren. Ich habe mich bewußt darauf beschränkt, mich mit Ansätzen zu befassen, die als Alternative zum traditionellen philosophischen Diskurs konzipiert wurden. Die Auswahl der dargestellten Ansätze ist natürlich subjektiv, aber ich hoffe damit einen umfassenden Eindruck von den Ideen und Inhalten der feministischen Philosophie zu vermitteln.

Ursula I. Meyer

Einleitung

1. Die Entstehung der feministischen Philosophie

Die feministische Philosophie hat ihren Ausgangspunkt in der Forderung nach Gleichberechtigung der Frauen in allen Lebensbereichen. Diese wurde von der ersten Frauenbewegung im 18. und 19. Jahrhundert mit dem Ziel aufgestellt, gleiche Rechte, Ausbildungsmöglichkeiten und Arbeitsbedingungen für Frauen zu schaffen und vor allem die Einführung des Wahlrechts für die Frauen durchzusetzen. Nach langem Kampf hatten die Frauen ihre vorrangigste Forderung, das Wahlrecht, erreicht. Allerdings stagnierte nach dieser Gesetzesänderung die politische Arbeit vieler Feministinnen oder wurde von den sozialistischen Parteien adaptiert. Das Hitlerregime und der Krieg setzten dem feministischen Kampf sein vorläufiges Ende.

Erst nach dem Zweiten Weltkrieg wurde die Forderung nach der rechtlichen Gleichstellung der Frau von den ersten Vertreterinnen der modernen Frauenbewegung wieder aufgegriffen. Seit diesem Zeitpunkt werden auch verstärkt philosophische Ansätze mit feministischem Hintergrund entwickelt.

Eine der frühesten Repräsentantinnen dieser zweiten Frauenbewegung war Simone de Beauvoir, die 1949 ihre Untersuchung ›Das andere Geschlecht‹ veröffentlichte. Darin ruft sie die Frauen auf, sich nicht mehr mit ihrem Status als Andere, als Ergänzung des Mannes zufriedenzugeben, sondern ihre Gleichstellung in der Gesellschaft zu beanspruchen.

Einen entscheidenden Anstoß erhielt die feministische Theorie später durch die studentischen Unruhen der sechziger Jahre. Da jedoch die Forderungen dieser Bewegung innerhalb der politischen Linken angesiedelt waren, galten die Interessen der Frauen als Nebenwiderspruch im Rahmen des sozialistischen Hauptwiderspruchs. Trotzdem konnten die Frauen auf der Grundlage des sozialistischen Ansatzes ihre feministischen Theorien konkreter ausarbeiten. Dabei ging es ihnen vor allem um die Entstehung und die Ursachen der Frauenunterdrückung. Es entstanden Arbeiten wie ›Der Weiblichkeitswahn oder die Selbstbefreiung der Frau‹ von Betty Friedan (1963) sowie ›Frauenbefreiung und sexuelle Revolution‹ von Shulamith Firestone (1971), die verschiedene Formen des Sexismus in der patriarchalen Gesellschaft analysierten. Die Unterdrückung der Frauen wird darin auf unterschiedliche Ursachen zurückgeführt. Für Firestone liegt das Problem in der weiblichen Reproduktionsfähigkeit und seine Lösung im Einsatz neuer Technologien. Friedan dagegen setzt auf die Eigeninitiative und Energie der Frauen und ihren Wunsch, ihr Leben selbst in die Hand zu nehmen.

In dieser Entstehungsphase der modernen feministischen Theoriebildung liegt der Ursprung der feministischen Philosophie. Sie entwickelte sich vor allem in den USA und kam später auch nach Europa. Dort nahm die philosophische Umsetzung der feministischen Theoriebildung Anregungen aus der Kritischen Theorie und später auch aus dem französischen Poststrukturalismus auf.

Im feministischen Kontext besteht ein zweifacher Bezug zwischen Theoriebildung und Philosophie: zum einen befaßt sich die Theoriebildung häufig mit Themen, die, auch im Sinne eines traditionellen Ansatzes, als philosophisch eingestuft werden können. Zum anderen ist die patriarchale Philosophie als Legitimierung der gesellschaftlichen Struktur ein wichtiges Element der Frauenunterdrückung. Sie unterstützt das gesellschaftliche Frauenbild, legitimiert die bestehenden Geschlechterrollen. Dadurch ist sie mitverantwortlich für die Ausgrenzung der Frauen aus allen relevanten Bereichen der Politik und Öffentlichkeit und somit Gegenstand feministischer Kritik im allgemeinen.

Herta Nagl-Docekal unterscheidet bei der Entwicklung der

europäischen feministischen Philosophie drei Phasen: Die erste Phase besteht in der Forderung nach der Emanzipation der Frauen und ist orientiert am Gleichheitsgrundsatz; ihr folgt als zweite Phase die Wahrnehmung der Andersheit des Weiblichen im positiven Sinn, also als Wert, der dem Männlichen überlegen oder mindestens ebenbürtig ist; im Anschluß daran steht die dritte Phase mit dem Ziel einer Veränderung der Gesellschaft unter dem Gesichtspunkt der Gleichberechtigung beider Geschlechter. Die theoretischen Grundlagen dazu wurden in der Anfangsphase von den empirischen Sozialwissenschaften und erst später von der Philosophie entwickelt.[1]

Die ersten Publikationen zur feministischen Philosophie entstanden aus der modernen Frauenbewegung der frühen siebziger Jahre und verarbeiteten vor allem die aktuellen Themen der feministischen Theoriebildung. Diese rückte spezifisch weibliche Erfahrungen in den Vordergrund und befaßte sich mit Abtreibung, Pornographie, ungleichen Arbeitsbedingungen, Ehe und Mutterschaft. In dieser Anfangsphase wurden philosophische Reflexionen vor allem in Sammelbänden veröffentlicht: zum Beispiel ›Women and Philosophy‹, herausgegeben von Carol C. Gould, 1976; ›Feminism and Philosophy‹, herausgegeben von Mary Vetterling-Braggin, F. A. Elliston und Jane English, 1977; ›Philosophy and Women‹, herausgegeben von Sharon Bishop und Marjorie Weinzweig, 1979; ›Radical Philosophy, Women, Gender and Philosophy‹, herausgegeben von Mary Vetterling-Braggin, 1983.

Das Ziel dieser Untersuchungen war es, sichtbar zu machen, daß die bisher nur von Männern aufgestellten Theorien über Frauen und Weiblichkeit nicht in der Lage sind, deren Erfahrung adäquat zu erfassen. Ausgangspunkt der Feministinnen war ihr neu entwickeltes Bewußtsein, das ihren Blick auf die eigene Realität radikal veränderte.[2] Thematisch setzten sie sich außerdem mit der Aufarbeitung

1 Vgl. Herta Nagl-Docekal: Was ist feministische Philosophie. In: Dies. (Hgin): Feministische Philosophie, S. 31.

2 Vgl. Morwenna Griffiths und Margaret Whitford: Introduction. In: Dies. (Hginnen): Feminist Perspectives in Philosophy, S. 8f.

und Neuinterpretation der Philosophiegeschichte unter besonderer Berücksichtigung des Geschlechts und mit den Aussagen über Frauen auseinander.

In der Entwicklungsgeschichte der feministischen Philosophie spielen vor allem die späten siebziger Jahre eine entscheidende Rolle. Zu dieser Zeit vollzog der amerikanische Feminismus eine grundlegende Wende. Am Anfang stand die wirtschaftliche und soziale Diskriminierung im Vordergrund der Untersuchungen. Nun befaßten sich die Feministinnen stärker mit den Hintergründen der Geschlechterorganisation in Literatur, Wissenschaft und Philosophie. Dabei veränderten sich auch die Vorgehensweisen: Wenn bislang die eindeutigen Geschlechterschranken in der Gesellschaft expliziert wurden, durch die man Frauen aus bestimmten Bereichen des Lebens ausschließt, so konzipierten die Philosophinnen jetzt eine tiefergehende *Hermeneutik des Verdachts*, mit der die Problematik der Geschlechterorganisation, deren Entwicklung und Struktur stärker in den Vordergrund traten.[3]

Auf dieser Grundlage entstand die Diskussion der Geschlechterdifferenz, welche die Beziehungen zwischen den Geschlechtern thematisiert. Ihre Voraussetzung ist die Unterscheidung zwischen dem natürlichen oder biologischen Geschlecht *sex* und dem sozialen Geschlecht *gender*, die bereits von der ersten Frauenbewegung und später von Simone de Beauvoir aufgezeigt wurde. Die Quintessenz aus dieser Trennung ist die Feststellung, daß wir nicht als Mädchen geboren, sondern dazu gemacht werden. Auf der Grundlage dieser Unterscheidung rückt vor allem die Bestimmung des Geschlechts als Ergebnis der Sozialisation in den Mittelpunkt des feministischen Denkens.

Die Thematisierung der Geschlechterdifferenz gilt allgemein als Kennzeichen der zweiten Frauenbewegung. Durch sie wird das Den-

3 Vgl. Susan Bordo: Feminist Scepticism and the Maleness of Philosophy. In: The Journal of Philosophy (1988), S. 619.

ken liberaler Feministinnen abgelöst, dessen Ziel in der Gleichheit von Frau und Mann liegt. Die ersten Arbeiten im Kontext der Geschlechterdifferenz befassen sich mit der patriarchalen Gleichsetzung von Frau und Natur. Dazu gehören ›The Mermaid and the Minotaur‹ (dt.: ›Das Arrangement der Geschlechter‹) von Dorothy Dinnerstein und ›Frau und Natur‹ von Susan Griffin. Auch die amerikanische Philosophin Mary Daly macht die negativen Konsequenzen dieser Gleichsetzung beider Geschlechter deutlich und erklärt die Eroberung einer anderen weiblichen Welt zum Ziel ihrer feministischen Arbeit.

Im Zusammenhang mit der Theorie der Geschlechterdifferenz steht auch die Neu- oder Wiederentdeckung weiblicher Werte, wie sie in den Ansätzen zur feministischen Ethik praktiziert wird. Von Feministinnen wie Carol Gilligan (›Die andere Stimme‹) und Nel Noddings (›Caring‹) wird ein spezifisch weiblicher Standpunkt innerhalb der Moraltheorie entwickelt, den die traditionelle Ethik bisher vernachlässigt hat.

Allerdings richtet sich von feministischer Seite massive Kritik an solche Theorien zur weiblichen Moral, die ihnen vorwirft, von spezifischen Qualitäten der weiblichen Natur auszugehen. Damit konzipiere sie ein weibliches Wesen, eine weibliche Essenz, durch die sie die Möglichkeiten der Frauen einschränke und ihre soziale Rolle konsolidiere.[4] Kritik an der so praktizierten Aufwertung weiblicher Tugenden und am Essentialismus oder Biologismus ist bei vielen Philosophinnen zu finden.

Zu den bekanntesten Vertreterinnen der Theorie der Geschlechterdifferenz gehören auch die poststrukturalistischen französischen Philosophinnen Hélène Cixous, Julia Kristeva und Luce Irigaray. Sie heben auf die Ausbildung einer weiblichen Subjektivität und Wahrnehmung weiblicher Sexualität ab. In ihren Ansätzen entwickeln sie ein eigenes weibliches Schreiben oder Sprechen und fordern eine Revolution der symbolischen Ordnung des Patriarchats. Dabei ist es

4 Vgl. Nancy Fraser und Linda J. Nicholson: Social Criticism without Philosophy. In:

ihr Ziel, das Besondere sichtbar zu machen, das die Frau vom Mann unterscheidet und durch die Aufhebung patriarchalen dualistischen Denkens die Unterschiede zwischen den Geschlechtern neu zu bewerten.

Grundsätzlich hat die feministische Philosophie keinen einheitlichen Ausgangspunkt vorzuweisen. Sie besitzt kein von allen akzeptiertes Dogma und will auch keines entwickeln. Es ist nicht ihr Anspruch, eine neue Objektivität oder Neutralität zu konzipieren, um eine den Frauen eigene Wahrheit festzuschreiben. Die feministische Philosophie besteht vielmehr aus einer Reihe unterschiedlicher Stimmen, die nicht immer im Konsens stehen. Gerade in der Diskontinuität ihres Ansatzes sehen die Feministinnen den Unterschied ihrer Philosophie zum männlich geprägten traditionellen Kanon. Trotz unterschiedlicher Ausgangspunkte und Zielsetzungen liegt eine Gemeinsamkeit des feministischen Denkens darin, daß sie notwendig kritisch sind. Unter diesem Vorzeichen befaßt sich die feministische Philosophie sowohl mit den Gegebenheiten der patriarchalen Gesellschaft als auch mit der traditionellen Philosophie.[5]

Auch die feministische Theoriebildung weist eine Vielzahl unterschiedlicher Ansätze auf, denen sich jedoch drei Muster zuordnen lassen. Diese kennzeichnen eine grundlegende Orientierung, die auch in der feministischen Philosophie wiederzufinden ist. Man unterscheidet dabei zwischen dem liberalen, dem marxistischen oder sozialistischen und dem radikalen Feminismus. Dem liberalen Feminismus geht es in erster Linie um die Gleichbehandlung der Frauen im bestehenden System. Diese Richtung, auch humanistischer Feminismus genannt, war vor allem in der ersten Frauenbewegung verbreitet, bekämpfte die Unterdrückung der Frau und plädierte für ihre Gleichstellung in der Gesellschaft.

In ihrem Denkansatz gehen die liberalen Feministinnen davon aus, daß unterdrückende Faktoren, wie ungleiche Ausbildung und die

5 Vgl. Morwenna Griffiths und Margaret Whitford: Introduction. In: Dies. (Hginnen): Feminist Perspectives in Philosophy, S. 4ff.

liberal: Teilhabe

Beschränkung der Frauen auf den Haushalt, geändert werden könnten, ohne die gesamte soziale Organisation umzustrukturieren. Ihr Ziel ist es, den Frauen eine Position in der Gesellschaft einzuräumen, die der männlichen vergleichbar ist, und ihnen damit eine Teilhabe an der Macht zu sichern.

Die Geschlechtsunterschiede sind für den egalitären Feminismus zufällig und er fordert, den Frauen die Entwicklung eines eigenen weiblichen Ich zu ermöglichen. Dabei bedeutet die Gleichheit der Geschlechter in erster Linie, daß Frauen die gleichen Ziele und Maßstäbe wie die Männer anstreben sollen; dazu gehören Mut, Rationalität, Stärke oder Macht.[6]

Im philosophischen Kontext versuchen die liberalen Feministinnen in erster Linie die patriarchalen Grenzen zu beseitigen, durch welche die Frauen von der Philosophie ausgeschlossen werden, und bestehende Theorien so zu verändern, daß sie auch auf die weibliche Erfahrung anwendbar sind. Diese Vorgehensweise findet man auch bei der Philosophin Simone de Beauvoir, die auf den Existentialismus rekurriert, sowie bei Shulamith Firestone, die sich an einem Freudo-Marxismus nach dem Vorbild Herbert Marcuses orientiert.[7] Weitere Vertreterinnen des liberalen Feminismus sind Betty Friedan, Kate Millett und Germaine Greer.

Die zweite Richtung, der marxistische oder sozialistische Feminismus, sieht die Ursachen für die Unterdrückung der Frau in der gesellschaftlichen Struktur, wobei die ökonomischen Verhältnisse und die soziale Rolle der Frau als ausschlaggebende Faktoren gelten. Sie geht davon aus, daß die Gleichberechtigung der Frau innerhalb der herrschenden Klassengesellschaft nicht möglich sei.

Das Ziel der marxistisch orientierten Feministinnen ist die Befreiung der Frauen, die mit dem Wechsel vom kapitalistischen zum sozialistischen System einhergehen soll. Im Sozialismus sollte dann

6 Vgl. Iris Marion Young: Humanismus, Gynozentrismus und feministische Politik. In: List und Studer (Hginnen): Denkverhältnisse, S. 39.

7 Vgl. Elizabeth Grosz: Philosophy. In: Gunew (Hgin): Feminist Knowledge, S. 157.

die Unterdrückung der Frauen nicht mehr möglich sein, da sie wirtschaftlich unabhängig und damit gleichgestellt wären.[8]

Der feministisch-marxistische Ansatz wird von vielen Feministinnen kritisiert, da er auf ein System zurückgeht, das von Männern entwickelt wurde, und das deshalb nicht in der Lage sei, ein adäquates Programm zur Frauenbefreiung zu liefern.[9] Trotzdem bietet die Auseinandersetzung mit dem Marxismus für einige Philosophinnen, wie Simone de Beauvoir, den Anstoß zu einer tiefergehenden Analyse der Unterdrückung und damit auch der Rolle der Frau. Ebenso bildet er die Grundlage einiger Theorien zur feministischen Psychoanalyse. So orientiert Juliet Mitchell in ihrem Buch ›Frauen – Die längste Revolution‹ ihre Untersuchungen zur weiblichen Psyche am Hintergrund der marxistischen Revolution.

Die dritte Richtung, der radikale Feminismus, geht, ebenso wie der marxistische, davon aus, daß die Unterdrückung der Frau in der Struktur der Gesellschaft verankert ist. Allerdings sehen die radikalen Feministinnen deren grundlegende Organisation nicht in der Klassenstruktur, sondern in der patriarchalen Familie und anderen hierarchischen Lebensformen verwurzelt. Sie bezeichnen die Unterdrückung der Frau als erste und primärste Repressalie des Patriarchats. Sie ist universal, überschreitet Rassen und Kulturen. Eine Gleichstellung der Frau kann nicht durch eine Reformierung des Systems erreicht werden, das deshalb völlig abgeschafft werden müsse. Radikale Feministinnen plädieren für eine grundlegende Neustrukturierung der Gesellschaft und die Beseitigung von patriarchalen Mechanismen. Dabei geht es nicht nur um die hierarchischen und politischen Strukturen, sondern auch um die Überwindung der sozialen und kulturellen Institutionen und um die Schaffung eines angemessenen Raumes für die Frauen.[10]

Der radikale Feminismus entwickelt eine frauenzentrierte Theorie und Praxis, die von der gelebten weiblichen Erfahrung ausgeht. Dar-

8 Vgl. Rosemarie Tong: Feminist Thought, S. 2.
9 Vgl. ibid., S. 61ff.
10 Vgl. ibid., S. 2f.

in werden intellektuelle Auseinandersetzungen mit den Normen, Methoden und Begriffen der traditionellen Philosophie geführt, die Priorität der weiblichen Erfahrung und der weiblichen Perspektive thematisiert sowie die Voraussetzungen und Werte der sexistischen Philosophie kritisiert.[11] Als Vertreterinnen des radikalen Feminismus gelten vor allem Luce Irigaray, Michele Le Doeff, Mary Daly, Mary O'Brien, Genevieve Lloyd oder Moira Gatens.

Diese drei Richtungen liberaler, sozialistischer und radikaler Philosophie geben auch die Entwicklung der feministischen Theorie wieder, die mit der liberalen Forderung nach Gleichheit begann und über den Klassenkampf zur radikalen Forderung nach dem Sturz des Patriarchats ausgedehnt wurde. Allerdings hat es, trotz dieser Reihenfolge, immer auch alle drei Denkansätze gleichzeitig gegeben. So werden heute noch Theorien zur Gleichheit der Geschlechter aufgestellt und auch der sozialistische Ansatz ist nicht überholt.

2. Der Begriff der feministischen Philosophie

Grundsätzlich verfügt die feministische Philosophie über zwei verschiedene Quellen: die moderne Frauenbewegung, mit der daraus entstandenen Theoriebildung und die traditionelle Philosophie. Aus der Verbindung beider können die Philosophinnen ihre Erfahrungen aus der politischen Praxis in ihre wissenschaftliche Arbeit integrieren und so den patriarchalen und androzentrischen Charakter der Philosophie sichtbar machen.

Das Anliegen der feministischen Philosophie ist die Thematisierung der Erfahrung der Geschlechtlichkeit. Damit verbunden ist auch die Forderung, das Geschlecht als Kategorie in die Selbstreflexion der Philosophie und in das Ensemble der bestehenden Kategorien aufzunehmen.

11 Vgl. Sneja Gunew: Introduction. In: Dies. (Hgin): Feminist Knowledge, S. 8.

Innerhalb des feministischen Denkansatzes gibt es keinen einheitlichen Begriff der feministischen Philosophie, sondern eine Reihe von zum Teil unterschiedlichen Definitionen und verschiedenen Richtungen. Sie wird als offenes Konzept verstanden, das in mancher Hinsicht noch in der Phase des Ausdrucks steckt und nicht eindeutig definiert werden kann. Da viele Teile der feministischen Philosophie auch mit größeren feministischen Themen kommunizieren, läßt sie sich auch nicht in die Grenzen einer Disziplin pressen.

Die Philosophinnen Lorraine Code, Sheila Mullett und Christine Overall stellen die Verbindung der feministischen Philosophie mit der Bewußtseinserweiterung her, die aus der politischen Praxis der Frauenbewegung resultiert. Diese führe zu einem feministischen Bewußtsein, womit die feministische Theorie einen einheitlichen weiblichen Blick auf die soziale Realität bezeichnet. Er bewirke eine neue Sichtweise des konventionellen sexistischen Umfeldes und führe zu einer grundsätzlichen Veränderung des Verhaltens. Deshalb initiiert die feministische Philosophie auch soziale und politische Analysen der ethischen Konsequenzen von Vergewaltigung, Pornographie, Prostitution oder Reproduktionstechnologien. Außerdem entwickelt sie eine systematischere philosophische Auseinandersetzung mit den Grenzen der traditionellen Denkstrukturen.[12]

Sehr prägnant definiert Herta Nagl-Docekal die feministische Philosophie als *Philosophieren am Leitfaden des Interesses an der Befreiung der Frau*. Sie bestimmt den Begriff der feministischen Philosophie anhand von mehreren Charakteristika und Schwerpunkten: Erstens sei die feministische Philosophie nicht aus dem Zusammenhang der philosophischen Forschung, sondern aus der politischen Bewegung entstanden. Zweitens müsse deshalb zwischen dem praktischen und dem wissenschaftlichen Kontext unterschieden werden. Drittens sei die feministische Philosophie selbst keine Ideologie, habe aber, da sie die Unterdrückung der Frau im Patriarchat thematisiere, ideologiekritischen Charakter. Viertens sei die feministische

12 Vgl. Lorraine Code, Sheila Mullett und Christine Overall: Introduction. In: Griffiths und Whitford (Hginnen): Feminist Perspectives, S. 5.

Philosophie keine Teildisziplin des bestehenden philosophischen Kanons, sondern eine neue Form der Kritik und des Philosophierens, angeleitet vom Interesse der Frauenbefreiung. Fünftens sei es die Zielsetzung der feministischen Philosophie, sich nicht nur mit der Rolle der Frau, sondern mit beiden Geschlechtern und deren Verhältnis zu befassen. Sechstens sei die feministische Philosophie keine einheitliche Position aller Feministinnen, sondern verfüge über teilweise sehr unterschiedliche Überlegungen und Untersuchungen, die nicht immer kompatibel seien.[13]

Im ›Frauenlexikon‹ definiert Brigitte Weisshaupt die feministische Philosophie als die *Akzentuierung von Form und Inhalt der Philosophie unter dem Gesichtspunkt des Denkens und Handelns von Frauen*. Sie versteht feministische Philosophie als eine bestimmte Form der Kritik, Konkretisierung und Erweiterung von Philosophie, die sowohl durch systematische als auch gesellschaftspolitische Ziele definiert ist.[14] Die Philosophinnen sind in erster Linie auch Feministinnen und als solche versuchen sie die Erfahrungen und Praktiken von Frauen zu verstehen und zu erklären und so für die Befreiung der Frau zu arbeiten.

Außerdem wird die feministische Philosophie als radikale In-Frage-Stellung der herrschenden patriarchalen Lebens- und Denkform verstanden, die einen neuen Natur- und Wahrheitsbegriff anstrebt. Sie wendet sich dabei vor allem gegen die Gleichsetzung von Frau und Natur in der Philosophie, unter dem gleichzeitigen Ausschluß der Frauen aus dem Vernunft- und Subjektbegriff.

Methodisch arbeitet die feministische Philosophie in erster Linie interdisziplinär. Sie verwendet einen eklektischen Ansatz, der in verschiedenen Disziplinen verwurzelt ist und nicht auf eine bestimmte Richtung festgelegt werden kann.[15]

13 Vgl. Herta Nagl-Docekal: Feministische Philosophie. In: Deuber-Mankowski, Ramming und Tielsch (Hginnen): 1789-1989 – Die Revolution hat nicht stattgefunden, S. 14f.

14 Vgl. Lissner, Süssmuth und Walter (Hginnen): Frauenlexikon, S. 893.

15 Vgl. Susan Sherwin: Philosophical Methodology and Feminist Methodology: Are They Compatible? In: Garry und Pearsall (Hginnen): Women, Knowledge and Reality, S. 27.

Im Hinblick auf die Auseinandersetzung mit dem historischen Diskurs zum Geschlecht hat Ursula Konnertz eine Methode ausgearbeitet, die in fünf Schritten vorgeht: kritische Lektüre der Texte mit tiefenhermeneutischer Analyse; Platz des weiblichen Geschlechts in dem dargestellten Denksystem orten; Einordnung des philosophischen Diskurses in den Rahmen der anderen Wissenschaften dieser Zeit; Auswirkungen der Wissenschaften auf Bereiche der Praxis (z. B. Arbeitsteilung usw.); Untersuchung von Zeugnissen weiblicher Selbstreflexion und Rekonstruktion der Frauenrolle. Konnertz resümiert, daß die Feministin, die wissenschaftlich arbeitet, immer interdisziplinär tätig ist, da sie neben der philosophischen Sicht auch historisches, soziologisches, politisches und psychoanalytisches Wissen verarbeiten müsse.[16]

Cornelia Klinger schreibt der Methodik der feministischen Philosophie grundsätzlich sowohl dekonstruierende als auch rekonstruierende Elemente zu. Zur Dekonstruktion innerhalb der Philosophie gehöre die Auseinandersetzung mit Philosophen und deren Äußerungen über Frauen und die Geschlechterdifferenz. Der zweite Bereich der Dekonstruktion liegt in der Aufarbeitung von philosophischen Themen, die sich zwar nicht explizit mit dem Thema Frau oder Geschlechterdifferenz befassen, aber unterschwellig darauf Einfluß nehmen.

Die restrukturierende Arbeit besteht dann in der Entwicklung alternativer Ansätze mit dem Ziel, epistemologische Kategorien der Historizität, Materialität und neue Formen von Rationalität zu entwerfen. Dabei dient die weibliche Erfahrung als Ausgangspunkt theoretischer Reflexionen, wodurch dem männlichen Denken ein weibliches entgegengestellt wird.

Klinger räumt jedoch ein, daß die Suche nach einem weiblichen Denken nicht zu einer Ontologisierung, also einem Rückzug auf die Natur der Frau führen dürfe, der letztlich wieder zu einer patriarchalen Geschlechterphilosophie beitrage. Ziel der feministischen Theorie sei die Anerkennung der Frau und nicht die

16 Vgl. Ursula Konnertz: Die Philosophin. In: Die Philosophin 2 (1990), S. 23ff.

Unterwerfung des Mannes unter eine andere Diktatur als seine eigene.[17]

3. Die Inhalte der feministischen Philosophie

Die Inhalte der feministischen Philosophie können grundsätzlich in zwei Richtungen unterteilt werden: Zum einen führt sie eine historisch-kritische Auseinandersetzung mit den bestehenden Ansätzen der traditionellen Philosophie und zum anderen liegt ihr Schwerpunkt auf der Entwicklung alternativer philosophischer Theorien.

Innerhalb der ersten Richtung befassen sich die Philosophinnen mit der kritischen Analyse der Geschichte der Philosophie in dreifacher Hinsicht: sie untersuchen die Rolle der Frau und des Geschlechterverhältnisses in der Philosophie anhand von konkreten Aussagen. Weiterhin beschäftigen sie sich mit philosophischen Aussagen und Begriffen wie Wahrheit, Vernunft, Existenz, Tugend oder Wissen, die angeblich geschlechtsneutral sind, denen aber dennoch ein impliziter Sexismus zugrundeliegt. Schließlich forschen sie auch nach den Philosophinnen der Geschichte, die durch die patriarchale Überlieferung meist ausgegrenzt und vergessen wurden.

Die feministische Philosophie ist keine neue philosophische Disziplin, sondern setzt sich mit allen Bereichen der traditionellen Philosophie auseinander. Innerhalb von Erkenntnistheorie und Metaphysik kritisiert sie die patriarchalen Dualismen und Dichotomien. Außerdem beschäftigt sich das feministische Denken schwerpunktmäßig mit den Bereichen ethische und politische Theorie sowie Erkenntnis- und Wissenschaftstheorie. Neben der Auseinandersetzung mit den klassischen Disziplinen geht sie auch kritisch auf die grundlegenden Strukturen des Wahrnehmens, Sprechens und Denkens ein.[18]

17 Cornelia Klinger: Das Bild der Frau in der Philosophie und die Reflexion von Frauen auf die Philosophie. In: Hausen und Nowotny (Hginnen): Wie männlich ist die Wissenschaft, S. 70ff.

18 Vgl. Susan Sherwin: Philosophical Methodology and Feminist Methodology: Are They Compatible? In: Garry und Pearsall (Hginnen): Women, Knowledge and Reality, S. 27.

Der zweite inhaltliche Schwerpunkt der feministischen Philosophie ist, neben der kritischen Auseinandersetzung mit der traditionellen Philosophie, die Entwicklung alternativer feministischer Ansätze. Vertreterinnen dieser Richtung sehen das Ziel einer feministischen Philosophie nicht in der Veränderung der bestehenden philosophischen Disziplinen. Sie wollen vielmehr eine weibliche Philosophie als Alternative zur bestehenden männlichen einbringen. Das Ziel ist die Entwicklung einer frauenzentrierten oder gynozentrischen Philosophie, die einhergeht mit der Ablehnung der traditionellen weiblichen Tugenden. Durchgeführt wird eine frauenbezogene Analyse, das heißt die Bedeutung, die Normalität und den Wert der weiblichen Erfahrung und der weiblichen Kultur sichtbar zu machen. Ihr Schwerpunkt ist die Beschäftigung mit den Themen Vernunft, Geschlechterdifferenz und feministische Ethik, die allerdings nicht als separate Disziplinen der feministischen Philosophie verstanden werden dürfen. Sie bauen vielmehr aufeinander auf und überschneiden sich auch inhaltlich.

Diese beiden inhaltlichen Grundrichtungen stehen sich durchaus kontrovers gegenüber. Diskutiert wird dabei auch die Frage, inwieweit sich die feministische Philosophie mit den traditionellen Ansätzen einlassen sollte. Die eine Richtung verwirft die herrschende patriarchale Philosophie völlig, die andere übernimmt traditionelle Methoden und formt diese unter feministischen Gesichtspunkten um. Die Gruppe der radikal frauenidentifizierten Philosophinnen lehnt die bestehenden patriarchalen Theorien völlig ab, da sie Philosophie grundsätzlich mit Männlichkeit verbindet. Sie sieht Philosophie als ein patriarchales Unternehmen, das aus der Lebenssituation und Erfahrung des männlichen Geschlechts und dessen ausschließlich am männlichen Interesse orientiertem Denken entstanden ist. Das Ziel der Philosophen und der Philosophie ist es, die Frauen auszugrenzen und zu unterdrücken, wodurch auch die Beziehung zwischen Feminismus und Philosophie notwendig unterdrückend sein muß.

Daneben gibt es die Gruppe liberaler Philosophinnen, welche die traditionellen Methoden übernimmt und versucht, die bestehende

Philosophie auf die Frauen auszudehnen. Nach ihrer Meinung ist die Unterdrückungsfunktion in der Philosophie auf die Vergangenheit beschränkt und bildet keinen notwendigen Bestandteil der Philosophie. Diese Philosophinnen sehen die Möglichkeit, aus der männlichen eine menschliche Philosophie zu machen, in der Zufügung von speziellen sozialen, politischen und wirtschaftlichen Erfahrungen von Frauen.[19]

Gemeinsamer Nenner der feministischen Kritik an der phallozentrischen Philosophie ist in erster Linie der Protest gegen deren verschiedene Mechanismen der Frauenverachtung und -unterdrückung. Dazu gehört der Sexismus mit einer Reihe individueller oder kollektiver Handlungen, die Frauen diskriminieren. Seine Grundlage bildet das patriarchale System. Es schafft unterschiedliche Organisationsformen des Sozialen, der Ökonomie und der zwischenmenschlichen Beziehungen für Frauen und Männer. Außerdem produziert es die patriarchale Spaltung in männlich=positiv und weiblich=negativ, die in der Philosophie auch mit der Dichotomie von Verstand und Gefühl ausgedrückt wird.

Abgerundet wird die Unterdrückungsmaschinerie durch den Phallozentrismus, der Theorien, Repräsentationen und diskursive Systeme schafft, die Frauen unterdrücken und von der Macht ausschließen. Der Phallozentrismus schafft ein spezifisches Diskurssystem, das Strategien produziert, durch die beide Geschlechter in ein Modell des menschlichen *man* gezwängt werden, das eigentlich ein männliches *mann* meint. Durch diese Universalisierung kann das Weibliche nur noch in bezug zum Männlichen dargestellt werden.

Innerhalb der traditionellen, fast immer sexistischen Philosophie macht Elizabeth Grosz zwei Ausdrucksformen der Diskriminierung sichtbar: Es gibt entweder offene frauenfeindliche Äuße-

19 Vgl. Moira Gatens: The Feminist Critique of Philosophy. In: Dies.: Feminism and Philosophy, S. 86ff.

rungen, um den Ausschluß der Frauen aus der Philosophie aufgrund einer weiblichen Natur zu rechtfertigen, oder Aussagen über Natur, Funktion und soziale Rolle der Frau, die sie indirekt als unreif, weniger moralisch und intelligent einordnen, um daraus ihre mangelnde Eignung zum Philosophieren abzuleiten. Auf diese Weise schafft die Philosophie Begriffe, die indirekt mit Männlichkeit verbunden sind und aktiv die Unterdrückung der Frau legitimieren oder unterstützen und damit die männliche Überlegenheit reproduzieren. Grosz sieht die Aufgabe der feministischen Philosophie darin, zu untersuchen, was Philosophen über Frauen und Weiblichkeit aussagen, was sie nicht sagen, wie sie Frauen ausschließen, welche Methoden und Voraussetzungen es gibt, durch die männliche Dominanz theoretisch untermauert wird.[20]

Im Gegensatz zur patriarchalen konzentriert sich die feministische Philosophie auf die weibliche Erfahrung und Realität und verwirft dabei auch den männlichen Standpunkt von Universalität und Objektivität. Sie vertritt eine differenzierte Position innerhalb einer differenzierten Weltsicht. Den männlichen Philosophen wirft sie vor, einen universellen, allgemeingültigen Standpunkt einzunehmen, der alles Individuelle verallgemeinert.

In ihrer Auseinandersetzung mit der traditionellen Philosophie versuchen die feministischen Philosophinnen deshalb, den Androzentrismus hinter der universalistischen Rede vom Menschen und Subjekt aufzuzeigen und die Problematik von Differenz, Sexualität und Geschlecht zu thematisieren.[21]

Elizabeth Grosz faßt die inhaltlichen Schwerpunkte der feministischen Kritik am patriarchalen Ansatz folgendermaßen zusammen: grundsätzlich stellt sie den Glauben an eine einzige universelle Wahrheit, unabhängig von BeobachterIn, Geschichte und sozialen Bedin-

20 Vgl. Elizabeth Grosz: Philosophy. In: Gunew (Hgin): Feminist Knowledge, S. 150ff.

21 Vgl. Ursula Konnertz: Die Philosophin. In: Die Philosophin 2 (1990), S. 19.

gungen in Frage. Die eigene Perspektive steht im Mittelpunkt, es geht nicht um Wahrheit, Objektivität oder Neutralität, sondern BeobachterIn und Kontextbezogenheit sind relevant. Auch die wissenschaftliche Position wird von einem speziellen Blickwinkel aus gesehen und hat eigene Ziele. Sie verunsichert den Glauben an das Objekt als etwas Neutrales und Wertfreies.

Die Unterscheidung zwischen objektivem Wissen und subjektiver Meinung wird fraglich, da die feministische Philosophie akzeptiert, daß die/der Wissende immer eine bestimmte Position einnimmt, zeitlich, geschlechtlich oder politisch. Außerdem hinterfragt sie den Glauben an das stabile, transzendentale Subjekt, das objektives Wissen schafft, und widerlegt den Glauben an eine transparente Sprache und Diskursform, die offen ist für eine reine Darstellung des Denkens.

Das Ziel der feministischen Philosophie ist es, patriarchale Dualismen aufzulösen, indem sie eine Beziehung zwischen Subjekt und Objekt herstellt und die Differenz zwischen den verschiedenen Subjekten sichtbar macht. Denn durch die Subjekt-Objekt-Spaltung wird das Subjekt von seinem Kontext getrennt; sie schafft eine Distanz zu Gefühlen, Leidenschaften, Beziehungen zu anderen und zum sozialen Umfeld. Die feministische Philosophie löst solche binären, sich gegenseitig ausschließenden Begriffe auf und knüpft Verbindungen, die auf Differenz und nicht auf Gegensätzen beruhen. Als Ersatz für die dualistische Struktur von Subjekt/Objekt und Verstand/Gefühl schlagen die Philosophinnen verschiedene Möglichkeiten vor, die eine vielfältige Beziehung zwischen diesen Dichotomien konzipieren und auf diese Weise eine herrschaftsfreie Entfaltung des Weiblichen ermöglichen sollen.

Weiterhin verwirft die feministische Theorie die vorgegebenen Werte von Wahrheit, Objektivität, Universalität, Neutralität und verändert diese unter Anwendung kritischer und konstruktiver Strategien. Sie hinterfragt die Dualität von Theorie und Praxis und sieht ihre Arbeit als theoretische Praxis, eine Praxis, die auf einem theoretischen Level einsetzt und mit kritischen Ansätzen verbunden ist. Bei der Produktion theoretischer Diskurse ist auch eine praktische Seite relevant, sie beinhaltet Schreiben, Lesen, Lehren, Lernen und andere Verfahren. Somit wird sie zur theoretischen Praxis, einer Theorie, die offen ist für Praxis, ein Werkzeug, das eine wichtige Rolle spielt im subversiven Umgang mit den patriarchalen Machtpositionen.

Feministische Philosophie läßt sich nicht in Begriffe wie Rationalität oder Irrationalität einordnen. Sie kritisiert, daß die Frauen aus der rationalen Welt ausgeschlossen werden. Ihr Ziel ist es, die hierarchischen Beziehungen zwischen rational – irrational aufzubrechen und diese binäre Struktur in Frage zu stellen, wodurch der Ausschluß der Frauen aufgehoben werden kann. Sie erweitert das Konzept der Vernunft um Kriterien wie Erfahrung, Leib, Geschichte, die alle notwendig sind, damit Vernunft funktioniert. Ausgangspunkt sind die Erfahrungen und das Leben von Frauen, als Grundlage der feministischen Theorie, die sich als Alternative zu den repressiven hierarchischen Strukturen der Männerwelt versteht.[22]

Außerdem sieht die feministische Philosophie sich selbst nicht als Wahrheit, sondern als Strategie, die bestimmte Ziele und Theorien auf dem Hintergrund der jeweiligen Situation konzipiert. Sie entwickelt weiterhin neue Formen des Wissens, der Analyse, des Schreibens und der Interpretation von Texten. Dadurch schafft die feministische Philosophie einen Raum, in dem Frauen als solche schreiben und denken können und nicht nur als unvollständige Männer gelten.[23]

4. Die feministische Philosophie im akademischen Umfeld

An den Hochschulen und im wissenschaftlichen Kanon sind die Themen der feministischen Theorie und Philosophie bislang noch völlig unterrepräsentiert. Eine akademische wissenschaftliche Umsetzung der feministischen Ansätze findet in erster Linie

22 Vgl. Elizabeth Grosz: What ist Feminist Theory. In: Crowley und Himmelweit (Hginnen): Knowing Women, S. 365ff.

23 Vgl. Elizabeth Grosz: Philosophy. In: Gunew (Hgin): Feminist Knowledge, S. 168f.

in den Vereinigten Staaten statt. Dort wurden 1977 die sogenannten *Women Studies* eingerichtet. Sie befassen sich mit den speziellen Problemen von Frauen und haben das Ziel, Erziehungsstrategien zu entwickeln, die in das Bewußtsein und in das Wissen eindringen und Individuen, Institutionen, Beziehungen und letztlich die Gesellschaft verändern. Zur Zeit laufen in den USA etwa dreihundert Women Studies Programme mit etwa 30 000 Kursen an Colleges, Unis und sonstigen Bildungseinrichtungen.[24]

Leitfaden der Women Studies war die Vision einer Welt, die nicht nur vom Sexismus, sondern auch vom Rassismus befreit ist. Sie sollen die Studierenden lehren, über die traditionellen Geschlechterrollen und die etablierten Institutionen hinauszudenken. Dabei soll nicht nur über, sondern auch für die Frauen gearbeitet werden.[25]

Im deutschsprachigen Raum fand die erste Institutionalisierung feministischer Philosophie in den siebziger Jahren statt. Es wurden Diskussionszirkel gegründet, die auch in Verbindung mit der autonomen Frauenbewegung standen. Thematisch haben sie die Frage nach der Unterdrückung der Frau in unterschiedlichen Lebensbereichen und Wissenschaften behandelt.

Ende der siebziger Jahre wurde in Wien die erste Dissertation mit einem feministischen Thema abgeschlossen. Seit Beginn der achtziger Jahre bietet die Uni Wien als eine der wenigen Hochschulen im deutschsprachigen Raum reguläre Veranstaltungen mit feministischen Themen an. Deshalb konzentriert sich auch ein Großteil der aktuellen Diskussion innerhalb der feministischen Philosophie zur Zeit auf Wien.

Als meines Wissens erste deutsche Universität hat die Gesamthochschule Duisburg Mitte der neunziger Jahre einen philosophi-

24 Vgl. Marilyn Boxer: For and about Women. In: Keochane, Rosalda und Gelpi (Hginnen): Feminist Theory, S. 237f.

25 Vgl. Marian L. Lowe und Margaret Lowe Benston: An Uneasy Alliance of Feminism and Academia. In: Gunew (Hgin): A Reader in Feminist Knowledge, S. 51.

schen Lehrstuhl mit einem feministischen Schwerpunkt eingerichtet. An anderen Universitäten sind Veranstaltungen mit feministischen Themen kaum zu finden und vor allem in den letzten Jahren wurden sie verstärkt reduziert oder boykottiert.

1974 ist in Würzburg die *Internationale Assoziation von Philosophinnen e. V.* (IAPh) ins Leben gerufen worden. Sie versteht sich als Gegenpol zu den von Männern okkupierten Philosophenvereinigungen und hat das Ziel, die weibliche und feministische Philosophie auch an den klassischen Institutionen einzuführen.

Die IAPh veranstaltet regelmäßige Kongresse, in denen Philosophinnen aus aller Welt ihre neuesten Forschungen präsentieren.

Kritik der Vernunft, des Patriarchats und der Wissenschaften

1. Einleitung

Ansatzpunkt der feministischen Vernunftkritik ist der in der heutigen Philosophie herrschende Vernunftbegriff, der auf die Aufklärung zurückgeht. Er setzt Vernunft mit Rationalität gleich und grenzt Kriterien, die nicht dieser Definition entsprechen, als unvernünftig und irrational aus. Dadurch erhebt dieser klassische Vernunftbegriff den Anspruch auf Universalität, schließt jede andere Denkform aus und führt unbequeme Kritik ad absurdum.

Da die Frau nicht in das Modell der rationalen Vernunft passen kann/darf, werden ihr Attribute zugeschrieben, die aus der Definition der männlichen Vernunft ausgeschlossen sind. Sie gilt als die Andere und als unvernünftig, wobei die Unvernunft dann als Abwesenheit der Vernunft verstanden wird.[1] Genevieve Lloyd konstatiert in ihrer Analyse ›Das Patriarchat der Vernunft‹, daß die Ausgrenzung des Weiblichen aus dem Vernunftbegriff legitimiert wird, indem *mann* ihr die Unvernunft als Charaktermerkmal zuschreibt und in die inhaltliche Bestimmung von Weiblichkeit integriert; da die Frau auf diese Weise unvernünftig gemacht wird, kann *mann* auch ihren Ausschluß aus der Vernunft rechtfertigen.[2]

Die Idee eines eigenen weiblichen Charakters und einer spezifischen weiblichen Denkform ist in der philosophischen Tradition erst mit der Aufklärung entstanden. Die zu diesem Ziel entwickelten Ergänzungstheorien verstehen Frau und Mann als sich ergänzende Charaktere, die zusammen ein moralisches Wesen ergeben. Dabei haben

1 Vgl. Margaretha Huber und Brigitte Weisshaupt: Ein Gespräch über Vernunft. In: Bendkowski und Weisshaupt (Hginnen):Was Philosophinnen denken, Band I, S. 21.

2 Vgl. Genevieve Lloyd: Das Patriarchat der Vernunft, S. 50.

natürlich die Frauen das Nachsehen, denn der Mann wird durch die Frau als Mann perfekter, die Frau existiert dagegen nur als Gattin und erreicht ihre Vollständigkeit als Ergänzung des Mannes.[3]

Lloyd stellt fest, daß für die Bestimmung des weiblichen Charakters vor allem moralische Kriterien relevant sind. Dabei macht sie der Philosophie den Vorwurf, die Grundlagen der Unterdrückung des weiblichen Geschlechts legitimiert zu haben. Sie weise dem weiblichen Charakter spezielle Merkmale zu, die in erster Linie dazu dienen, die Mängel des männlichen Bewußtseins zu kompensieren. Indem man unerwünschte Eigenschaften auf das weibliche Gegenstück überträgt, würde die Negativität der Frauen manifestiert. Dadurch werde deutlich, daß der Ausschluß der Frauen nicht zufällig aufgrund ihres Andersseins geschehe, sondern daß der Begriff der Weiblichkeit zu diesem Zweck entworfen worden ist. Dabei wurde der weibliche Charakter von vornherein mit Attributen versehen, die Männer durch ihren Vernunftbegriff verworfen hatten.[4]

In die Kategorie der Unvernunft gehört auch die von einigen Philosophen den Frauen zugeschriebene weibliche Vernunft. Sie gilt als irrational und wird von der rationalen Vernunft als bedrohendes, abweichendes und destruktives Prinzip erfahren.

Brigitte Weisshaupt beschreibt die weibliche Vernunft auch als Schatten, der von der allgemeinen, männlichen Vernunft geworfen wird. Dieser Schatten entsteht beim Ausleuchten oder Beschreiben der patriarchalen Vernunft. In ihm liegt das Weibliche, das aus dem Philosophieren ausgeschlossen ist und als dunkler unbekannter Bereich definiert wird.[5]

Vorherrschend in der philosophischen Einschätzung des weiblichen Geschlechts war und ist es, ihm den Verstand abzusprechen. Als Ausgleich dafür werden die Frauen häufig mit der Natur gleichgesetzt. Dabei wird das Natürliche ausgehend vom Gesellschaftlichen

3 Vgl. Genevieve Lloyd: Das Patriarchat der Vernunft, S. 102.
4 Vgl. ibid., S. 140f.
5 Vgl. Brigitte Weisshaupt: Schatten über der Vernunft. In: Nagl-Docekal (Hgin): Feministische Philosophie, S. 136.

definiert und auf die Geschlechtsunterschiede übertragen. Diese grundlegende Verknüpfung der Frau mit Natur führt dazu, sie aus allen gesellschaftlich relevanten Bereichen fernzuhalten. Frauen werden auf physische Elementarprozesse reduziert, und sie können sich nicht als Subjekte etablieren. Durch diese Haltung wird die Frau auf den Status des Objekts und Pendants für den Mann beschränkt.[6]

Die Zweifel an der Vernunftbegabtheit der Frauen ziehen sich durch die Zeit der Aufklärung bis in das Bürgertum des ausgehenden 19. Jahrhunderts und sie sind auch heute noch nicht ausgeräumt. Dementsprechend sind auch die Vorstellungen von der weiblichen Vernunft sehr widersprüchlich. Einerseits wird behauptet, Frauen besäßen keine Vernunft; wenn sie diese zufällig doch hätten, sollten sie sie lieber nicht einsetzen, jedenfalls nicht innerhalb der Familie. Andererseits sieht die bürgerliche Gesellschaft die Vernunftbegabtheit der Frau gerade darin, sich der Pflicht der Fortpflanzung zu unterwerfen, wodurch sie auf ein niedriges Wesen reduziert werden kann und *von Natur aus* unterlegen ist.[7]

Die feministische Philosophie hat eine Systematik entwickelt, nach der drei philosophische Grundtheorien zu den Themen Weiblichkeit und weibliche Vernunft in der traditionellen Philosophie existieren. Die erste Theorie war vor allem in der antiken Philosophie verbreitet und definiert die Frau als verstümmelten, unfertigen und minderwertigen Mann. In der zweiten Theorie, die von der Philosophie der Aufklärung aufgestellt wurde, gilt die Frau als Ergänzung und Gegenstück des Mannes. Die dritte Theorie, die in der modernen Philosophie vorherrscht, geht von einem rationalen Subjekt aus, das vordergründig als geschlechtsneutral gilt. Allerdings hat die feministische Philosophie in ihren Untersuchungen festgestellt, daß dieser Begriff die Frau per definitionem wieder ausschließt.

In jeder dieser drei Theorien wird das Verhältnis der Frau zur Vernunft in erster Linie vom männlichen Vorbild abgeleitet. Aufgrund

6 Vgl. Heidemarie Bennent-Vahle: Galanterie und Verachtung, S. 221f.

7 Vgl. Genevieve Fraisse: Zwiefacher Verstand und die eine Natur. In: Die Philosophin 2 (1990), S. 10f.

ihres Geschlechts wird sie als minderwertiges Wesen klassifiziert, dessen einzige Chance, sich aufzuwerten, darin besteht, sich als Ergänzung des Mannes zu begreifen und durch ihn und seine Person zu leben. Damit unterwirft sie sich einer männlichen Rationalität und stimmt ihrem eigenen Ausschluß aus der Vernunft zu.[8]

Der Frau wird grundsätzlich die Rolle der Gefährtin des Mannes zugewiesen. Da sie im Zusammenspiel der Geschlechter immer als Schwächere gilt, kann sie das männlich geprägte Menschsein nie erreichen. Dabei gilt die Frau als selbstlos, das heißt sie besitzt kein eigenes Selbst. Ihre Selbstlosigkeit wird als Kategorie des weiblichen Subjekts ontologisiert und dadurch zum natürlichen Sein der Frau erklärt.[9]

1.1. Feministische Kritik der rationalen Vernunft und des neutralen Subjekts

Die feministische Philosophie setzt mit ihrer Kritik der Vernunft an verschiedenen Punkten an: Wichtigstes Thema ist der Ausschluß der Frauen aus dem gängigen Vernunftbegriff und damit aus dem des rationalen Subjekts. »Das zentrale Konzept der Zweckrationalität ermöglicht es, weibliche Fähigkeiten und Tätigkeiten aus den gesellschaftlichen Bedeutungsbereichen, die als rational-zweckhaft definiert sind, zu verweisen.«[10]

Die feministische Vernunftkritik weist nach, daß das rationale Subjekt, das als Grundprinzip der Erkenntnis und der Moral in der neuzeitlichen Philosophie gilt, in Abgrenzung zur Natur und Sinnlichkeit und damit zur Weiblichkeit definiert wird. Dadurch werden die Frauen per definitionem aus dem Subjektbegriff ausgeschlossen. Die gesellschaftliche Realität erkennt die Frau lediglich als Gegenpol

8 Vgl. Genevieve Lloyd: Das Patriarchat der Vernunft, S. 138.

9 Vgl. Brigitte Weisshaupt: Selbstlosigkeit und Wissen. In: Conrad und Konnertz (Hginnen): Weiblichkeit in der Moderne, S. 26.

10 Christine Kulke: Von der instrumentellen zur kommunikativen Rationalitätpatriarchaler Herrschaft. In: Dies. (Hgin): Rationalität und sinnliche Vernunft, S. 66.

zum freien Individuum an. Sie darf an den rechtlichen und politischen Handlungen nur in dem Umfang teilhaben, der ihr von seiten der Männer zugestanden wird, was durch das philosophische Denken legitimiert wird. Dadurch entsteht eine Differenz, die dem Mann ein Subjektsein zuschreibt, das nur auf der Grundlage des weiblichen Objektstatus bestehen kann.[11]

Aus dieser Situation resultieren auch die Schwierigkeiten von Frauen mit der patriarchal geprägten Vernunft. Genevieve Lloyd beschreibt diese nicht nur als praktische, sondern auch als begriffliche. »Die Hindernisse, die der weiblichen Entfaltung der Vernunft entgegenstehen, ergeben sich weitgehend aus der Tatsache, daß unsere Vernunftideale historisch schon immer einen Ausschluß des Weiblichen verkörpert haben und daß sich die Weiblichkeit selbst durch solche Prozesse des Ausschlusses konstituierte.«[12] Auf der Grundlage des rationalen Erkennens, das als kontrollierender Prozeß auf die natürlichen Gewalten wirkt, werden das Natürliche und das Weibliche entweder dominiert oder völlig ignoriert.

Die patriarchale Bindung der Frau an die Natur bietet ein zentrales Argument für den Ausschluß der Frauen aus dem gängigen Vernunftbegriff. Die Frau wurde schon immer aufgrund ihrer Fruchtbarkeit mit der Erde und mit der Natur identifiziert. Bedingt durch diese Gleichsetzung wurde und wird sie wie die Natur ausgebeutet. Legitimiert wird die Verbindung Frau und Natur durch die Behauptung, die Frauen seien der Natur näher als der Vernunft und dürfen aufgrund dessen von der Vernunft ausgeschlossen werden. »Von daher gesehen ist die Identität von Frau und Natur zunächst einmal eine männliche Setzung, eine männliche Projektion, die eine Objektivierung der Frau bedeutet. Die Identität von Frau und Natur ist der Ausdruck einer beherrschbar gemachten Natur.«[13]

11 Vgl. Judith Conrad und Ursula Konnertz. Vorwort In: Dies. (Hginnen): Weiblichkeit in der Moderne, S. 14f.

12 Genevieve Lloyd: Das Patriarchat der Vernunft, S. XI.

13 Margaretha Huber und Brigitte Weisshaupt: Ein Gespräch über Vernunft. In: Bendkowski und Weisshaupt (Hginnen): Was Philosophinnen denken, Band I, S. 22.

Ebenso wie die Natur hat sich der Mann auch die Frau zum Objekt gemacht und beide auf einer Stufe unterhalb seiner eigenen Rationalität angesiedelt. Daraus kann auch die Stoff-Form-Unterscheidung abgeleitet werden, nach der das Männliche mit aktiver bestimmter Form und das Weibliche mit passiver unbestimmter Stofflichkeit gleichgesetzt wird.[14]

Hinzu kommt, daß die patriarchale Vernunftphilosophie das Natürliche nicht nur in Abgrenzung zu Rationalität und Vernunft definiert, sondern auch zu Kultur und Gesellschaft. Auf diese Weise führt die Verbindung der Frau mit der Natur auch dazu, sie aus allen gesellschaftlich relevanten Bereichen fernzuhalten und auf ihre Privatheit und Körperlichkeit zu reduzieren. Die Frau gilt aufgrund ihrer Fruchtbarkeit als Repräsentantin der Leiblichkeit.

Die feministische Vernunftkritik unterstreicht auch die Bedeutung des Leibes für das Subjekt. Auf der Grundlage einer radikalen Trennung von Leib und Seele und der zwischen beiden Elementen konzipierten Hierarchie gilt der Körper in der traditionellen Philosophie als unvernünftige Grundlage der Vernunft. Er ist der Ort der Differenz, der Ort, an dem die Differenzen sich äußern, in Form von Geschlecht, Hautfarbe oder ähnlichem. Damit ist der Leib ein Raum sozialer Einschreibungen, sexueller und anderer Differenzen, die nicht nur körperlich sind.[15]

Die feministische Philosophie geht davon aus, daß die Beziehung zwischen Frau und Natur grundsätzlich keinen negativen Charakter haben muß. Deshalb gibt es auch Philosophinnen, die diese Verbindung befürworten. Sie bejahen eine besondere Beziehung zwischen Frau und Natur und identifizieren sich dadurch nicht nur mit der Natur, sondern sprechen für alles männlich Unterdrückte.

Ihr Ziel ist es, ein positives Verhältnis zwischen Frau und Natur zu schaffen, ohne die negativen Aspekte männlicher Festlegungen zu übernehmen. In diesem Sinn wird der Begriff der weiblichen Natur

14 Vgl. Genevieve Lloyd: Das Patriarchat der Vernunft, S. 4.

15 Vgl. Elizabeth Grosz: Bodies and Knowledges. In: Alcott und Poller (Hginnen): Feminist Epistemologies, S. 187 ff.

am weiblichen Lebenszusammenhang und am historischen Sozialcharakter der Frau orientiert.[16]

Weiterhin kritisiert die feministische Philosophie die ausschließliche Bindung der Vernunft und des vernünftigen Handelns an die Rationalität, mit der auch eine Hierarchisierung und Abwertung der Irrationalität einhergeht. Der Ansatz der feministischen Vernunftkritik hinterfragt die Position der Vernunft als Begründung für Wahrheit und Wirklichkeit und ihren daraus entstandenen Anspruch auf Allgemeingültigkeit. Ihre Kritik richtet sich vor allem auf das neuzeitliche Selbst- und Weltverständnis, das eine Spaltung in Vernunft, im Sinne von Rationalität, und Sinnlichkeit, im Sinne von Irrationalität, beinhaltet.

Mit dieser Spaltung hat die patriarchale Philosophie ein universalistisches Ideal entwickelt und grenzt alles, was nicht der rationalen Vernunft entspricht, als unvernünftig aus. Das Allgemeine der Vernunft basiert auf dem aristotelischen Begriff der Vernunft als Allgemeinheit, der völlig von geschlechtlicher Identität abstrahiert gedacht werden soll. Die Kategorie Geschlecht ist für den klassischen Vernunftbegriff undenkbar und wird als deplaziert empfunden, da der Begriff vom Geschlecht losgelöst definiert wird.[17]

Mit dem Anspruch auf Universalität schließt der Vernunftbegriff jede Möglichkeit von Individualität und Unterschiedlichkeiten aus, auch die Geschlechtlichkeit. Durch die Einordnung der Frau als emotional und durch die Privatisierung der weiblichen Erfahrung führt dieser Universalismus auch zum Ausschluß der Frauen aus dem Denken.

In der Kritik des Vernunft- und Subjektbegriffs geht die feministische Philosophie davon aus, daß das Ich in unserer Gesellschaft seine volle Identität nur im männlichen Geschlecht erreicht. Zwar wer-

16 Vgl. Cornelia Klinger: Frau – Landschaft – Kunstwerk. In: Nagl-Docekal (Hgin): Feministische Philosophie, S. 67ff.

17 Vgl. Brigitte Weisshaupt: Zur ungedachten Dialektik von Eros und Logos. In: Pellikaan-Engel: Against Patriarchal Thinking, S. 13f.

den theoretisch zwei Geschlechter zugelassen, aber der Mann bleibt das Allgemeine, die Norm. Die Frau ist im Gegensatz dazu die Andere, sie wird negativ definiert und ist Nicht-Mann. Daraus ergibt sich, daß der allgemeingültige Begriff Mensch in der Praxis für den geschlechtlichen Mann steht.[18]

Gegen die traditionelle Philosophie erhebt die feministische den Vorwurf, sie hätte angesichts der männlichen Herrschaft keine entscheidenden und notwendigen Korrekturen vorgenommen. Deshalb sei auch die Ausgrenzung der Frau aus der Philosophie nicht auf die naive Annahme der Ungeschlechtlichkeit zurückzuführen, sondern sei Absicht.[19]

Die feministische Philosophie stellt fest, daß grundsätzlich zwei Wege offengestanden hätten: zum einen könnte man das Frau- und das Mannsein als etwas Ursprüngliches denken und beide als Dualität auffassen. Zum andern hätte man den Menschen als universales Neutrum definieren können, das auf keines der beiden Geschlechter bezogen ist. In der abendländischen Philosophie wird jedoch das Neutrum Mensch mit dem geschlechtlichen Mann identifiziert, was zu einer völligen Negierung des weiblichen Subjektstatus führt.[20]

Die feministische Philosophie kritisiert an diesem abstrakten Universalismus, daß durch die Gleichsetzung von Mann und Mensch von der Unterscheidung der Geschlechter abstrahiert wird, ohne eine wirkliche Neutralität herzustellen. Damit unterstellt sie dem herrschenden Vernunftbegriff Geschlechtlichkeit, was diesen radikal in Frage stellt. Sie fordert, die Geschlechter und ihre Unterschiede in der Definition des Subjekts mitzudenken, ohne eine Hierarchie zwischen beiden aufzustellen oder mit biologistischen Argumenten eine weitere Ungleichheit zu schaffen. Dabei geht es ihr nicht darum, spe-

18 Vgl. Adriana Cavarero: Ansätze zu einer Theorie der Geschlechterdifferenz. In: Diotima: Der Mensch ist zwei, S. 67.

19 Vgl. Genevieve Fraisse: Zur Geschlechtlichkeit des Geschlechtsunterschiedes. In: Nagl-Docekal und Pauer-Studer (Hginnen): Denken der Geschlechterdifferenz, S. 96.

20 Vgl. Adriana Cavarero: Ansätze zu einer Theorie der Geschlechterdifferenz. In: Diotima: Der Mensch ist zwei, S. 68f.

zifisch weibliche Vernunftkriterien oder eigene weibliche Wahrheiten zu entwickeln. Ebensowenig akzeptiert sie eine männliche Vernunft. Sie entlarvt vielmehr das herrschende Vertrauen in die Vernunft als Selbsttäuschung und fordert, den Vernunftbegriff grundlegend neu zu überdenken.[21]

Die feministische Philosophie entwirft kein weibliches Denken, das der männlichen Vernunft dogmatisch entgegengestellt werden soll. Es ist ihr Ziel, einen Pluralismus von Weiblichkeiten und Denkformen zu schaffen, die als gleichwertig nebeneinander und zum Männlichen stehen. Sie schlägt eine Neuinterpretation der bestehenden Ansätze vor, die auch die Differenz zwischen den Geschlechtern und zwischen den Subjekten berücksichtigt. Diese sogenannte konkrete Universalität soll auch kritische Fragen und die Frauenfrage einschließen. Ihr werden keine festgelegten Inhalte zugeschrieben. Sie wird bestimmt von der Zeit, der Geschichte und den gesellschaftlichen Hintergründen, in denen sie angesiedelt ist. Deshalb kann sich innerhalb dieser Definition der Begriff der Universalität verändern oder erweitern.

1.2. Feministische Alternativen zur patriarchalen Vernunft

In der kritischen Auseinandersetzung mit der patriarchalen Gleichsetzung von Rationalität und Vernunft entwickelt die feministische Philosophie auch alternative Begriffe der Vernunft. Sie zeigt damit, daß die rationale Vernunft zwar in der traditionellen Philosophie dominiert, aber nicht als einzig mögliche Definition gesehen werden muß.

Ilse Modelmog erläutert in ihrem Aufsatz ›Vernunft und Verzauberung‹ verschiedene patriarchale Vernunftbegriffe. Ihr Ausgangspunkt ist die Annahme, daß es auch in der Philosophiegeschichte unterschiedliche Auffassungen von Vernunft gegeben habe, die dazu geeignet sind, den in der Aufklärung gebildeten Begriff der rationa-

21 Vgl. Genevieve Lloyd: Das Patriarchat der Vernunft, S. Xf.

len Vernunft in Frage zu stellen. Dazu gehört beispielsweise der Begriff der *sinnlichen Vernunft*, den Modelmog »als Einsicht in die Ästhetisierung des sozialen Lebens nach Erkenntnisaspekten über Natur und Menschen« definiert.[22]

Außerdem gibt es den von Max Horkheimer geprägten Terminus einer *vorbegrifflichen Vernunft*, die sich in visuellen Formen und Handlungsmustern äußert. Daneben die *objektive Vernunft* der Antike und letztlich die *subjektive Vernunft* der bürgerlichen Gesellschaft.

Eine Alternative zur rationalen Vernunft sieht Modelmog auch im archaischen Denken, in dem der Kulturaspekt mit der Frau und der Naturaspekt mit dem Mann verknüpft wird.[23] Diese spezifische Rationalität beinhaltet auch die Fähigkeit zum kulturellen Schaffen, das in der Umformung der vorgefundenen Wirklichkeit in sinnliche Lebensformen liegt.

Neben der kritischen Auseinandersetzung mit der Geschlechtlichkeit des patriarchalen Vernunftbegriffs liegt ein Schwerpunkt der feministischen Philosophie auch auf der Entwicklung von Modellen, die eine Definition der Vernunft unter Einbeziehung des weiblichen Denkens enthalten. So schlägt Heidemarie Bennent-Vahle eine *offene Vernunft* vor, die flexibel genug sein soll, um sinnliche Wahrnehmungen und Empfindungen zu berücksichtigen, ohne sich davon völlig beherrschen zu lassen. Dadurch würde Denken auch mehr bleiben als Fühlen, denn es könne Empfindungen erhellen und beeinflussen.[24]

Einen weiteren Ansatz, der auf eine *Kultur des Gefühls* abhebt, entwickelt Rossana Rossanda. Sie stellt fest, daß eine feministische Kritik am Logos ansetzen muß, da er als männliches Denken zusammen mit der Vernunft zum Ausschluß der Frauen beitrage.

Eine Alternative sieht Rossanda in der Kultur des Gefühls, die den

22 Ilse Modelmog: Vernunft und Verzauberung. In: Conrad und Konnertz (Hginnen): Weiblichkeit in der Moderne, S. 40.

23 Vgl. ibid. S. 39ff.

24 Vgl. Heidemarie Bennent-Vahle: Galanterie und Verachtung, S. 232f.

Gefühlen einen allgemeinen Wert zuschreiben und deren Bindung an das weibliche Geschlecht aufheben würde. Dadurch könnte die Gleichsetzung von Vernunft und Macht aufgelöst werden, denn Macht entspringe nicht der Vernunft, sondern der Leidenschaft.[25]

Das Thema eines weiblichen Denkens als Alternative zur patriarchalen Rationalität hat Erika Wisselinck zu Beginn der achtziger Jahre in ihrem Buch ›Frauen denken anders‹ ausgearbeitet. Sie untersucht darin geschlechtsspezifische Denkmuster und stellt sie einander gegenüber. Ausgangspunkt ist die These, daß Frauen anders denken als Männer, und daß sie das männliche Denken gar nicht übernehmen wollen.

Dem patriarchalen Vorwurf, Frauen könnten nicht logisch denken, setzt Wisselinck die Feststellung entgegen, daß Frauen folgerichtig denken. Ihr Denken sei geprägt davon, die Folgen ihrer Handlungen zu berücksichtigen und nicht nur abstrakte Denkoperationen durchzuführen. Für Frauen stehe nicht der Denkvorgang als solcher im Mittelpunkt, sondern dessen Gehalt.

Auch der männlichen Kritik, Frauen könnten nicht analytisch denken, begegnet Wisselinck. Sie argumentiert, daß Frauen bei ihren Entscheidungen stärker differenzieren, indem sie Glaubwürdigkeit und Ziele hinterfragen. Sie vergeudeten ihre Kräfte nicht für unspezifische Rundumschläge, sondern konzentrierten sie gebündelt mit denen gleichgesinnter Frauen auf bestimmte Vorhaben.

Ein weiteres Argument der Männer besteht darin, den Frauen fehlende Objektivität ihrer Entscheidungen zu unterstellen. Dabei bedeutet objektiv entscheiden, innerlich möglichst unbeteiligt zu bleiben und nach äußeren Maßstäben zu urteilen. Diesen Begriff von Objektivität bezeichnet Wisselinck auch als *eine der größten Stützen des Patriarchats* und ihre wichtigste Orientierung. Sie setzt dagegen, daß Frauen an der Sache orientiert denken. Es geht ihnen um den jeweiligen Gegenstand oder die Situation, die sie *im Interesse der Zusammenhänge* von allen Seiten betrachten und beurteilen.

25 Vgl. Rossana Rossanda: Zur Frage einer weiblichen Kultur. In: Feministische Studien 1 (1989), S. 74 ff.

Aufgrund dieser drei Denkformen, folgerichtig, differenziert und an der Sache orientiert, konzipiert Wisselinck ein spezifisch weibliches Denken, das nicht nur die moralischen Maßstäbe des weiblichen Individuums wiedergeben will, sondern auch Einfluß auf den starren Vernunftbegriff der traditionellen Philosophie nehmen könnte.[26]

1.3. Feministische Kritik der Wissenschaften

Eine Erweiterung erfährt die Vernunftkritik durch die Umsetzung ihrer theoretischen Grundlagen in den Einzelwissenschaften. Damit zeigt sich auch, daß der patriarchale Begriff der Vernunft nicht nur im abstrakten Kontext philosophischer Gedankengänge relevant ist, sondern über andere Einzelwissenschaften starken gesellschaftlichen Bezug erhält.

In den siebziger Jahren war der Ausgangspunkt der feministischen Wissenschaftstheorie die eigene Betroffenheit, die Parteilichkeit und der Kampf gegen die Prinzipien der herrschenden Wissenschaft. Argumentationsgrundlage waren die Theorien des Marxismus, die den Wissenschaftlerinnen geeignet schienen, die Unterdrückung der Frauen in den Wissenschaften aufzuzeigen. Auf dieser Basis entstand die feministische Standpunkt-Epistemologie. Zweiter Ansatzpunkt war die Psychoanalyse, beziehungsweise die daraus entstandenen Objektbeziehungstheorien, durch die die Geschlechterstereotypen erforscht wurden. Dritter Aspekt war der französische Poststrukturalismus, durch den vor allem die Absolutheitsansprüche der traditionellen Wissenschaften ins Wanken gerieten. Auf diesem kritischen Hintergrund arbeiten vor allem die Geistes- und Kulturwissenschaften.[27]

26 Vgl. Erika Wisselinck: Frauen denken anders, S. 54 f.
27 Vgl. Waltraud Ernst: Feministische Wissenschaftskritik. In: Die Philosophin 9 (1994), S. 9f.

Feministinnen wie Hilary Rose, Jane Flax, Nancy Hartsock und Dorothy Smith haben die männlichen Muster und deren Gleichsetzung mit dem Attribut menschlich innerhalb der westlichen Wissenschaftstheorie und Metaphysik aufgezeigt. Charakteristisch dafür ist die Spaltung in Dichotomien wie Geist/Körper, Verstand/Gefühl, öffentlich/privat oder männlich/weiblich, wobei der erste den zweiten Terminus dominiert. Diese Dualismen gelten als unsichtbare Ordnungsprinzipien, die in der geistigen Struktur verankert sind und Naturwissenschaft sowie Technik ihre ideologische Stärke gegenüber Veränderungen liefern.

Diese grundlegende Dualität in den Naturwissenschaften hat zwei Effekte: Zum einen erlaubt sie ein anderes zu konzipieren, das ausgeschlossen und abgewertet werden kann und zum anderen wird dadurch ein Universelles geschaffen, das die dominanten Strukturen und Werte repräsentiert. Innerhalb der Naturwissenschaften entsteht so der Zwang, sich zwischen zwei Polen zu entscheiden: zwischen Objektivität oder deren Relativierung in der Subjektivität, zwischen dem Allgemeinen und dem Individuellen, zwischen Wissenschaft und Naturerleben.[28]

Die patriarchale Wissenschaft rechtfertigt die Aufstellung dieser Gegensatzpaare mit ihrer Bedeutung für die Konstitution des menschlichen Lebens. Außerdem würden sie bewirken, daß das Leben nicht irrationalen Mächten, wie beispielsweise dem Weiblichen, ausgeliefert werden kann. »Alle diese Dichotomien spielen eine wichtige Rolle in der intellektuellen Struktur der Wissenschaft und scheinen in Geschichte und Gegenwart mit erkennbar männlichen Entwürfen biologischer und sozialer Geschlechteridentität verknüpft zu sein.«[29] Die feministische Kritik wirft den patriarchalen Wissenschaften vor, dafür zu sorgen, daß eine Gleichstellung oder Überordnung des Weiblichen vollkommen undenkbar erscheint, denn sie könnten dadurch das Männliche in Frage stellen. Die Möglichkeit zweier gleichberechtigter Pole schließt das hierarchische

28 Vgl. Ina Wagner: Feministische Technikkritik und Postmoderne. In: Ostner und Lichtblau (Hginnen): Feministische Vernunftkritik, S. 149f.

29 Sandra Harding: Feministische Wissenschaftstheorie, S. 133.

Denken von vornherein aus und setzt deshalb den männlichen als bestimmenden Aspekt ein.[30]

Mit ihrer Kritik der patriarchalen Wissenschaften beginnt die feministische Philosophie bei der Feststellung, daß die Problemstellungen, Begriffe, Theorien und Methoden der bestehenden Wissenschaften zwar als allgemein-menschlich gelten, diesen Anspruch jedoch nicht einlösen können. Vielmehr stehen auch sie im Kontext ihrer Entstehungsbedingungen, die mit der Klasse, dem sozialen Geschlecht und der Kultur verbunden sind. Auf dieser Grundlage zeigt die feministische Kritik, daß die Erkenntnisse und Interpretationen der Wissenschaften keine objektive Welt wiedergeben, sondern auf den gesellschaftlichen Kontext der ForscherInnen reflektieren.[31]

Es ist das Ziel der feministischen Philosophie, die Frauen und die weiblichen Standpunkte in den wissenschaftlichen Zusammenhang zu integrieren. Allerdings ist dieser Prozeß problematisch, da die Frauen ihr Wissen nicht einfach den bestehenden Wissenschaften hinzufügen können, solange diese nicht in der Lage sind, die Verschiedenheit des Weiblichen aufzunehmen. Es fehlt eine Symbolik, die auf die Geschlechtlichkeit des Subjekts eingeht, sowie spezielle Vermittlungsformen, die der weiblichen Erfahrung entsprechen und durch welche die Frau am wissenschaftlichen Arbeiten teilhaben kann.

Deshalb ist die Grundlage der feministischen Wissenschaftskritik vor allem die Frage des Geschlechts innerhalb der Wissenschaften. Deren Ausgangspunkt ist die Unterscheidung zwischen dem biologischen und dem sozialen Geschlecht. Der Begriff des biologischen Geschlechts (sex) ist auf die rein körperlichen Geschlechtsunterschiede beschränkt; unter dem sozialen Geschlecht (gender) werden die geschlechtsspezifischen Rollenmuster verstanden, die unsere

30 Vgl. Sandra Harding: Die auffällige Übereinstimmung feministischer und afrikanischer Moralvorstellungen. In: Nunner-Winkler (Hgin): Weibliche Moral, S. 163.

31 Vgl. Sandra Harding: Feministische Wissenschaftstheorie, S. 11.

Gesellschaft vorgibt. Das soziale Geschlecht ist dabei nicht natürliche Konsequenz des biologischen, sondern eine analytische Kategorie, in der die Menschen denken und handeln; die Zuordnung zum sozialen Geschlecht ist aber durch das biologische bedingt. Durch die Unterscheidung zwischen *sex* und *gender* kann der Geschlechtsbegriff theoretisch aufgefaßt und für die Kritik der vordergründig geschlechtsneutralen Bedeutungen und Institutionen der Wissenschaften eingesetzt werden.[32]

Die Notwendigkeit, das Geschlecht als theoretische Kategorie zu formulieren, ergibt sich, da Frauen und Männer innerhalb der vergeschlechtlichten Gesellschaft unterschiedliche Erfahrungen machen, die auf dieser Grundlage auch thematisiert werden müssen.

Die Wissenschaftlerin Evelyn Fox Keller beschreibt den Prozeß der Vergeschlechtlichung in den Wissenschaften als »ein Geflecht von Interaktionen zwischen der Geschlechtsentwicklung, ein Glaubenssystem, das Objektivität mit Männlichkeit gleichsetzt« und kulturelle Werte, die Wissenschaftlichkeit und Männlichkeit als Einheit sehen.[33]

Ein zentrales Thema der feministischen Wissenschaftskritik ist der Nachweis der Verbindung von Wissenschaft und Macht unter dem gleichzeitigen Ausschluß der Frauen. Dieser wird zurückgeführt auf die Ausübung von Macht über die Natur und die Ausgrenzung von Sinnlichkeit und Emotion. Die Untersuchung der Natur und ihre damit einhergehende Verdinglichung ist Hauptbestandteil der traditionellen Wissenschaften und spiegelt auch die gesellschaftliche Situation wider. Die Frau wird ebenso wie die Natur zum Forschungsgegenstand und damit zum Objekt des Mannes.

Auf diesem Hintergrund macht die feministische Kritik deutlich, daß die rassistischen und sexistischen Verhältnisse in der Gesellschaft genauso für die Organisation der Wissenschaften gelten. Die Verknüpfung von gesellschaftlicher Arbeitsteilung und Wissenschaftshierarchie unter dem Gesichtspunkt von Sexismus und Rassismus

32 Vgl. Sandra Harding: Feministische Wissenschaftstheorie, S. 13.
33 Evelyn Fox Keller: Liebe, Macht und Erkenntnis, S. 95.

ermöglicht die legitime Übertragung von wissenschaftlicher Naturbeherrschung auf die vergeschlechtlichte Gesellschaft.[34]

Die Aufgabe einer feministischen Erkenntnistheorie ist die Untersuchung der patriarchalen Strukturen der Wissenschaften, der Formen der Ausgrenzung sowie die Entwicklung alternativer Modelle. Christine Woeseler de Panafieu formuliert drei zentrale Kritikpunkte, mit denen sich die feministischen Wissenschaftlerinnen beschäftigen müssen: die wissenschaftliche Berufspolitik, die Themenwahl in der wissenschaftlichen Forschung sowie die Kritik der androzentrischen Methodologie. Ansatzpunkt der berufspolitischen Thematik ist die Tatsache, daß die modernen Wissenschaften nur über eine fast ausschließlich männliche Berufsgeschichte verfügen.[35] Der Grund für diese Entwicklung liegt in der vehementen Weigerung des wissenschaftlichen Establishments, die Ausbildung von Frauen in den Wissenschaften zu unterstützen und zu fördern. Dadurch entsteht eine Kluft zwischen dem fortschrittlichen Anspruch der Wissenschaften und den rückständigen Praktiken der einzelnen Wissenschaftler und Institutionen.[36]

Im vorigen Jahrhundert haben sich Frauen den Zugang zu den Wissenschaften lange erkämpfen müssen. Dabei wurde eine Reaktion bei den männlichen Kollegen ausgelöst, die in keinem Verhältnis zur geringen Anzahl der Frauen stand, die zum wissenschaftlichen Arbeiten zugelassen waren. Obwohl nur wenige Frauen in den Wissenschaften präsent waren, wurde die drohende Feminisierung dieses Bereiches propagiert, die sich schädlich auf die Effizienz der Wissenschaften auswirken würde.[37] Panafieu charakterisiert diese erste Generation von Wissenschaftlerinnen als Frauen, die ihre Weiblichkeit und Sexualität verleugnen mußten, um die Zulassung zur Universität zu erhalten.

34 Vgl. Sandra Harding: Feministische Wissenschaftstheorie, S. 79ff.

35 Vgl. Christine Woeseler de Panafieu: Feministische Kritik am wissenschaftlichen Androzentrismus. In: Beer (Hgin): Klasse Geschlecht, S. 84f.

36 Vgl. Sandra Harding: Feministische Wissenschaftstheorie, S. 59f.

37 Vgl. ibid., S. 66.

Die modernen Wissenschaftlerinnen der zweiten und dritten Generation dagegen gleichen sich zwar auch dem Mann an, bleiben dabei aber Frauen und stehen deshalb in einem ständigen Kampf. Signifikant für ihre Situation ist die in den Wissenschaften herrschende Arbeitsteilung. Heute *dürfen* Frauen zwar im Wissenschaftsbetrieb tätig sein, aber sie sind nur erwünscht, solange sie im ausführenden Bereich arbeiten. Laborarbeiten und die mittlere Ebene an den Universitäten sind vergleichsweise häufig mit Frauen besetzt, im Leitungs- und Planungsbereich sind die Männer immer noch unter sich. So liegt der Anteil der an den Universitäten beschäftigten Professorinnen nur zwischen 2 und 6 Prozent, je nach Besoldungsgruppe.[38] Durch diese Teilung zwischen Planung und Ausführung in der wissenschaftlichen Forschung wird eine ähnliche Struktur erzeugt, wie sie die gesellschaftliche Arbeitsteilung aufweist. Planung und Wissen werden in den Händen von weißen männlichen Managern konzentriert, während Frauen und unterprivilegierte Männer die ausführenden Arbeiten übernehmen und den Aufstieg in die Planungsebene nicht schaffen.

Die feministische Wissenschaftstheorie kritisiert diese vertikale Arbeitsteilung in den Wissenschaften und zeigt auch die starke Einbindung der Wissenschaft in das soziale System. Aufgrund dieser offensichtlichen Parallelen zwischen Gesellschaft und Wissenschaft greifen auch ähnliche Kritikansätze in beiden Bereichen.[39]

Als zweiten Kritikpunkt, der auch in Wechselwirkung mit der vertikalen Arbeitsteilung in den Wissenschaften steht, führt Panafieu die einseitige Auswahl der Forschungsthemen an. Sie stellt fest, daß Fragen, die für Frauen interessant wären, zwar gestellt werden, *mann* aber die Forschungen feministischer Wissenschaftlerinnen als wenig relevant einstuft.

Außerdem werden die Forschungsergebnisse einseitig interpretiert. So werden bei empirischen Untersuchungen beider Geschlechter die Frauen häufig nach Kriterien beurteilt, die an der männlichen

38 Vgl. Christine Woeseler de Panafieu: Feministische Kritik am wissenschaftlichen Androzentrismus. In: Beer (Hgin): Klasse Geschlecht, S. 85f.

39 Vgl. Sandra Harding: Feministische Wissenschaftstheorie, S. 78f.

Norm orientiert sind. Exemplarisch dafür ist das von Sandra Harding ausgeführte Beispiel der Analysen der Hausarbeit, die als Tätigkeit weder bezahlt wird, noch Sozialleistungen einschließt oder Urlaubsanspruch enthält. Nach männlichen Maßstäben werde sie unterschwellig mit Freizeit gleichgesetzt, da die patriarchale Gesellschaft Arbeit durch die Bezahlung definiert.[40] Auf diese Weise wird das *Zu-Hause-Bleiben* der Frauen zum Synonym für ständigen Urlaub.

Cornelia Klinger macht die dabei stattfindende Ausgrenzung der Frauen in zweifacher Hinsicht deutlich: entweder werden frauenspezifische Daten für irrelevant erklärt und/oder das männliche Verhalten wird als menschliches definiert und dadurch das Verhalten von Frauen ausgegrenzt, da es kaum der männlichen Norm entspricht.[41]

Ein Beispiel für die feministische Kritik an dieser Arbeitsweise ist die Untersuchung ›Die andere Stimme‹ von Carol Gilligan. Sie weist nach, daß die entwicklungspsychologischen Theorien ihres Kollegen Lawrence Kohlberg mangelhaft sind, da er einerseits von männlichen Probanden ausgeht, aber andererseits die Ergebnisse der Untersuchungen auch auf Frauen umlegt. Die Folge ist, daß das Bild der Wirklichkeit, das die Wissenschaft vermittelt, weder umfassend noch objektiv ist, wie behauptet wird, sondern geschlechtsspezifisch selektiv, wie die Daten, aus denen es gewonnen wird.

Auf diesem Hintergrund steht der dritte Kritikpunkt am Androzentrismus der bestehenden Wissenschaften. »Es ist das Selbstverständnis von Wissenschaft als eines privilegierten Zugangs zu einem jeglichen historischen und sozialen Bedingungen und Bedingtheiten überhobenen Erkennen, das nun ins Blickfeld der Kritik rückt.«[42]

Die feministische Kritik richtet sich deshalb nicht nur gegen die mangelnde Objektivität und Universalität dessen, was von den Wis-

40 Vgl. Sandra Harding: Feminist Justificatory Strategies. In: Garry und Pearsall (Hginnen): Women, Knowledge and Reality, S. 195.

41 Vgl. Cornelia Klinger: Bis hierher und wie weiter? In: Krüll (Hgin): Wege aus der männlichen Wissenschaft, S. 22ff.

42 ibid S. 28.

senschaften als allgemeingültig propagiert wird, sondern vielmehr gegen die Prinzipien selbst. Sie wirft den patriarchalen Wissenschaften außerdem vor, die Vorurteile gegenüber Frauen zu unterstützen und damit die Funktion der Herrschaftslegitimierung zu erfüllen.

In der Auseinandersetzung mit den patriarchalen Wissenschaften ist die feministische Kritik in erster Linie eine Oppositionstheorie, die vor allem auf die politische Parteilichkeit für Frauen reflektiert. Sie will die ideologischen Herrschaftsstrukturen der Gesellschaft sichtbar machen und die Ansätze einer bewußtseinsmäßigen Emanzipation entwickeln. Dabei untersucht sie die traditionellen Wissenschaften, deren Inhalte und Organisation und deren Funktion für die Aufrechterhaltung des androzentrischen Weltbildes. Außerdem beschäftigt sie sich mit der Lebenssituation und den Verhaltensmustern von Frauen und thematisiert die Entwicklung der Frauenbewegung, mit der sie ständig im kritischen Austausch steht. [43]

Grundsätzlich geht die feministische Wissenschaftstheorie davon aus, daß weibliches Denken nicht mit einem neuen Universalitätsanspruch dem männlichen entgegengesetzt werden dürfe, sondern stellt die Forderung nach einer Polyvalenz der Wissenschaften. Ihre Folge wäre eine Erweiterung der traditionellen Wissenschaften um Modelle und Verfahren, welche der Komplexität der natürlichen Systeme gerecht werden könnten. Sie hätten das Aufbrechen der künstlichen Isolierung wissenschaftlicher Einzelprobleme und das Wiederfinden eines intuitiv-empathischen Naturerlebens zur Folge. In diesem Punkt treffen sich auch Feminismus und Postmoderne, die beide den Totalitarismus kritisieren und für die Anerkennung von Differenz und Heteronomie plädieren.

Auf einen Mittelweg zwischen Polyvalenz und Universalität zielt die Naturwissenschaftlerin Evelyn Fox Keller, die einen *middle ground* postuliert, der die Bedeutung der Geschlechtlichkeit für die

43 Vgl. Ulrike Helmer: Wohin treibt die feministische Theorie. In: Feministische Studien 1 (1986), S. 142.

Wissenschaft bestimmt. Damit sollen einerseits den Elementen Vielfalt und Differenz und andererseits der binären Codierung Rechnung getragen werden.[44]

Ein strittiger Punkt innerhalb der feministischen Wissenschaftstheorie besteht hinsichtlich der Frage, wie Kritik geübt werden sollte, ob von außen oder von einem immanenten Standpunkt aus. Ursula Helmer unterscheidet in ihrem Artikel ›Wohin treibt die feministische Theorie?‹ grundsätzlich zwischen einer integrativen Richtung der feministischen Wissenschaftstheorie mit sozialistisch-liberaler Prägung und einer radikalen Richtung, die von der Betroffenheit der Frauen in der patriarchalen Gesellschaft ausgeht.

Die integrative Richtung befaßt sich in erster Linie mit der Ortung von Frauenlücken und der Forderung, Frauen als Subjekte in die Wissenschaften einzubeziehen. Damit strebt sie eine Veränderung der Wissenschaft auf demokratischer Ebene an und geht davon aus, daß durch bessere Einhaltung objektiver Normen eine Gleichberechtigung zu erreichen ist.

Die radikale Richtung distanziert sich von den herrschenden Standards und kritisiert das Wissenschaftsverständnis generell. Dabei zielt sie nicht nur auf die wissenschaftlichen Inhalte, sondern auch auf deren Einbindung in die Gesellschaft.[45]

Für eine immanente Kritik spricht sich Brigitte Weisshaupt aus, indem sie die Notwendigkeit thematisiert, sich auf die Fragestellungen der bestehenden Wissenschaften einzulassen. Die feministische Kritik verfüge über keinen fest definierten Arbeitsbereich, sondern setze überall dort an, wo Frauen im Rahmen einer Männerwissenschaft die Position der Außenseiterin einnehmen müssen. Nur durch eine immanente Kritik bestehe die Möglichkeit, die feministische Position einzubringen und die bestehenden Ansätze zu verändern.

44 Vgl. Ina Wagner: Feministische Technikkritik und Postmoderne. In: Ostner und Lichtblau (Hginnen): Feministische Vernunftkritik, S. 150ff.

45 Vgl. Ulrike Helmer: Wohin treibt die feministische Theorie. In: Feministische Studien 1 (1986), S. 143ff.

»Das Thema feministischer Wissenschaftskritik ist das Anderswerden der Wissenschaft.«[46] Die Entwicklung eines eigenständigen feministischen Wissenschaftskonzeptes führe jedoch nur zu einer Abkopplung aus dem gängigen Wissenschaftsbetrieb.

Die Frau, die im herrschenden wissenschaftlichen Diskurs steht, bezeichnet Weisshaupt als Dissidentin, wobei sie Philosophieren grundsätzlich als *sich in Dissidenz begeben* versteht, durch das geltende Wahrheiten und Normen in Frage gestellt werden. Ihren Begriff der Dissidenz bezieht Weisshaupt auf das/die Andere, das/die im bestehenden Wissenschaftsbetrieb keinen Platz findet. Er bietet die Grundlage, um kritische Subjekt-, Objekt- und Methodenbegriffe zu entwickeln.

Der dissidente Ansatz wird in drei Bereichen der feministischen Vernunftkritik wirksam: im Bereich der Wissenschaftstheorie, der Wissenschaftspraxis und der gesellschaftlichen Verknüpfung von Wissenschaft und Lebenswelt. Weisshaupt führt drei Strategien an, die notwendig seien, um diese kritische Position auszufüllen: »Sprengen des disziplinären Diskussionszusammenhangs, Kontrolle der Expansion naturwissenschaftlich-technischer Lösungen und Einbringen vernachlässigter Forschungsthemen.«[47]

Die Notwendigkeit, sich im Rahmen feministischer Wissenschaftskritik auf die bestehenden Wissenschaften einzulassen, macht Weisshaupt am Beispiel der Machtkritik deutlich. Ihre Aufgabe besteht in der Störung der machtrelevanten Anerkennungssysteme. Um in diesem Rahmen Kritik zu üben, müssen die Frauen selbst über das entsprechende Wissen verfügen und auch in der Lage sein, die notwendige Distanz zu ihrem Arbeitsfeld einzunehmen. Sie müssen über Intellektualität verfügen, was auch bedeutet, sich bewußt zu sein, daß Weiblichkeit immer aus dem Wissen als etwas anderes ausgeschlossen ist. Deshalb muß eine Theorie entwickelt werden, die auch weibliche Intellektualität ermöglicht.[48]

46 Brigitte Weisshaupt: Dissidenz als Aufklärung. In: Bendkowski und Weisshaupt (Hginnen): Was Philosophinnen denken, Band I, S. 10.

47 ibid S. 12.

48 Vgl. ibid., S. 11 ff.

Die zweite Aufgabe der feministischen Wissenschaftstheorie liegt in der Wissenschaft selbst, innerhalb derer die Feministin auf die Begriffe von Subjekt und Objekt, auf die Methoden und Normen reflektieren soll. Diese Reflexion aus weiblicher Sicht soll die Grenzen des Subjekts der Wissenschaft bestimmen, verdeutlichen und erweitern; allerdings kann sie nur von den entsprechenden Fachfrauen geleistet werden. Da das Subjekt der herrschenden Wissenschaften ein von Emotionen, Sinnlichkeit und Geschichte entleertes Erkenntnissubjekt ist, sieht Weisshaupt die Aufgabe der feministischen Wissenschaftskritik darin, dieses abstrakte Subjekt zu isolieren und einen neuen Ausgangspunkt zu schaffen, der Zeitlichkeit, Ganzheit und Engagement einschließt. Darauf soll das neue Erkenntnisinteresse basieren, das nicht nur auf die Objekte der Wissenschaften, sondern auf die Welt gerichtet ist.[49]

Die Wissenschaftlerin Evelyn Fox Keller untersucht in ihrem Buch ›Liebe, Macht und Erkenntnis‹ die Arbeit feministischer Wissenschaftlerinnen, das Verhältnis von Wissenschaftlichem und Unwissenschaftlichem sowie dessen Bindung an Mann und Frau. Den Dualismus von Wissenschaftlichem und Unwissenschaftlichem siedelt sie parallel zum Gegensatz von Politischem und Persönlichem. Damit einher geht auch die Zuschreibung von wissenschaftlich und öffentlich an das Leben der Männer sowie persönlich und unwissenschaftlich an das Leben der Frauen. Es ist ein Anliegen des Feminismus und der feministischen Vernunftkritik, diese Fixierungen aufzulösen und deutlich zu machen, daß das politische Subjekt als Person agiert und deshalb auch persönlich ist. Somit finden beide Aspekte im Handeln dieses Subjekts ihren Niederschlag; vom Persönlichen wird damit auch Einfluß auf das Politische und letztlich auch auf das Wissenschaftliche geübt.[50]

Die Aufgabe der feministischen Wissenschaftskritik sieht Keller darin, die Begriffe Wissenschaft und Männlichkeit voneinander zu

49 Vgl. Brigitte Weisshaupt: Dissidenz als Aufklärung. In: Bendkowski und Weisshaupt (Hginnen): Was Philosophinnen denken, Band I, S. 18.

50 Vgl. Evelyn Fox Keller: Liebe, Macht und Erkenntnis, S. 15f.

lösen, um auf diese Weise die Wissenschaften für Frauen zugänglicher zu machen und die gängige Vorstellung von Objektivität zu verändern. Außerdem könnten dadurch Einschränkungen aufgelöst werden, beispielsweise indem analysiert würde, inwieweit die Wissenschaft von Mythologie beeinflußt wird. Ebenso müsse die vorausgesetzte Neutralität der Wissenschaft überprüft und eine philosophische Untersuchung über Grenzen und Begrenztheit der wissenschaftlichen Forschung angestellt werden.[51]

Revidiert werden muß dazu der Begriff der Autonomie, die üblicherweise als Handeln nach eigenem Willen ohne äußere Kontrolle verstanden wird. Keller kritisiert am Autonomiebegriff, daß dieser zusammenfalle mit dem Streben nach Macht über andere, also mit einem Machtbegriff, der sich über Herrschaft definiert. Sie plädiert für eine dynamische Auffassung von Autonomie, die zwar den Raum zwischen dem Selbst und den anderen bestehen läßt, aber eine zeitweise Aufhebung der Grenzen zwischen Ich und Nicht-Ich ermöglicht.[52]

Auch der gängige Gesetzesbegriff ist nach Kellers Meinung revisionsbedürftig. Sie fordert ein Interesse an der Ordnung und nicht an Gesetzen, wodurch weitreichende Veränderungen für die Auffassung von Wissenschaftlichkeit vollzogen werden müssen. »Es erfordert eine Wissenschaft, die auf Respekt basiert und nicht auf Herrschaft...«[53] Den Naturwissenschaften würde es dann nicht mehr um das Aufstellen einheitlicher Naturgesetze, sondern um das Aufzeigen interner Ordnungen gehen. Auf diese Weise könnten die Vorstellungen von Natur und Wissenschaft erweitert werden und die Natur würde nicht mehr als chaotisch und die Wissenschaft nicht mehr als objektivistisch gelten.

Beispielhaft für eine solche wissenschaftliche Praxis ist für Keller die Genetikerin Barbara McClintok, die innerhalb ihrer Forschungsarbeit immer darauf bedacht war, »darauf zu hören, was das Material

51 Vgl. Evelyn Fox Keller: Liebe, Macht und Erkenntnis, S. 99.
52 Vgl. ibid., S. 103ff.
53 ibid., S. 143.

dir zu sagen hat.«[54] Ihre Lebensgeschichte sieht Keller als exemplarisch für den Konflikt zwischen einer Gemeinschaft und einer einzelnen, die versuchte, dem gängigen Wissenschaftsbegriff entgegenzusteuern.[55]

McClintok war, auch unter den Frauen innerhalb der Naturwissenschaften, eine Ausnahme. Im Gegensatz zu ihren Kolleginnen wählte sie nicht den üblichen weiblichen Weg als Assistentin oder Lehrerin, sondern sie beschäftigte sich ihr Leben lang mit Forschung. Ihre zentrale Entdeckung war die genetische Transposition, die besagt, daß die genetischen Elemente nicht festgelegt sind, sondern innerhalb der Chromosomen springen können. Dieser Mechanismus wirkt als eine Überlebenstaktik des Organismus in Streßzeiten. McClintoks Erkenntnisse wurden zur Zeit ihrer Entdeckung von der Fachwelt völlig ignoriert und fanden erst Jahre später Beachtung.[56]

Bei ihren Untersuchungen legte McClintok Wert auf die Anerkennung der Komplexität der Natur, die sie nicht als Objekt der Ausbeutung verstand, sondern als einfallsreiches System, das unser Vorstellungsvermögen übersteigt. Sie vertrat die Haltung: »Wenn das Material dir sagt, es kann so sein, dann laß es zu. Leg es nicht beiseite und nenn es nicht Ausnahme, Abweichung, Verunreinigung...«[57] Es war ihr Ziel, die Unterschiedlichkeiten innerhalb natürlicher Abläufe sichtbar zu machen, sie nicht als Ausnahme von der Regel zu behandeln, sondern ihnen eine eigene Bedeutung beizumessen. Dabei unterschied sie die Differenz als Ordnungsprinzip von der Dichotomisierung der traditionellen Naturwissenschaften. Die Anerkennung der Differenz sah sie als Grundlage für alle Verbindungszusammenhänge in der Natur. Sie erfordere eine Beschäftigung und ein Verstehen, das die Individualität der natürlichen Phänomene gewährleistet.[58]

Auf der Grundlage von McClintoks Haltung stellt Keller die For-

54 Zit. nach Evelyn Fox Keller: Liebe, Macht und Erkenntnis, S. 146.
55 Vgl. ibid., S. 164.
56 Vgl. ibid., S. 169.
57 Zit. nach ibid., S. 173.
58 Vgl. ibid., S. 173f.

derung auf, die Problematik der Geschlechtlichkeit in der Wissenschaft aufzulösen. Solange die Natur als Objekt und als weiblich gesehen wird und die Wissenschaft als männlich gilt, stehen weibliche Wissenschaftlerinnen in einem ständigen Widerspruch. Deshalb müsse, so Keller, die Natur als nicht-weiblich und der Verstand als nicht-männlich und subjektiv umgewertet werden.[59]

59 Vgl. ibid., S. 187f.

Die französische Schriftstellerin und Philosophin Simone de Beauvoir gehört zu den bekanntesten und populärsten Persönlichkeiten der modernen Frauenbewegung. Mit ihrer ausführlichen Analyse der weiblichen Lebenssituation, die 1949 unter dem Titel ›Das andere Geschlecht‹ erschien, hat sie eines der wichtigsten Grundlagenwerke der feministischen Theoriebildung erarbeitet. Sie gilt als Vertreterin eines liberalen humanistischen Feminismus, da ihr Ansatz auf eine Gleichstellung von Frau und Mann abzielt.

Beauvoir selbst hat sich in ›Das andere Geschlecht‹ nicht als Feministin gesehen und bezieht auch ihre Analyse nicht auf ihre eigene Person. Sie sieht sich in erster Linie als Existentialistin. Dabei ist sie nicht ausschließlich Philosophin, sondern strebt eine Einheit von Philosophie und Literatur an, durch die entweder philosophische Literatur oder literarische Philosophie entstehen soll.[1]

Zwar ist Beauvoirs Arbeit ›Das andere Geschlecht‹ heftig kritisiert und durch moderne Konzepte überschritten worden, aber es bildet dennoch eine wichtige Grundlage, auch für heute aktuelle Auseinandersetzungen mit der Geschlechterdifferenz. Toril Moi plädiert in ihrer Arbeit über Beauvoir dafür, sie neu zu entdecken und bezeichnet sie als größte feministische Theoretikerin unserer Zeit.[2]

Der breiten Öffentlichkeit wurde Beauvoir zu ihrer Zeit nicht nur durch ihre literarischen und philosophischen Arbeiten bekannt. Sie rückte vor allem durch ihren Lebensstil und ihr Umfeld in den Mittelpunkt des Interesses. Dabei stand meistens nicht ihre eigene Person im Vordergrund, sondern ihre Beziehung zu Jean-Paul Sartre. Häufig wird sie auf die Bezeichnung »Sartres Lebensgefährtin« reduziert, sogar auf dem Umschlagtext ihrer eigenen Memoiren.

1 Vgl. Rainer E. Zimmermann: Die Passion des Authentischen. In: Soden (Hgin): Zeitmontage: Simone de Beauvoir, S. 50.
2 Vgl. Toril Moi: Feminist Theory & Simone de Beauvoir, S. 4f.

2.1. Das andere Geschlecht

Beauvoirs feministisches Hauptwerk ›Das andere Geschlecht‹ kann ohne Zweifel als eine der wichtigsten Arbeiten innerhalb der modernen Frauenbewegung bezeichnet werden. Es erschien zu einer Zeit, in der Probleme wie Inflation und Wiederaufbau im Mittelpunkt des Interesses standen und die Emanzipation der Frau ein sehr unpopuläres Thema war. Zum Zeitpunkt seines Erscheines hatte ›Das andere Geschlecht‹ einen unerwarteten Erfolg und ist auch heute noch ein vielgelesenes Buch, das auch von den meisten Feministinnen als Grundlagenwerk anerkannt wird.

Mit ihrem siebenhundert Seiten starken Essay zur Lage der Frau ist Beauvoir eine bemerkenswerte Analyse der weiblichen Lebenssituation gelungen. Sie untersucht neben biologischen, historischen und literarischen Vorstellungen auch die realen Lebensbedingungen, in denen viele Frauen existieren. Dabei liefert sie eine umfassende Studie der physiologischen, psychologischen und ökonomischen Realität der Frauen und zeigt gesellschaftliche und private Unterdrückungsmechanismen auf.

In ihrer Arbeit geht es Beauvoir nicht darum, ewige allgemeingültige Wahrheiten zu entwickeln, sondern um die Darstellung des Ursprungs und der Wurzeln der weiblichen Einzelexistenz. Sie betont auch ihre Bemühungen, nicht den Typus einer Standard-Frau zu entwerfen, sondern unterstreicht ihren Versuch, zwischen verschiedenen weiblichen Lebensformen zu differenzieren.[3]

Im philosophischen Kontext definiert Simone de Beauvoir ›Das andere Geschlecht‹ als existentialistische Ethik, da sie die Untersuchung des Geschlechterverhältnisses in bezug zu gesellschaftlichen und philosophischen Interessen darstellt. Die Prämissen einer Ethik erfüllt Beauvoirs Ansatz, da er aus der gegenseitigen Verantwortung und Verbindlichkeit auch die Begründung des konkreten gesellschaftlichen Handelns ableitet.[4]

3 Vgl. Simone de Beauvoir: Das andere Geschlecht, S. 264.
4 Vgl. ibid., S. 21.

Beauvoirs Ausgangspunkt sind die zentralen Fragestellungen: *Was ist eine Frau?* und *Warum ist die Frau die Andere?* Grundlage und Möglichkeit zur Untersuchung dieser Problematiken bietet ihr eigener geistiger Hintergrund, der französische Existentialismus. In ihm sieht sie die geeignete Theorie, um die Situation der Frau zu verstehen. Er fülle eine Lücke aus, die der sozialistische Ansatz zurückläßt, da es ihm um das menschliche Individuum und nicht um das Kollektiv gehe.[5]

Mit ihrem existentialischen Ansatz verfolgt Beauvoir das Ziel, die Dynamik der weiblichen Unterdrückung aufzuzeigen. Dazu verarbeitet sie neben dem französischen Existentialismus auch Einflüsse der Existenzphilosophie von Sören Kierkegaard und Martin Heidegger, die Intersubjektivitätstheorie Edmund Husserls und Hegels Analyse der Herr-Knecht-Beziehung.

In ›Das andere Geschlecht‹ bezieht Beauvoir den existentialistischen Ansatz auf die Situation der Frau, wobei sie zum Teil auch Sartres Terminologie verwendet. Allerdings distanziert sie sich auch in verschiedenen Punkten, verändert Begriffe und entwickelt ihre eigenen philosophischen Prämissen. Beispiel dafür ist der Freiheitsanspruch der Existenz, den Sartre absolut formuliert, während Beauvoir davon ausgeht, daß sich vor allem Frauen in einer Situation befänden, in der sie die existentielle Freiheit nicht verwirklichen können.

Die Frage, warum Frauen nicht frei seien, beantwortet Beauvoir, noch in Anlehnung an Sartres Modell, mit ihrem unglücklichen Schicksal. Es ist das Schicksal der Frau, unfrei zu sein und durch die Unterdrückung von seiten der Männer diesem ausgeliefert zu sein. Männer machen sie zum Objekt, zum willenlosen Sein, vernichten ihre Selbstsicherheit und machen sie abhängig. Aus diesem Grund sei die freie Wahl für sie keine lebbare Realität, denn sie würden unterdrückt, ohne ihre Unterdrückung selbst gewählt zu haben. Diese nicht gewählte Unterdrückung steht im kulturellen Kontext und

5 Vgl. Andrea Nye: Feminist Theory and the Philosophies of Man, S. 79.

macht das Geschlecht zu einem Ort bereits vorgefundener Bedeutungen und Verhaltensmuster.[6]

Beauvoir unterstreicht allerdings, daß die Frauen diesem Schicksal nicht ausgeliefert sind. Zwar würden viele Frauen ihre Unterdrückung hinnehmen, jedoch nicht gleichzeitig einwilligen. Das Argument, die Unterdrückung der Frau sei ihre eigene Schuld, widerlegt sie in mehrfacher Hinsicht: Die Unterdrückung der Frauen wird seit mehreren tausend Jahren praktiziert und gilt als selbstverständlich, außerdem ist es den Frauen kaum möglich, sich in größeren Gruppen zu organisieren, da sie in Einzelbeziehungen und separaten Unterdrückungsverhältnissen stehen.[7]

Ein zentrales Element des Existentialismus, die Unterscheidung von Transzendenz und Immanenz, übernimmt Beauvoir auch für die Darstellung der gesellschaftlichen Konditionierung des weiblichen Geschlechts. Obwohl diese Unterscheidung grundsätzlich auf die Differenz zwischen menschlichem und tierischem Sein abhebt, können dem menschlichen Sein beide Aspekte zugeschrieben werden. Transzendenz steht dabei stellvertretend für geistige und intellektuelle Aspekte und Immanenz für die Körperlichkeit.

Übertragen auf die Geschlechterbeziehung wird die Transzendenz zum Attribut des Mannes, während der weibliche Körper Repräsentant der Immanenz ist. Der Mann nimmt die Transzendenz für sich in Anspruch und seine Handlungen sind von Aktivität, Macht, gewaltsamer Aneignung und Ausdehnung seiner Grenzen gekennzeichnet.[8] Mit diesem Bereich der Aktivität affiziert Beauvoir das eigentliche Menschsein, von dem die Frau ausgeschlossen wird. Sie bleibt dem Bereich der Immanenz verhaftet, der durch die Begriffe Passivität, Stagnation, Wiederholung und Unproduktivität gekennzeichnet ist. Da die Frau aus dem männlichen Blickwinkel definiert

6 Vgl. Simone de Beauvoir: Die Moral der Doppelsinnigkeit. In: Dies.: Soll man de Sade verbrennen?, S. 101.

7 Vgl. Carol Hagemann-White: Simone de Beauvoir und der existentialistische Feminismus. In: Knapp und Wetterer (Hginnen): Traditionen – Brüche, S. 31.

8 Vgl. Simone de Beauvoir: Das andere Geschlecht, S. 669.

wird, ist sie im Gegensatz zum Mann *die Andere*. Diese Position wird von der Frau zeitübergreifend eingenommen und bewirkt, daß sie nur in der Beziehung zum männlichen Subjekt existieren kann. »Sie wird bestimmt und unterschieden mit Bezug auf den Mann, dieser aber nicht mit Bezug auf sie, sie ist das Unwesentliche angesichts des Wesentlichen. Er ist das Subjekt, er ist das Absolute; sie ist das Andere.«[9]

Indem die Frau auf eine körperliche Identität reduziert wird, dient sie dazu, dem Mann seinen nicht-körperlichen transzendentalen Aspekt zu erhalten. Sie produziert ein Negativbild, von dem sich die männliche Geistigkeit positiv abheben kann. Von der männlich geprägten Gesellschaft wird sie als passiv und kindlich klassifiziert und auf einen Objektstatus beschränkt.[10] Im Gegensatz zur Frau ist der Mann von Anfang an Mann und wird als solcher gesehen. Seine Sexualität stimmt überein mit seiner Transzendenz.

Beauvoir wirft den Frauen vor, sich dieser Definition des Weiblichen als Gegenständlichkeit unterzuordnen, wodurch sie nicht mehr in der Lage seien, sich als unabhängiges Subjekt zu verwirklichen. Sie seien keine autonomen Individuen, die wählen können, sondern blieben dem Stadium der Immanenz verhaftet und verwehren sich selbst den Zugang zur Ebene der Transzendenz. »Weiblichkeit ist Essenz, eine Menge von allgemeinen Attributen, die eine Klasse definieren und Frauen auf Immanenz eingrenzen wie auch darauf, als die Andere definiert zu werden.«[11] Beauvoir fordert die Frauen auf, ebenso wie die Männer den Bereich der Transzendenz zu erobern. Allerdings müßten sie zuerst die Immanenz ihres Körpers überwinden. Dazu sei es zwar nicht nötig, dieselben Leistungen wie die Männer zu erbringen, aber die Frau könnte sich nur dann emanzipieren, wenn sie ein Leben wie ein Mann führt.[12]

9 Simone de Beauvoir: Das andere Geschlecht, S. 11.

10 Vgl. Ursula Konnertz: Simone de Beauvoir. In: Conrad und Konnertz (Hginnen): Weiblichkeit in der Moderne, S. 125.

11 Iris Marion Young: Humanismus, Gynozentrismus und feministische Politik. In: List und Studer (Hginnen): Denkverhältnisse, S. 40.

12 Vgl. Simone de Beauvoir: Das andere Geschlecht, S. 669.

In ›Das andere Geschlecht‹ formuliert Beauvoir zwei zentrale Thesen, deren Ursprung in der ersten Frauenbewegung liegt, die aber auch als Grundlage und Ausgangspunkt der modernen Frauenbewegung gelten: Erstens: Die geschlechtsspezifische Arbeitsteilung stellt keine naturgegebene Tatsache dar, die von den Frauen akzeptiert werden muß. Zweitens: Es besteht eine Differenz zwischen dem biologischen und dem gesellschaftlich bedingten Geschlecht. Daraus resultiert, daß wir nicht als Frauen geboren, sondern dazu gemacht werden. »Das Ewig Weibliche ist eine Lüge, denn die Natur spielt bei der Entwicklung eines Menschen eine sehr geringe Rolle, wir sind soziale Wesen. Außerdem: Da ich nicht denke, daß die Frau von Natur aus dem Mann unterlegen ist, denke ich auch nicht, daß sie ihm von Natur aus überlegen ist.«[13] Damit lehnt Beauvoir eine biologistische Erklärung für die Weiblichkeit kategorisch ab und geht davon aus, daß die Unterdrückung der Frau nicht auf ihre Natur zurückzuführen ist und damit nicht vorbestimmt sein kann. Sie sieht die Frau nicht als Opfer eines biologischen Schicksals, sondern vielmehr einer gesellschaftlichen Konditionierung, die überwunden werden kann.[14]

Beauvoir deckt dadurch die patriarchale Falschmeldung auf, die Frau müsse aufgrund ihrer biologischen Fähigkeiten auch ihre Unterdrückung in Kauf nehmen, und entwickelt die Trennung zwischen dem natürlichen Körper und dem Körper als historischem Konstrukt, wodurch sie die heute aktuelle Unterscheidung zwischen *sex* (biologisches Geschlecht) und *gender* (soziales Geschlecht) aufstellt.

Inhaltlich geht Beauvoir im ersten Teil von ›Das andere Geschlecht‹, »Fakten und Mythen«, auf die Einordnung der Weiblichkeit in den Bereichen Psychologie, Geschichte, Biologie und Soziologie ein. Im zweiten Teil, »Gelebte Erfahrung«, führt sie die Aspekte der weiblichen Situation in phänomenologischer und literarischer Sicht aus,

13 Interview mit Beauvoir ›Das Ewig Weibliche ist eine Lüge‹. In: Schwarzer: Simone de Beauvoir heute, S. 78.

14 Vgl. Simone de Beauvoir: Das andere Geschlecht, S. 677.

wobei sie sich mit den weiblichen Erfahrungen in den Bereichen Jugend, Mutterschaft, Ehe, unabhängige und lesbische Frauen auseinandersetzt.

Sie untersucht die Entwicklung des weiblichen Geschlechts von der Geburt an, und weist nach, daß die Prägung von weiblichen und männlichen Kindern bis zum vierten Lebensjahr etwa parallel verläuft. Danach findet eine Entwöhnung von der Mutter statt, die beim Mädchen langsamer verläuft als beim Jungen, was durch die Erziehungsideale der Gesellschaft und ihrer Repräsentantin, der Mutter, bestimmt wird. Aufgrund dieser frühen Trennung entwickelt ein Junge später leichter und selbstverständlicher eine eigene Identität als ein Mädchen es kann.

Auch die unterschiedliche Entwicklung der Geschlechtsteile sieht Beauvoir nicht a priori als Problem, da das Mädchen ihre versteckte Vagina nicht von vornherein als Mangel empfindet. Erst die Gesellschaft drückt ihr den Stempel der Unterlegenheit auf. Beauvoir lehnt die klassische Penisneidtheorie grundsätzlich ab und geht von einem sozial bedingten Neid der Frauen auf die Machtposition der Männer aus, deren Repräsentant der Penis ist.

Unter dem Vorwand der geschlechtlichen Disposition wird dem Mädchen die Rolle der Passiven anerzogen. Während der Junge seinen Körper durch Spiele erfährt und Anerkennung bekommt, soll das Mädchen gefallen. Sie ist abhängig von dem Urteil anderer über sie und soll es sich zur Maxime machen, diesen Wertungen zu entsprechen.[15]

Die entscheidende Prägung erfährt der weibliche Sozialisationsprozeß, so Beauvoir, durch die Mutterbindung. Die Frau als Mutter befindet sich in einer ambivalenten Situation, da sie die Tochter zum einen als eigenes Abbild und zum anderen als Gegenüber wahrnimmt. Im Umgang mit ihrer Tochter will die Mutter einerseits ihre Weiblichkeit behaupten und sich andererseits dafür rächen, daß sie selbst unterdrückt wird.[16]

15 Vgl. Simone de Beauvoir: Das andere Geschlecht, S. 274ff.
16 Vgl. ibid., S. 501ff.

Auch die Schwangerschaft trägt für Beauvoir wesentlich zur passiven Rolle der Frau bei, da sie kein schöpferischer Akt sei. Die Frau bringt nur Körperliches hervor, ohne gleichzeitig die geistige Existenz des Kindes zu begründen. Den Zustand der Schwangerschaft sieht Beauvoir als eine fremdbestimmte Situation, der sich die Frau passiv unterwerfen muß. In ihrem Inneren niste sich ein Polyp ein, der sich gegen ihren Willen ausbreiten kann und dem die Frau ausgeliefert sei.[17]

Ebenso ordnet Beauvoir die Erziehungsarbeit der passiven Seite zu, da die Mutter darin nicht selbstbestimmt agieren könne, sondern an die gesellschaftliche Rollenstruktur gebunden sei. Ihre Erziehungsarbeit gilt weder in der Gesellschaft noch für die Mutter selbst als Wert. Vielmehr wird die Frau durch ihre biologische Konstitution zur Schwächeren erklärt, damit gilt auch ihre Arbeit als passiv und unschöpferisch.[18]

Die Verherrlichung der Mutterrolle und die damit einhergehende Annahme eines Mutterinstinktes bei allen Frauen lehnt Beauvoir grundsätzlich ab. Sie entmythisiert die Mutterrolle, indem sie die patriarchalen Zwänge dieser Funktion verdeutlicht. Dabei macht sie klar, daß die Mythisierung der Mutterschaft ein patriarchales Mittel ist, um die Frauen in der Privatheit der Kleinfamilie einzuschließen und somit noch extremer zu unterdrücken. Sie stellt fest, daß der beste Weg zur Unterdrückung und Kontrolle der Frauen die Schaffung von Mythen, wie Mutterschaft oder Mutterinstinkt, sei.[19]

Ihre Einstellung zur Mutterschaft hat Beauvoir ihr Leben lang beibehalten. Solange die biologische Mutterschaft zwangsläufig die soziale Fixierung der Frau auf ihre Mutterrolle zur Folge habe, müsse diese abgelehnt werden. Mutterschaft sieht sie generell als nichtkreativen Akt, zumal sie meistens an Hausarbeit gebunden ist.[20]

In ›Das andere Geschlecht‹ kommt Beauvoir zu dem Schluß, daß die Frauen als Ehefrauen, Mütter oder unabhängige Frauen nur ver-

17 Vgl. Simone de Beauvoir: Das andere Geschlecht, S. 482.
18 Vgl. ibid., S. 508f.
19 Vgl. ibid., S. 504ff.
20 Vgl. Alice Schwarzer: Vorwort. In: Dies.: Simone de Beauvoir heute, S. 16.

schiedene Rollen spielen, um ökonomisch oder psychisch zu überleben. Das Tragische an dieser Rollenstruktur sei jedoch, daß sie nicht von den Frauen selbst bestimmt, sondern ihnen vorgegeben und aufgezwungen werden.[21] Die Gesellschaft schreibt den Frauen bestimmte Verhaltensmuster vor und auch innerhalb der jeweiligen Rolle bleibt wenig Spielraum.

Die Möglichkeiten zur Befreiung der Frau aus ihrer unterdrückten Lebenssituation sieht Beauvoir in erster Linie im Kampf für ihre gesellschaftliche und politische Gleichstellung und ihre wirtschaftliche Unabhängigkeit. Dadurch könnten die Frauen ihre Möglichkeiten erweitern, um eigenverantwortlich zu handeln. Als eigentlichen Akt der Emanzipation kennzeichnet Beauvoir die Abkehr von der als natürlich verstandenen Weiblichkeit und die Eroberung der Transzendenz. Der Körper müsse dazu als Situation verstanden werden, als Ort möglicher kultureller Interpretationen und gesellschaftlicher Determinationen. Von ihm aus können dann offene Möglichkeiten ergriffen oder verworfen werden. Zwar gebe, so Beauvoir, das Geschlecht eine bestimmte Weise des Existierens vor, die von der Frau akzeptiert, aber auch abgelehnt werden könne.[22]

Genevieve Lloyd faßt diesen Gedankengang folgendermaßen zusammen: »Nicht die weibliche Biologie selbst stellt das Hindernis für eine weibliche Transzendenz dar, sondern vielmehr das, was die Männer mit dem stillschweigenden Einverständnis der Frauen aus der weiblichen Biologie gemacht haben.«[23]

Beauvoir schlägt ein Konzept der Gleichheit der Geschlechter vor. Danach soll die Frau die Arbeit im Haushalt ablehnen, um berufstätig zu werden. Sie soll ihre Chancen nutzen und wie ein Mann verantwortliche Positionen anstreben. Da sich die Unterdrückung der Frau in erster Linie durch eine Einschränkung ihrer Fähigkeiten aufgrund patriarchaler Ansprüche äußert, besteht die weibliche Eman-

21 Vgl. Simone de Beauvoir: Das andere Geschlecht, S. 651ff.
22 Vgl. ibid., S. 669ff.
23 Genevieve Lloyd: Das Patriarchat der Vernunft, S. 133f.

zipation für Beauvoir darin, sich von den Normen einer traditionellen Weiblichkeit zu befreien und eigene Ziele zu verfolgen, um sich selbst zu verwirklichen. »Die moderne Frau akzeptiert jedoch die männlichen Werte, sie ist darauf aus, analog wie der Mann zu denken, zu handeln, zu arbeiten, schöpferisch tätig zu sein.«[24] Auf diese Weise kann die Frau, so Beauvoir, ihre immanente Ebene verlassen, sich als Subjekt verwirklichen und die Ebene der Transzendenz erreichen.

Die Frauen sollten sich nicht als Hälfte der Rasse, sondern als Menschen sehen. Beauvoirs Idealfrau ist unabhängig, aktiv und lehnt die von Männern aufgezwungene Passivität ab. Sie akzeptiert die männlichen Werte für sich und orientiert ihr Denken und Handeln an dem der Männer.

Die Überschreitung der eigenen Immanenz durch die Frau führt dann letztlich auch zur Veränderung der männlichen Lebenswelt. Da seine autonome Transzendenz auf dem Dualismus mit der Immanenz basiert, entsteht auch für den Mann die Notwendigkeit, sich als Subjekt neu zu konstituieren.

Die Gleichheit von Frau und Mann ist für Beauvoir dann verwirklicht, wenn gegenseitige Anerkennung und Respekt in den Beziehungen möglich ist, was für sie eine gegenseitige Abhängigkeit miteinschließt. »Damit dieser höchste Sieg errungen wird, ist es unter anderem notwendig, daß Mann und Frau jenseits ihrer natürlichen Differenzierungen geschwisterlich zueinander finden.«[25]

Auch in sexueller Hinsicht müßten sich Frau und Mann als Subjekte neu erfahren. Der Mann müsse akzeptieren, daß seine Befriedigung von der Frau abhängt und diese auch als Aktive verstehen. Auf diese Weise könnte die Frau ihren Subjektstatus und ihre Wünsche beibehalten.[26]

24 Simone de Beauvoir: Das andere Geschlecht, S. 679f.
25 ibid., S. 681.
26 Vgl. ibid., S. 676ff.

2.2. Kritik am anderen Geschlecht

Die Kritik an Beauvoirs Arbeit ›Das andere Geschlecht‹ ist sehr vielfältig und kommt praktisch aus allen Richtungen, sowohl patriarchalen als auch feministischen. Toril Moi macht in ihrer Untersuchung der Beauvoir-Rezeption zwei Hauptströmungen innerhalb der patriarchalen Kritik aus: Entweder habe man ihre literarischen Inhalte personalisiert oder ihre Arbeiten genauso eingestuft wie ihr Frausein. Das Ziel war immer, Beauvoir als Stimme für die Frauen zu diskreditieren.[27]

Speziell von der männlichen Kritik wurden Beauvoirs Arbeiten meist genausowenig ernst genommen und respektiert, wie die Frauen allgemein. Dadurch blockierte das Frausein der Autorin jegliche ernsthafte Diskussion, unabhängig ob im literarischen, politischen oder philosophischen Kontext. Hinzu kommt, daß im Falle von Beauvoir ihr Aussehen und ihr Privatleben häufig mehr diskutiert wurden als ihre Bücher. Auf diese Weise wird vermittelt, daß eine weibliche Autorin weniger zu sagen hat, und was sie sagt, weniger entscheidend ist.

Im Hinblick auf ihr literarisches Werk haben ihr auch einige KritikerInnen literarische Qualitäten abgesprochen oder sie als arrogant und narzistisch bezeichnet, da alle ihre weiblichen Figuren nur sie selbst widerspiegeln würden. Moi stellt fest, daß sich Beauvoir in einer klassischen *double-bind-Situation* befunden habe: wenn sie über Politik schrieb, hieß es, sie sei kalt, gefühllos und unweiblich, und ihre politischen Ideen seien nur Ersatz für ihre emotionalen Probleme. Wenn sie über ihre eigenen Gefühle schrieb, galt sie als selbstbezogen und egoistisch.[28]

Von feministischer Seite werden in erster Linie Beauvoirs Theorien über die Entwicklung des Frau-Seins und ihre Vorstellungen von Weiblichkeit kritisiert. Ihr wird vor allem vorgeworfen, traditionelle

27 Vgl. Toril Moi: Feminist Theory & Simone de Beauvoir, S. 23.
28 Vgl. ibid., S. 27ff.

Schemata zu übernehmen und den Mann in seiner überlegenen Position zu bestätigen. Dadurch würde sie die Weiblichkeit herabsetzen und die Männlichkeit kritiklos verherrlichen.[29] Außerdem betreibe sie mit ihrer Zielsetzung einer Emanzipation der Frau im Sinne einer Gleichheit mit dem Mann eine Mythologisierung der Männlichkeit.[30] Nancy Hartsock macht Beauvoir den Vorwurf, das Modell einer abstrakten Männlichkeit zu entwickeln, das die Frauen auf biologische Funktionen reduziert und eine patriarchale Weltsicht reproduziert.[31]

Beauvoirs Idealisierung der männlichen Tätigkeitsbereiche als Ziel der Frauenbefreiung und deren Darstellung wird von vielen Feministinnen scharf kritisiert. Ihr wird vorgeworfen, die Männer als Unterdrücker anzuprangern und sie gleichzeitig als Vorbilder anzubieten. Heidemarie Bennent-Vahle kritisiert, daß Beauvoir Menschsein mit Mannsein gleichsetze und die männlichen Normen zur Richtschnur für die Frauen erhebe. Somit binde sie die Emanzipation der Frau an ihre Fähigkeit zur Anpassung an männliche Normen und richte sich nach Wertmaßstäben, die von Männern geschaffen wurden.[32]

Als problematisch sieht auch Genevieve Lloyd die Zielsetzung Beauvoirs, daß die Frauen sich den Bereich der Transzendenz ebenso aneignen sollen wie die Männer. Dies sei unmöglich, da die Transzendenz nur aufgrund des Ausschlusses der Frauen als Ideal bestehen könne.[33]

Auch Jean Elshtains Kritik an Beauvoir richtet sich gegen die Übernahme der Dichotomien von Transzendenz und Immanenz, Existenz und Essenz, *Sein an sich* und *Sein für sich*. Außerdem kritisiert sie, daß Beauvoir den weiblichen Körper als etwas Negatives sieht. Für sie sei er unbedeutend, schmutzig, beschämend und ent-

29 Vgl. Cornelia Wagner: Simone de Beauvoirs Weg zum Feminismus, S. 38.
30 Vgl. Ursula Konnertz: Simone de Beauvoir. In: Conrad und Konnertz (Hginnen): Weiblichkeit in der Moderne, S. 115.
31 Vgl. Nancy Hartsock: Money, Sex, and Power, S. 287ff.
32 Vgl. Heidemarie Bennent-Vahle: Galanterie und Verachtung, S. 221.
33 Vgl. Genevieve Lloyd: Das Patriarchat der Vernunft, S. 136.

fremdend. In dieser allgemein körperfeindlichen Einstellung sieht Elshtain auch den Grund für Beauvoirs Ablehnung von Ehe und Mutterrolle, die sie als patriarchal gesteuerte Reduktion der Frau auf ihre Reproduktionsfunktion einstuft.[34]

Dagegen verteidigt Christiane Zehl Romero Beauvoirs Haltung und stellt fest, daß sie generell gegen die Annahme natürlicher Determinanten plädiere, welche die menschliche Natur in weiblich und männlich teilt. Sie akzeptiere, daß der Mensch seinen Körper nicht verleugnen könne, gehe aber davon aus, daß die existentielle Freiheit für Frauen und Männern gleich sei. Denn die Frau sei nicht das Opfer ihres Körpers, sondern einer konkreten Situation, die veränderbar ist.[35] Ebenso ist Iris Marion Young der Meinung, daß Beauvoir die Befreiung aller zum Ziel habe, wobei dem Geschlechtsunterschied eine eher zufällige Bedeutung zukomme. Das Ziel der Befreiung sei die Entwicklung eines eigenen Ichs, was zur Gleichheit der Geschlechter führe, durch die dann Frauen und Männer nach einem Maßstab beurteilt werden könnten. Sie kritisiert an dieser Position jedoch, daß die Standards, an denen Beauvoir die Frauen mißt, von Männern entwickelt worden seien.[36]

Auch Alice Schwarzer verteidigt Beauvoirs Arbeit. Sie räumt in ihrem Buch ›Simone de Beauvoir heute‹ ein, daß ›Das andere Geschlecht‹ in einigen Detailpunkten zwar überholt sei, aber die existentialistische Grundforderung an die Frauen, sich von ihrem Objektstatus zu lösen und als Subjekt zu transzendieren, aktuell bleibe. Sie sieht Beauvoir als wichtige Wegbegleiterin der modernen Frauenbewegung: »Und die Person Simone de Beauvoir, die Summe ihres Werkes und ihres Lebens war – und ist – Symbol: Symbol für die Möglichkeit, trotz allem ein ganzes Stück selbstbestimmt und frei von Konventionen und Vorurteilen zu leben, auch als Frau.«[37]

34 Vgl. Rosemarie Tong: Feminist Thought, S. 211ff.
35 Vgl. Christiane Zehl Romero: Simone de Beauvoir, S. 124.
36 Vgl. Iris Marion Young: Humanismus, Gynozentrismus und feministische Politik. In: List und Studer (Hginnen): Denkverhältnisse, S. 39.
37 Alice Schwarzer: Vorwort. In: Dies.: Simone de Beauvoir heute, S. 9.

2.3. Simone de Beauvoir und die Frauenbewegung

Beauvoirs Haltung zur Frauenbewegung und zum Feminismus war zum Zeitpunkt der Entstehung von ›Das andere Geschlecht‹ sehr distanziert. Sie bezeichnet sich darin ausdrücklich als Anti-Feministin und schließt ihre Person von der Problematik der Frauenunterdrückung aus. In dieser Zeit orientierte sich Beauvoir mehr an der sozialistischen Haltung, für die der Sieg im Klassenkampf auch notwendig die Gleichberechtigung der Frau zur Folge haben sollte.[38]

Später revidiert Beauvoir diese Meinung grundlegend und erklärt in einem Interview mit Alice Schwarzer aus dem Jahre 1972, daß sie die Lösung der Frauenfrage durch den Sozialismus nicht mehr für realistisch halte. Zwar könnten sich die Lebensbedingungen der Frauen durch die Beseitigung des Kapitalismus ändern, das bedeute aber nicht zwingend die Beseitigung des Patriarchats.

Dieser Umschwung in Beauvoirs Haltung wurde stark beeinflußt durch die Entwicklung in den sozialistischen Ländern, in denen auch dann keine Gleichberechtigung für die Frauen einsetzte, nachdem das Proletariat die Macht ergriffen hatte.[39]

Auf dieser Grundlage wehrt sich Beauvoir auch entschieden gegen die sozialistische Haltung, die Befreiung der Frau als Nebenwiderspruch im großen Klassenkampf zu sehen. Da die Frauen die Hälfte der Menschheit darstellen, müsse der Geschlechterkampf mindestens dem Klassenkampf gleichgestellt werden.[40] In diesem Zusammenhang bezeichnet Beauvoir die Frauen als Kaste und nicht als Klasse, denn die Klasse könne gewechselt werden, eine Kaste dagegen wird mit der Geburt festgelegt und kann nicht mehr verlassen werden. Da die weibliche Kaste als niedrige Stufe eingeordnet wird, resultiert daraus die wirtschaftliche, soziale und politische Situation der Frauen.[41]

38 Vgl. Alice Schwarzer: Vorwort. In Dies.: Simone de Beauvoir heute, S. 12f.

39 Vgl. Interview mit Beauvoir ›Ich bin Feministin‹. In: Schwarzer: Simone de Beauvoir heute, S. 29ff.

40 Vgl. Interview mit Beauvoir ›Das Ewig Weibliche ist eine Lüge‹. In: Schwarzer: Simone de Beauvoir heute, S. 68.

41 Vgl. Interview mit Beauvoir ›Ich bin Feministin‹. In: Schwarzer: Simone de Beauvoir heute, S. 35f.

Eine wichtige Aufgabe für die Frauen sieht Beauvoir darin, sich außerhalb des Klassenkampfes für ihre Rechte einzusetzen, da sie nur so ihre eigene Situation verbessern könnten. »Da ich selbst mehr oder weniger die Rolle einer Alibifrau gespielt habe, glaubte ich lange, bestimmte Benachteiligungen von Frauen sollten wir einfach außer acht lassen. Um sie zu überwinden, sei es nicht nötig, gegen sie zu kämpfen. Durch die neue Generation rebellierender Frauen habe ich begriffen, daß diese leichtfertige Haltung zu einer gewissen Komplizenschaft führte. Der Kampf gegen den Sexismus richtet sich nicht – wie der gegen den Kapitalismus – nur gegen die Gesellschaftsstrukturen, er richtet sich gegen das Intimste in jedem von uns, gegen das, was uns am sichersten zu sein schien.«[42]

In den siebziger Jahren engagierte sich Beauvoir auch stark für die moderne Frauenbewegung und bezeichnete sich selbst als Feministin. Christiane Zehl Romero stellt fest, daß dieser Wandel auch in Beauvoirs sprachlichem Ausdruck sichtbar werde; während sie in ›Das andere Geschlecht‹ noch von *den Frauen* spricht, sagt sie später *wir*.[43]

Allerdings distanziert sich Beauvoir auch zu diesem Zeitpunkt von den radikalen Ansätzen der Frauenbewegung und argumentiert gegen die völlige Ausgrenzung der Männer, auch wenn diese bis zu einem gewissen Punkt ausgeschlossen werden sollten. Die Einführung einer Frauenpartei für die Durchsetzung der Gleichberechtigung lehnt Beauvoir grundsätzlich ab, da sie diese als Kopie des herrschenden Systems sieht. Dadurch würden die Frauen sich mit den Machthabenden auf eine Ebene stellen und diese nicht blockieren. Beauvoir ist zwar der Meinung, daß die Frauen versuchen sollten, mit den Männern in Konkurrenz zu treten und Machtpositionen einzunehmen, allerdings könne dadurch nicht unbedingt eine Gleichheit erreicht werden. Solange die Frauen nach den Mustern der Männer agieren, verändere sich überhaupt nichts. Für Beauvoir ist der Effekt der Frauenbewegung nicht die Entstehung neuer weiblicher Werte, da sie nicht von einem naturgegebenen Unterschied

42 Beauvoir zit. nach Benoîte Groult: Ödipus' Schwestern, S. 158.
43 Vgl. Christiane Zehl Romero: Simone de Beauvoir, S. 125.

zwischen Frau und Mann ausgeht. Die Perspektive einer Feministin muß die Veränderung der Gesellschaft und des Platzes sein, den die Frauen darin einnehmen.[44]

2.4. Die Moral der Doppelsinnigkeit

Unter dem Oberbegriff »Moral der Doppelsinnigkeit« hat Beauvoir bereits vor ›Das andere Geschlecht‹ den Ansatz einer existentialistischen Ethik entwickelt. Diese Aufsätze sind 1964 in dem deutschsprachigen Sammelband ›Soll man de Sade verbrennen?‹ erschienen. Die darin veröffentlichten Artikel dienen zum Teil der Rechtfertigung von Sartres ›Das Sein und das Nichts‹, enthalten aber auch eigenständige Gedanken zum Thema existentialistische Moral. In der gängigen Rezeption ihres Werkes werden diese Arbeiten häufig vernachlässigt oder unter den Oberbegriff von Sartres Existentialismus gestellt. Übersehen wird dabei, daß Beauvoir nicht nur eigenständige Gedankengänge zu diesem Thema entwickelt hat, sondern daß auch Sartres philosophisches Werk auf der Grundlage vieler Diskussionen und Auseinandersetzungen zwischen beiden entstanden ist.

In ihrem Aufsatz ›Die Moral der Doppelsinnigkeit‹ befaßt sich Beauvoir in erster Linie mit Sartres Ontologie des Seins *für sich selbst* und des Seins *an sich selbst* und kritisiert seine Annahme einer radikalen Freiheit der/des Einzelnen. Weiterhin geht sie davon aus, daß es keine Werte a priori gibt, sondern alle Bedeutungen und Werte von den Menschen durch ihre Handlungen entworfen werden müssen.[45] Denn Menschsein bedeutet für Beauvoir in erster Linie Handeln und das Ziel der Handlung ist die Freiheit.

Beauvoir untersucht dazu, auf der Grundlage der existentialistischen Prämissen, die Bedeutung des Dualismus und der anderen

44 Vgl. Interview mit Beauvoir ›Ich bin Feministin‹. In: Schwarzer: Simone de Beauvoir heute, S. 41f.
45 Vgl. Simone de Beauvoir: Soll man de Sade verbrennen?, S. 87f.

Subjekte für das Individuum. Ausgangspunkt ist die Feststellung, daß der Mensch nicht ist, sondern existiert, das heißt sich in jedem Augenblick als Existenz verwirklichen muß, um Subjekt zu sein: »...dieses Wesen, dessen Sein darin besteht, nicht zu sein, dieser Subjektivität, die nur als Anwesenheit in der Welt wirklich wird, dieser gebundenen Freiheit, dieses Erscheinens des Für-sich, das für die anderen unmittelbar gegeben ist.«[46]

Es ist die Aufgabe des Menschen, sich zu verwirklichen, indem er sein Selbst entwirft und sich daraufhin selbst überschreitet. Deshalb befindet sich das Subjekt immer in Bewegung, transzendiert die Gegenwart durch die zukünftigen Projekte. Auf diese Weise wird der eigene Selbstentwurf ständig erneuert und überarbeitet. Beauvoir sieht darin, in Übereinstimmung mit Sartre, den Sinn des Daseins: »...wir glauben, daß der Sinn der Situation nicht dem Bewußtsein eines passiven Subjekts aufgezwungen wird, sondern daß er nur dadurch erscheint, daß ein freies Subjekt ihn in seinem Entwurf enthüllt.«[47]

Allerdings strebt der Mensch dabei ein Sein an, das er niemals erreichen wird. Vielmehr scheitert er am Sein, das somit zum Seinsmangel wird. Dieses Scheitern muß das Subjekt akzeptieren und die Ambivalenz des Seins annehmen und verwirklichen. Es entsteht eine Doppelsinnigkeit, da der Mensch das Sein als Seinsmangel auf sich nimmt und die Seinsweise des Mangels als Existenz anerkennt.[48]

Auf dieser Grundlage ergibt sich der Begriff der Doppelsinnigkeit in zweifacher Hinsicht: zum einen basiert diese Ambiguität auf den Dualismen der patriarchalen Gesellschaft, wie Subjekt–Objekt, Leib–Seele, Vernunft–Sinnlichkeit; zum anderen ist die Situation des Menschen nicht festlegbar, da es weder eine universelle menschliche Natur noch eine individuelle, festgelegte Natur gibt. Dadurch ist der Mensch unsicher und undefinierbar, der Sinn seiner Existenz kann nicht fixiert, sondern muß ständig gewonnen werden[49]: »...weil das

46 Simone de Beauvoir: Soll man de Sade verbrennen?, S. 81.
47 ibid., S. 88.
48 Vgl. ibid., S. 83f.
49 Vgl. ibid., S. 166f.

Menschsein doppelsinnig ist, sucht der Mensch durch das Scheitern und den Skandal sein Dasein zu rechtfertigen.«[50] Die Existenz ist für Beauvoir nichts Vergängliches, sondern sie ist auf Unendlichkeit ausgelegt. Dabei ergibt sich auch die Freiheit nicht als absoluter Wert, sondern als etwas, das errungen werden muß. Ihren Freiheitsbegriff situiert Beauvoir in Anlehnung an Hegel auf der Ebene der Sittlichkeit, wodurch frei sein und sittlich sein wollen zu einer Kategorie der Entscheidung wird. »Frei sein wollen bedeutet den Übergang von der Natur zur Sittlichkeit vollziehen, indem man auf dem ursprünglichen Emporquellen unseres Daseins eine echte Freiheit begründet.«[51]

Beauvoir geht davon aus, daß jeder Mensch der eigenen Freiheit einen konkreten Inhalt geben muß. Dabei sei es das Ziel, die Welt zu enthüllen und die Menschen zu befreien, denn das wichtigste Ziel des menschlichen Handelns sei der Mensch.

Die Freiheit der anderen schränkt dabei die eigene Freiheit nicht ein, da frei sein nicht heißt, alles tun zu dürfen. Vielmehr bestimmt das Dasein der anderen freien Subjekte auch die eigene Situation und ist zudem die Voraussetzung für die eigene Freiheit. Deshalb müsse der Mensch auch alles unternehmen, um die Freiheit der anderen zu sichern und jede Unterdrückung radikal ablehnen.[52]

Auf dieser Grundlage definiert Beauvoir den Menschen nicht als Einzelwesen, sondern als Subjekt unter anderen Subjekten in einer Welt von Objekten. Zwar erfährt die menschliche Existenz sich selbst zuerst als Mittelpunkt der Welt und nimmt die Außenwelt als Objekt wahr. Aber das konkrete *In-der-Welt-Sein* erfährt das Subjekt erst durch die anderen, die es nicht als Objekt der eigenen Wahrnehmung, sondern als anderes Bewußtsein begreift.[53] »Wir sehen also, daß kein Dasein in gültiger Weise verwirklicht werden kann, wenn es sich auf sich selbst beschränkt; es verlangt das Dasein ande-

50 Simone de Beauvoir: Soll man de Sade verbrennen?, S. 169.
51 ibid., S. 92.
52 Vgl. ibid., S. 140.
53 Vgl. Ursula Konnertz: Simone de Beauvoir. In: Conrad und Konnertz (Hginnen): Weiblichkeit in der Moderne, S. 119.

rer.«[54] Aus diesem Grund lebt der Mensch nicht nur in einer Gesamtheit, sondern ist auch von ihr abhängig.

In Abgrenzung zu Sartres Ansatz einer möglichen Freiheit aller Menschen geht Beauvoir davon aus, daß es Lebenssituationen gibt, in denen eine persönliche Freiheit nicht verwirklicht werden kann. Ihre Beispiele dafür sind Sklaven/Sklavinnen und Frauen. Ihnen wird von den Unterdrückern vorgemacht, die Position der Unterdrückten sei ihr rechtmäßiger Platz, da sie aufgrund ihrer natürlichen Eigenschaften zu nichts anderem geeignet seien, als untergeordnete Tätigkeiten auszuführen, und sie außerdem aufgrund ihrer Natur die Unterdrückung selbst wollten.[55] Als Unterdrückte verfügen sie über keine Bindungen zur Welt und haben nicht die Möglichkeit, sich im Dasein zu verwirklichen. Beauvoir bezeichnet sie als Mindermenschen, von denen sich die freien Subjekte distanzieren.

Die Unterdrückten haben nicht die Möglichkeit der Wahl, sondern sind ihrem Dasein ausgeliefert. »Je weniger es die wirtschaftlichen und sozialen Umstände einem Menschen erlauben, auf die Welt einzuwirken, desto mehr erscheint ihm diese Welt als etwas Gegebenes.«[56] Aufgrund der Unterdrückung wird die Menschheit in zwei Gruppen gespalten: »...auf der einen Seite stehen jene Menschen, die die Menschheit über sich hinausführen und dadurch aufbauen, auf der anderen jene, die dazu verurteilt sind, ohne jegliche Hoffnung auf der Stelle zu treten...«[57] Die Unterdrückten werden auf die Wiederholung mechanischer Gesten fixiert und die Möglichkeit der Transzendenz wird von den Unterdrückern vereinnahmt.

Beauvoir sieht es als die Aufgabe eines jeden Menschen, die eigene Unterdrückung ebenso wie die der anderen um jeden Preis abzulehnen. Vor allem den Frauen wirft sie vor, ihren Zustand der Ohnmacht mit zu verschulden oder vorschnell zu akzeptieren. Aus Angst vor Verantwortung verzichten sie auf die Möglichkeit der Freiheit.[58]

54 Simone de Beauvoir: Soll man de Sade verbrennen?, S. 123.
55 Vgl. Simone de Beauvoir: Das andere Geschlecht, S. 17.
56 Simone de Beauvoir: Soll man de Sade verbrennen?, S. 109.
57 ibid., S. 134.
58 Vgl. ibid.,S. 144.

3. *Mary Daly und die ›Reine Lust‹*

Mary Daly gehört zu den bekanntesten amerikanischen Radikalfeministinnen. Die promovierte Theologin und Philosophin wurde vor allem mit drei Arbeiten populär: ›Jenseits von Gottvater, Sohn & Co.‹, dessen Original 1973 erschien, ›Gyn/Ökologie‹ aus dem Jahre 1978 und ›Reine Lust‹, das sie 1984 veröffentlichte.

Im Mittelpunkt dieser Untersuchungen steht die Analyse und Kritik der patriarchalen Macht und ihres symbolischen Kerns, des Christentums, sowie die Entwicklung eines neuen weiblichen Selbst. Verbindend für ihre Bücher ist die Metapher der Reise, zu der Daly alle Frauen auffordert. Durch das Reisen sollen die Frauen die patriarchalen Verzerrungen durchbrechen und ihre weibliche Identität finden. Sie sollen in Bewegung kommen und ihre Schutzräume verlassen, um sich ihre eigene Welt zu erobern. Diese andere weibliche Welt trennt Daly grundsätzlich von der patriarchalen Realität und kennzeichnet sie als einen Raum, der außerhalb der männlichen Sphären liegt. Dabei handelt es sich um ein komplexes Netz von ursprünglich weiblichen Lebensformen, die Daly hinter der von Männern definierten Weiblichkeit ansiedelt.

Ausgangspunkt der feministischen Reise ist eine fundierte Kritik der patriarchalen Gesellschaft und Kultur, sowie die Analyse der darin praktizierten Unterdrückung der Frauen. Daly definiert die gesamte Welt als sexistisches Kastensystem, das sich einen religiösen Überbau geschaffen hat, um seine Strukturen zu legitimieren. Ein Beispiel dafür ist die Symbolik des Christentums, unterstützt durch Institutionen wie Psychiatrie und Psychologie, die in Dalys Patriarchatskritik eine zentrale Rolle spielen. Sie weist mit ihren Untersuchungen einen durchgängig sexistischen Charakter innerhalb der christlichen Mythologie und Morallehre sowie in den christlichen Dogmen nach. Das Christentum trägt die Verantwortung für die Einstufung der Frau als untergeordnetes Kastenwesen. Außerdem wirft Daly dem Christentum vor, daß es einen wichtigen Ort der menschlichen Selbsterfahrung okkupiert habe, nämlich die Suche nach Transzendenz, Sinn und Wahrheit. In ihrer Auseinandersetzung mit dem Katholizismus geht es Daly in erster Linie um die Entlarvung der sexistischen Gewalt, die vom Christentum ausgeht und unterstützt wird. Dabei ist es ihr Ziel, den Frauen die Möglichkeit zu eröffnen, eigene Schöpfungskraft zu entwickeln und nach einer eigenen letzten Wahrheit zu suchen.[1]

Daly entwickelt in ihren Analysen eine Reihe neuer Begriffe, mit denen sie ihre Patriarchatskritik besonders bildlich ausdrückt. Außerdem hat Daly eine besondere Vorliebe für Sprachspiele, Wortneuschöpfungen und sie entwickelt eigene Schreibweisen für bereits bekannte Wörter.

In ›Reine Lust‹ bezeichnet sie die patriarchale Gesellschaft auch als *Staat der Geilheit, Knilchtum* oder *Vergewaltiger-Gesellschaft*. Dabei nimmt Daly keine Trennung zwischen dem Patriarchat und dem männlichen Geschlecht vor. Die Männer sind dabei die alleinigen Verursacher, Planer und Erhalter dieser Männer-Welt. »Patriarchat ist die Heimat der Männer; es ist Vater-land; und Männer sind seine Handlungsbevollmächtigten.«[2]

Für Daly ist das Patriarchat total, allmächtig, universal und es zerstört Frauen überall und zu jeder Zeit. Männer hält sie für mörderisch, sadistisch und gewaltsam in ihrer Machtausübung gegen Frauen. Sie sind nicht nur machthungrig, sondern auch todesliebend. Diese Todesliebe äußert sich in ihrem Haß auf alles Lebendige und in ihrer Zerstörungswut. Deshalb beschränkt sich die männliche Kreativität auf Werke mit todbringenden Funktionen. Ihr Ziel ist nicht nur die Unterdrückung der Frauen, sondern ihre völlige Beseitigung aus wichtigen Lebensbereichen wie Sprache, Kultur und Philosophie.[3]

In ›Gyn/Ökologie‹ entwirft Daly eine Klassifikation der patriarchalen Welt, wobei sie das Patriarchat aufgrund seiner acht *Todsün-*

1 Vgl. Ruth Großmaß: Von der Verführungskraft der Bilder. In: Dies. und Schmerl (Hginnen): Feministischer Kompaß, patriarchales Gepäck, S. 60.

2 Mary Daly: Gyn/Ökologie, S. 60.

3 Vgl. ibid., S. 373.

den einordnet: *Prozession* (der Betrug durch die männliche Moralität, die bewirkt, daß die Prozesse der Frauen im Kreis laufen); *Profession* (Fachmänner und Wissenschaftler, die behaupten, das Wissen für sich gepachtet zu haben); *Possession* (patriarchaler Geiz, der die weiblichen Energien ausbeutet); *Aggression* (männliche Gewalt, die einen Krieg gegen die Frauen führt); *Obsession* (männliche Begierde, die Frauen in Rollenklischees preßt); *Assimilation* (Männer, die Frauenmord durch Aneignung weiblichen Geistes betreiben und zu diesem Zweck Alibifrauen einsetzen); *Eliminierung* (Auslöschung von selbst-identifizierten Frauen); *Fragmentierung* (Abtötung weiblicher Kreativität durch die Arbeitsteilung und Versklavung durch die Bindung an die Familie).[4]

Zu diesen Strategien der Ausbeutung und Unterdrückung tragen die Wissenschaften nicht unerheblich bei. Daly kritisiert dabei vor allem Theologie und Philosophie, die durch ihre Inhalte und ihre Sprache zur Verlängerung und Rechtfertigung patriarchaler und frauenfeindlicher Verhaltensmuster werden. Dabei bemerkt Daly ausdrücklich, daß sie gegen die Philosophie grundsätzlich nichts habe und nur die männlichen und sexistischen Ansätze kritisiere. Durch sie werde die Philosophie zu *foolosophy* oder *phallosophy*.[5]

Auf der Grundlage ihrer Analyse des Patriarchats kommt Daly zu dem Schluß, daß das Selbst der Frau als Urfeindin gilt. Die Männer führen einen ständigen Kampf gegen den weiblichen Geist und versuchen, die Energien der Frauen auszubeuten. Dabei beziehen sie ihre ganze Stärke von Frauen, indem sie wie Parasiten an ihren Energien partizipieren. Ein Beispiel dafür sieht Daly in der Abtreibungsdiskussion, bei der es auffällig sei, wie stark sich die Männer mit dem Fötus identifizieren. Der Grund liege darin, daß sich Männer als Bewohner der Frauen fühlen und deshalb ihre Energien ausbeuten wie ein Fötus.[6]

4 Vgl. Mary Daly: Gyn/Ökologie, S. 53f.
5 Vgl. Gertrude Postl: Weibliches Sprechen, S. 214.
6 Vgl. Mary Daly: Gyn/Ökologie, S. 373ff.

Ähnlich wie Beauvoir sieht Daly die Frau im Patriarchat als die Andere, die von Kultur, Geschichte und vom Subjektstatus ausgeschlossen ist. Diese Situation soll die Frau als Wendepunkt nehmen, um eine selbstbestimmte weibliche Andersheit zu entwickeln. Als Anleitung dazu versteht Daly ihr Modell der feministischen Reise, deren Aufgabe darin liegt, Patriarchatskritik zu üben und die *Verseuchung der patriarchalen Kultur und Sprache anzuprangern*. Dabei gibt Daly als Ziel an, eine Reinigung und Dekontamination *der* weiblichen Selbst vorzunehmen. Adäquates Mittel zur Beseitigung der Männerherrschaft ist für sie die Sprache, der sie eine zentrale Stellung einräumt. Da die Sprache Wirklichkeit schafft, sollen die Frauen mit ihrer Hilfe die patriarchalen Verzerrungen beseitigen und sich die verschütteten weiblichen Bedeutungen der Sprache wieder aneignen. Daly kennzeichnet diesen Prozeß als *naming*, sein Repräsentant ist das Verb. Es treibt die Bedeutungsgebung voran und vermittelt das aktive Sein oder *be-ing*.

Daly verwendet den Begriff *be-ing/Sei-en* mit Bindestrich, um den aktiven Charakter des Seins zu betonen. Dieser Prozeß erfaßt die ganze Frau und ist nicht nur Gegenstand der Reflexion.[7]

Beispiele für eine weibliche Sprache entwickelt Daly mit ihren eigenen außergewöhnlichen Sprachschöpfungen; sie sind ein besonderes Kennzeichen ihrer gesamten Arbeit. Für die reisenden Frauen prägt sie den Begriff *hag/Häxe*, eine Frau jeden Alters, die sich nicht an den gängigen Weiblichkeitsnormen orientiert und sich durch ihre unkonventionelle äußere Erscheinung vom Patriarchat distanziert. Daneben gibt es die *Crone*, eine weise Alte, deren Weisheit nicht auf ihrem zeitlichen oder chronologischen, sondern auf ihrem erfahrungsmäßigen oder *crone-logischen* Alter beruht. Sie durchschaut die Spiele des Patriarchats und ist deshalb weise, im Sinne von lebensklug. Außerdem sind reisende Frauen *Spinsters/Frauen, die spinnen*. Sie sind unabhängige Frauen, die der Arbeit des Spinnens von Ideen und Kontexten nachgehen, wobei Daly das geistige Spinnen als die wich-

7 Vgl. Mary Daly, Gyn/Ökologie, S. 10ff.

tigste Tätigkeit von Frauen bezeichnet. Und sie sind *Näxen:* »eine hartnäckig nervende A-Gnostikerin, die von unseren drängenden Fragen nicht abläßt«[8]

Gemeinsam ist diesen Frauen eine spezielle Energieform, die *Gynergie*. Sie wird freigesetzt, wenn die Frauen am *elementalen Sei-en* teilhaben und sich ihres speziellen weiblichen Wissens *er-innern*. Ihre Waffe ist ihr Geist und ihr Witz, den Daly metaphorisch als *labrys/Doppelaxt* beschreibt. Mit ihr bekämpfen die Feministinnen die Doppeldeutigkeiten des patriarchalen Denkens, die den Durchbruch in die weibliche Welt verschüttet haben.[9]

Dalys Ziel bei der sprachlichen Erneuerung ist es, die Wörter aus den patriarchalen Käfigen zu befreien, durch die sie unterdrückt und auf männliche Bedeutungen reduziert wurden. Die Frauen sollen die Sprache zurückerobern, neue Bedeutungen schaffen und neue Verbindungen spinnen. Gesammelt hat Daly ihre Sprachneuschöpfungen und Umdeutungen in ihrem 1987 erschienenen ›Webster's First New Intergalactic Wickedary‹, das noch nicht in deutscher Sprache vorliegt.

Ein weiteres Ziel der von Daly vorgezeichneten Reise durch die patriarchale und metapatriarchale Welt ist die Entwicklung feministischer Freundschaft und Schwesterlichkeit. Diese Form der Freundschaft unterscheidet sich grundlegend von der Brüderlichkeit der Männer. Der Kern der Schwesterlichkeit ist nicht gemeinsamer Kampf, sondern Freiheit und Selbstbestätigung. Ihre Energie bezieht diese Form der Freundschaft aus dem *Funkensprühen*, das entsteht, wenn weibliche Selbst sich gegenseitig finden. Dadurch wird *biophile* Energie freigesetzt, die sich in neuen Ideen, Wörtern, Bildern, Gefühlen und in dem aktiven Sei-en äußert.

Diese Form der Schwesterlichkeit hat nichts damit zu tun, die Grenzen des Selbst zu erweitern oder niederzureißen, sie sollen vielmehr vollständig aufgelöst werden. Dadurch können die Andersheiten und Ähnlichkeiten der Frauen erhalten bleiben, wobei sich jede

8 Mary Daly: Gyn/Ökologie, S. 10.
9 Vgl. ibid., S. 386ff.

Frau ihre individuellen Räume schaffen muß. Aus ihnen heraus können die Frauen dann in eine neue weibliche Form der Kommunikation treten.[10]

Sie erleben eine gemeinsame Extase, die Daly in den Gegensatz zur Extase männlicher Krieger stellt, die dabei außerhalb ihres Selbst stehen. Die weibliche *Ekstase* dagegen erreicht Frauen, die sich auf die Mitte *ihrer* Selbst zubewegen. Dadurch erhält der Prozeß der Frauenfreundschaft und Schwesterlichkeit ein kriegerisches Element. Es ist ein häxisches Bündnis, das sich gegen einen Dritten richtet, aber positiv zornerfüllt ist. Gemeinsam sollen die Freundinnen die vom Patriarchat als typisch weiblich klassifizierte Selbstaufopferung ablehnen und den Mut zur Selbstannahme finden.

Dalys Modell des frauen-identifizierten Bündnisses basiert auf der individuellen Stärke der selbst-identifizierten Häxen, die sich einander zuwenden. Wichtig ist dabei das Element der *Zu-Neigung*, das heißt das Schaffen einer Atmosphäre, in der Frauen sich verändern, in der sie Lust und Glück teilen und eine elementale Potentialität entwickeln können.[11]

Der zentrale Ort dieser schwesterlichen Freundschaft ist für Daly die Frauenbewegung. Allerdings kritisiert sie, daß diese inzwischen zur Frauengemeinde geworden sei, einem Ort, an dem Frauen seßhaft sind, es sich bequem machen und zufrieden sind. Sie selbst fordert einen radikalen Feminismus, den sie nicht nur als emotionale Äußerung gegen Ungerechtigkeiten definiert, sondern der neue Denkstrukturen entwickeln soll, die der systematischen Analyse der Unmenschlichkeit gegenüber Frauen dienen. Im Mittelpunkt stehen die Fragen weiblicher Identität, feministische Ethik und Themen der klassischen Metaphysik.[12]

Der radikale Feminismus beinhaltet gleichzeitig eine Beschreibung und Erklärung der weiblichen Lebenssituation in psychologi-

10 Vgl. Mary Daly: Gyn/Ökologie, S. 398ff.

11 Vgl. Mary Daly: Jenseits von Gottvater, Sohn & Co., S. I.

12 Vgl. Ruth Großmaß: Von der Verführungskraft der Bilder. In: Dies.und Schmerl (Hginnen): Feministischer Kompaß, patriarchales Gepäck, S. 62ff.

scher, politischer und soziologischer Hinsicht und zielt auf grundlegende Veränderungen, die notwendig sind, um den Sexismus zu beseitigen. Er bedeutet bei Daly weibliches Sei-en, ein ständig in Bewegung befindlicher Prozeß, in dem die Frauen agieren. Mit Feminismus bezeichnet Daly eine Bewegung im *Meta-Sein*, was bedeutet, daß die Kräfte des patriarchalen *Sado-Staates* überwunden werden können. In der metapatriarchalen Sphäre können die Frauen auf ihre Macht Anspruch erheben und ihre eigene Welt *be-Zeichnen*. Damit würde der Feminismus auch Schöpfung sein.[13]

Die Merkmale einer Radikalfeministin im Sinne Dalys sind: erstens die Wahrnehmung eines grundlegenden Andersseins der Frau als Feministin in der patriarchalen Gesellschaft, das als furchteinflößendes Gefühl empfunden wird; zweitens das Bewußtsein von damit einhergehenden Sanktionen und Strafen, die das Patriarchat für unangepaßte Frauen bereithält; drittens eine tiefe moralische Entrüstung gegenüber Unterdrückung und Folterung anderer Frauen.

Die Feministin hat bei Daly den Status einer neuen Spezies und den der Göttlichkeit. Ihr gegenüber steht die patriarchal-identifizierte Frau, die in die Struktur des Patriarchats eingebunden ist und sich als *Alibi-Folterknecht* zur Verfügung stellt.

Insgesamt plädiert Daly für einen feministischen Separatismus. Da das Patriarchat den Frauen überhaupt keinen Raum für eine eigene Existenz zuspricht, genüge es nicht, Umwertungen in einem System vorzunehmen, das so stark von Lebens- und Frauenfeindlichkeit bestimmt wird. Auch sich selbst bezeichnet Daly als Separatistin, wobei sie sich in erster Linie als Häxe oder Spinster sieht.[14]

Im Zusammenhang lassen sich in Dalys Arbeiten drei Untersuchungsebenen ausmachen: die Analyse der Mystifikationen des Patriarchats, die Entwicklung von Frauenfreundschaft und die Wiederentdeckung der historischen Wurzeln eines frauen-identifizierten

13 Vgl. Mary Daly: Reine Lust, S. 40f.
14 Vgl. Interview mit Mary Daly. In: Fröse: Utopos – kein Ort, S. 154ff.

Lebens. Es geht Daly nicht darum, ihre Arbeiten im gängigen akademischen und wissenschaftlichen Kontext zu etablieren. Sie bezeichnet sie vielmehr als *Un-Theologie* oder *Un-Philosophie*, um sich vom akademischen Kanon zu distanzieren. Daly hat nicht die Absicht, die vorgefaßten Meinungen der Wissenschaften zu korrigieren, sondern Fragen und Gebiete zu erforschen, die eher als unwissenschaftlich gelten, nämlich die Lebensbedingungen und das Umfeld der Frauen. Philosophische Texte, vor allem von Männern, benutzt sie dabei in erster Linie als Sprungbrett für ihre eigenen Überlegungen.[15]

3.1. Jenseits von Gottvater, Sohn & Co.

In ihrer ersten feministischen Analyse ›Jenseits von Gottvater, Sohn & Co.‹ entwickelt Daly eine fundierte Kritik der christlichen Position. Sie überschreitet die Grenzen dieser patriarchalen Religion und erarbeitet die Grundlage für die metapatriarchale Reise, zu der sie die Frauen dann in ›Gyn/Ökologie‹ und ›Reine Lust‹ auffordert.

Durch das Erscheinen dieses Buches kam es zu einem Skandal um die Verlängerung von Dalys Arbeitsvertrag an dem jesuitischen Boston College, und sie wurde zu einer Hauptfigur des amerikanischen Radikalfeminismus.[16]

Im Gegensatz zu ihrer ersten Arbeit ›Die Kirche und das andere Geschlecht‹ hat Daly in ›Jenseits von Gottvater, Sohn & Co.‹ den Plan aufgegeben, die katholische Kirche im Interesse der Frauen zu reformieren und sich von deren Vorstellungen freigemacht. Sie wandelt sich hier von einer optimistischen Kritikerin der Kirche zur feministischen Ketzerin und prangert das Christentum und seine frauenfeindliche Ideologie an.

Der Kirche wirft sie vor, durch ihren eingeschlechtlichen Symbolismus die Einstufung der Frauen als untergeordnete Kaste zu legitimieren, und sie damit aufgrund ihrer Biologie zur Vernichtung frei-

15 Vgl. Mary Daly: Gyn/Ökologie, S. 14.
16 Vgl. Gertrude Postl: Weibliches Sprechen, S. 190.

zugeben oder selbst zu vernichten. Diese Tatsache werde von der Kirche verschleiert, indem sie die geschlechtsspezifische Rollenverteilung mit der Andersartigkeit der Frau rechtfertige. Außerdem macht Daly deutlich, daß die sexistische Frauenunterdrückung in der Kirche nicht nur auf die Vergangenheit beschränkt ist, sondern durch die geschlechtsspezifische Hierarchie immer noch aufrechterhalten wird.[17]

Inhaltlich befaßt sich Daly in ›Jenseits von Gottvater, Sohn & Co.‹ mit den Themen: das Sterben des Gottes im Frauenbewußtsein, der Exorzismus, durch den Eva vom Bösen befreit wird, die Christusvergötzung und die Schwesterngemeinschaft. Im Mittelpunkt ihrer Untersuchung stehen drei zentrale Begriffe: erstens prägt sie den Begriff der Göttin; diese versteht sie nicht als Ableger des patriarchalen Gottes, da der Schaffung der Göttin die Entdinglichung des Gottes vorausgehe. Auf diese Weise solle das höchste Wesen in aktives Sei-en verwandelt werden. Dies sei notwendig, da die Bedeutung der Göttin für die Frauen die aktive Teilhabe am Sei-en mit einschließe.[18]

Mit dem Begriff der Göttin sucht Daly einen Weg, der Frauen die Erfahrung der Transzendenz ermöglicht, einer Transzendenz, die nicht von männlich-zentrierten Religionen okkupiert wird und dadurch die Frauen auf den Status der objektgebundenen Anderen reduziert.

Ein weiterer zentraler Begriff ist die Androgynie, mit der Daly das Zusammenwirken beider Geschlechter beschreibt. Die herrschenden weiblichen und männlichen Stereotypen sieht sie als destruktiv für Frauen und Männer, wodurch sie den Begriff des Feminismus nicht auf die weiblichen Belange begrenzt, sondern ihn als menschlich versteht.

Mit dem letzten Begriff, der Homosexualität, kennzeichnet Daly ein gynozentrisches Sein, worunter sie auch das Lesbischsein ver-

17 Vgl. Mary Daly: Jenseits von Gottvater, Sohn & Co., S. 17.
18 Vgl. ibid., S. VIII f.

steht. Sie betont, daß sie keine Gleichsetzung von homosexuellen Frauen und Männern beabsichtige, sondern von einer frauenbezogenen Integrität ausgehe.[19]

In ihren nachfolgenden Untersuchungen verwirft Daly die in ›Jenseits von Gottvater, Sohn & Co.‹ entwickelten Begriffe radikal, da sie ihr später ungeeignet scheinen, die feministischen Vorstellungen zu transportieren. Sie kommt zu dem Schluß, daß der Gott völlig entthront werden muß, um die Entfaltung der weiblichen Identität zu ermöglichen. Nicht Androgynität dürfe das Ziel der Frauen sein, sondern Separatismus. Und Homosexualität schaffe eine Gleichheit zwischen Frauen und Männern, die nicht existiert. Daly bezeichnet diese Begriffe später als Übergangswörter, die sich selbst liquidieren und den Ausgangspunkt ihrer inzwischen weiterentwickelten Theorie bilden.[20]

3.2. Gyn/Ökologie

In ihrer zweiten feministischen Arbeit ›Gyn/Ökologie‹ entwickelt Daly ausführlich ihr Konzept der *metapatriarchalen Reise*. Sie geht von einem patriarchalen Ist-Zustand aus, den sie prägnant darstellt, legt mit ihrer Analyse die Strukturen der patriarchalen Herrschaft frei und expliziert deren Rituale der Zerstörung und Gewalt. Daly untersucht in erster Linie die patriarchalen Mythen und die Sprache. Dazu analysiert sie das Netz der phallokratischen und technischen Gesellschaft, ihre Verbindungen und Wechselwirkungen, die eine *Verschmutzung von Seele/Geist/Körper* zur Folge haben.[21]

Diese frauenzentrierte Untersuchung bildet eine fortgeschrittene Stufe, in der Daly über das Christentum hinausgeht. Sie stellt eine Synthese von Poesie, Geschichte, Philosophie, Literaturkritik her und entwickelt einen Leitfaden für die radikalfeministische Kritik.

19 Vgl. Mary Daly: Jenseits von Gottvater, Sohn & Co., S. 8.
20 Vgl. Mary Daly: Gyn/Ökologie, S. 12.
21 Vgl. ibid., S. 29.

Mit dem Begriff der *metapatriarchalen Reise* drängt Daly das Patriarchat in die Vergangenheit und verweist auf einen dahinterliegenden Ort, der zugleich weibliche Zukunft ist. Dieser Ort ist die *andere, weibliche Welt*, welche die Frauen durch ihre Reise erreichen sollen. Dalys erklärtes Ziel ist es dabei nicht, die Frauenbewegung zu erneuern, sondern die eingeschränkte Vorstellungswelt der Frauen zu überschreiten und sie durch Bewußtwerdung und Bewußtseinsveränderung zur Entwicklung eines neuen weiblichen Selbst anzuleiten.[22] Daly sieht es als Aufgabe der reisenden Frauen, das vom Patriarchat verhängte Schweigen von Frauen zu durchbrechen und dessen frauenverachtende Theorien zu sprengen, um so die Quelle des weiblichen *Sei-ens* freizulegen.

Ihr Buch ›Gyn/Ökologie‹ bezeichnet Daly auch mit dem Untertitel ›Metaethik des radikalen Feminismus‹. Sie wird auf einer tieferen Ebene als die traditionelle Ethik angesiedelt, und es ist ihre Aufgabe, die Bewegung des weiblichen Sei-ens sichtbar zu machen.

Die Arbeit, die Daly dabei leistet, ist ideologiekritisch, da sie nicht nur falsche Wahrnehmungen aufheben, sondern auch Energie und Potenz der Frauen freisetzen will. Sie zielt auf eine weibliche Kreativität, die hinter den patriarchalen Verblendungen verborgen sein soll.[23]

Die Methode ihrer Untersuchung bezeichnet Daly als *gynozentrisch*, als *Extase* oder *ludisches, spielerisches Denken*, worunter sie das Spiel von Intuition und Denken versteht, aus dem ein multidimensionales Wissen entstehen soll.[24]

Innerhalb der metapatriarchalen Reise analysiert Daly drei Passagen: Die erste besteht aus der Analyse patriarchaler *Prozessionen*, die sie als den Mittelpunkt der patriarchalen Gesellschaft bezeichnet. Daly zeigt sie anhand der Analyse christlicher Mythen auf, deren wichtigstes Symbol die Dreifaltigkeit ist. Dabei betont Daly, daß die patri-

22 Vgl. Mary Daly: Gyn/Ökologie, S. 28.
23 Vgl. ibid., S. 32f.
24 Vgl. ibid., S. 45.

archale Struktur die Grundlage jeder bestehenden Religion und ähnlicher Glaubensgemeinschaften ist, ihre Unterschiede seien lediglich oberflächlicher Art. »Alle – von Buddhismus und Hinduismus zum Islam, Judaismus, Christentum, bis zu so säkularen abgeleiteten Formen wie Freudianismus, Jungianismus, Marxismus und Maoismus – sind Infrastrukturen des Gebäudes des Patriarchats.«[25] Gemeinsam ist allen diesen Gruppierungen die Ablehnung und Ausgrenzung der Frauen. Sie sind die Objekte männlicher Gewalt, die Personifikation des Feindes, und ihre Vernichtung wird von sämtlichen patriarchalen Religionen legitimiert.

Ein Musterbeispiel für diese patriarchalen Verzerrungen bilden die christlichen Mythen. Daly sieht sie als Vordergrund in Form dreidimensionaler Bilder, Holographien, mit dem Zweck, den tieferen Hintergrund zu verbergen. Der Begriff Holographie ist bei Daly das Sinnbild für die Inhalte patriarchaler Mythen, die zerstört werden müssen. Die Hologramme bestehen aus den festgeformten Vorstellungen, welche die patriarchale Welt von Weiblichkeit und weiblicher Identität entwickelt hat. Ihr Zweck ist es, die Frauen in vorgeformte Rollen und Schemata zu pressen.[26]

In ›Gyn/Ökologie‹ fordert Daly die Frauen auf, diese Rollenklischees abzuwerfen und sich nicht von patriarchalen Pseudo-Wahlmöglichkeiten ködern zu lassen. Frauen, die sich diesen Zwängen beugen nennt Daly *Fembots*, weibliche Roboter, deren Verhalten aus der reinen Wiederholung festgelegter Gesten besteht. Diejenigen, die sich verweigern, sind *Häxen*, abstoßende Frauen, die gegen die Mythen und Technologien der Männer revoltieren.[27]

Daly zeigt auf, daß diese patriarchalen Mythen hinter ihren vordergründigen Rollenstrukturen eine Ebene der mythischen Macht enthalten, die sorgsam verdeckt wird. Es sei das Ziel dieser Mythen, die Frauen von ihrem eigenen mythischen Hintergrund und damit ihrem Selbst zu trennen. Dabei kennzeichnet Daly mit dem Begriff mythisch den Bereich des Sei-ens, auf den die metapatriarchale Rei-

25 Mary Daly: Gyn/Ökologie,S. 61.
26 Vgl. ibid., S. 66ff.
27 Vgl. ibid., S. 78f.

se zustrebt. »Wir können mit Recht die patriarchalen Mythen als Umkehrungen und als bloße Ableitungen von weit älteren, weit lichtvolleren Mythen aus gynozentrischen Zivilisationen ansehen. Wir können unser Selbst auch von einer lediglich chronologischen zu einer Crone-logischen Analyse fortschreiten lassen. Das befreit feministisches Denken von dem Zwang, in jedem Punkt zu beweisen, daß jeder phallische Mythos und jedes phallische Symbol Vorläufer in gynozentrischen Mythen hatte, die ihnen auch chronologisch vorangehen.«[28] Es ist die Aufgabe der Feministinnen, den patriarchalen Vordergrund dieser Mythen zu analysieren und dabei die verborgene weibliche Mythologie aufzudecken. Dadurch stören sie die Routine und Eitelkeit des Patriarchats.

Die zweite Passage von ›Gyn/Ökologie‹ wird durch das *Sado-Ritual-Syndrom* charakterisiert. Daly definiert es als globale Systematik der patriarchalen Herrschaft. In diesem Abschnitt untersucht sie besonders grausame Verstümmelungen und Folterungen, die von Männern an Frauen verübt wurden und werden. Sie analysiert die männlichen Gewalttätigkeiten und gibt einen historischen Überblick der Misogynie in unserer Gesellschaft. Fünf besonders krasse Beispiele sind: die Witwenverbrennung in Indien, das Füße-Einbinden in China, die Klitorisbeschneidungen in Afrika, die Hexenverbrennung in Europa und die amerikanische Gynäkologie, die Daly mit der Nazi-Medizin gleichsetzt.

Diese misogynen Folterungen untersucht Daly sehr ausführlich und stellt Zusammenhänge zwischen diesen verschiedenen Formen der Unterdrückung her, wobei sie auch gleichförmige Muster aufzeigt. Mit der Darstellung dieser Folterungen will sie den Zorn der Leserinnen wecken und so die Notwendigkeit des radikalen Aufbruchs der Frauen nachdrücklich sichtbar machen.

Die Bekämpfung dieser sadistischen Rituale ist das Thema der dritten Passage. Daly fordert die Frauen auf, aus den patriarchalen Pro-

28 Mary Daly: Gyn/Ökologie, S. 69.

zessionen auszubrechen und den weiblichen, gyn/ökologischen Prozeß in Gang zu setzen. Dabei versteht Daly die *Gyn/Ökologie* nicht als linearen Endpunkt der Reise, sie ist vielmehr ihr Leitfaden. Im Durchlaufen der beiden ersten Stufen können die Frauen ihre Sinne schärfen und neue Kräfte entwickeln, mit denen sie ihre Umgebung erfassen. Daly bezeichnet diese Passage als *Gynaesthesie* und versteht sie als komplexe Weise, die es möglich macht, scheinbar unterschiedliche Phänomene in Verbindung zu bringen und dadurch Muster und Prinzipien des Patriarchats zu erkennen. Die Bewegung durch die drei Passagen der *Gyn/Ökologie* vergleicht Daly auch mit dem Prozeß von der *Anaesthesie* zur *Gynaesthesie*, vom Schlafen zum Wachen.[29]

Im Rahmen der dritten Passage zeigt Daly auch vom Patriarchat eingesetzte Widerstände gegen die Bewußtwerdung *der* weiblichen Selbst auf. Eine von Männern angewandte Methode gegen die Selbstwerdung der Frauen ist das *Spuken*. Dadurch versuchen sie den Frauen ihre Prinzipien unterschwellig aufzudrängen. Mittel dazu sind andere Frauen, die sich durch ihre Komplizenschaft zum Werkzeug der Männer machen. Diese angepaßten Alibi-Frauen dürfen sich im Territorium der Männer bewegen, um dort die weibliche Hälfte der Menschheit zu repräsentieren. Sie sind eingebunden in die patriarchalen Strukturen, nützen in ihrer Position aber nicht der Sache der Frauen, da sie sich nur innerhalb des weiblichen Stereotyps bewegen. Repräsentantin der Alibi-Frauen ist Athena, die griechische Göttin der Weisheit, die nach dem Mythos aus dem Kopf des Zeus geboren wurde. Sie steht bei Daly als Symbol für die männer-identifizierte Frau, die keinerlei Beziehung zu ihrer weiblichen Geschichte mehr hat.[30]

Die Aufgabe der Feministinnen sieht Daly darin, einen Gegenspuk zu entwickeln, mit dem sie gegen die patriarchal-geprägten Ängste und Schuldgefühle ankämpfen können. Sie müssen in dieser Situati-

29 Vgl. Mary Daly: Gyn/Ökologie, S. 332f.
30 Vgl. ibid., S. 333f.

on zurückspuken und sich aus den vorgegebenen Rollenstrukturen befreien. Daly nennt diesen Prozeß auch *Ent-malen*, da die Frauen dadurch die Fassade der patriarchalen weiblichen *Bemalung* abwerfen. Sie führen eine *Ent-Besetzung* durch, in der sie sich an ihre ursprüngliche Intuition und Integrität *er-innern* können. Das so entdeckte weibliche Selbst macht sich frei von diesen Mustern. Die reisende Frau wäscht ihre Seele frei und erinnert sich dadurch an ihr zerstückeltes Selbst.[31]

Dabei fordert Daly die Frauen zu Kreativität, eigenem Handeln und körpergemäßer Beweglichkeit auf. Sie sollen die patriarchalen Denkmuster aufsprengen, indem sie Dinge hinterfragen, die von den Männern als selbstverständlich abgetan werden. »Das bedeutet harte Arbeit, denn die Kategorien des Aristoteles, des Kant, der alten Mythen und der modernen -ologien haben die tiefsten Fragen zertrümmert, lassen sie unvereinbar, beziehungslos erscheinen. Die Fragen – wie beispielsweise Warum? Wenn? Wann? Wo? Wie? Wie kommt das? Warum nicht? – sind eingefroren worden. Der natürliche Fluß wurde unterbrochen. Männer haben die Fragen gestellt; sie haben die Fragen, mit Etiketten und Aufschriften versehen, in die Glasvitrinen geistiger Museen abgestellt. Sie haben die Fragen versteckt. Die Aufgabe der Feministinnen ist es nun, die Fragen neu zu stellen, die tiefen Quellen der Fragen zu erschließen, einen sich ständig verändernden Zustand der Bewußtheit zu suchen.«[32]

Im Zusammenhang mit der Ent-Besetzung plädiert Daly auch für das Recht auf Tochterschaft für jede Frau und die Beendigung des Krieges mit den Müttern. Durch das Patriarchat sei die Möglichkeit eines Bündnisses zwischen Mutter und Tochter vernichtet worden, das ursprünglich eine wichtige Voraussetzung für die weibliche Identität darstellte. Daly sieht es als Ziel, die Tochter in der Mutter zu erreichen, um die Bindungen an die Institution der patriarchalen Mutterschaft aufzuheben.[33] Sie entwickelt die Forderung nach einem Tochter-Recht, worunter sie das Recht versteht, das weibliche Selbst

31 Vgl. Mary Daly: Gyn/Ökologie, S. 353ff.
32 ibid., S. 362f.
33 Vgl. ibid., S. 364f.

zurückzurufen. Erst wenn die Frauen diese ursprüngliche Identität entdeckt haben, können sie sich auch auf andere Frauen beziehen.

Im Durchlaufen dieser Sphären von *Gyn/Ökologie* wird der Prozeß fortgesetzt, durch den die Frauen zur Mitte ihrer Selbst vordringen können. »Es ist das Werden der Gyn/Ökologie. Dazu gehört, daß wir die Verschmutzung von Seele/Geist/Körper auflösen, die durch von Männern gemachte, unser Selbst auslöschende Mythen, rituelle Greueltaten, Meta-Rituale, wie die Wissenschaft und ihre Sprache, angerichtet wurde.«[34] Daly stellt fest, daß sich durch die Erfahrung des neuen/ursprünglichen weiblichen Selbst auch das Äußere einer Frau verändere, sie gehe selbstbewußter, erlerne Selbstverteidigung und entwickle eine bewußte Wahrnehmung ihrer Umwelt. Von dieser neuen Ausstrahlung können auch andere Frauen angeregt werden, ebenso ihren eigenen Mut und ihre Energien auszudehnen und sich auf die Reise zu ihrem Selbst zu machen.[35]

Um sich der patriarchalen Dominanz zu entledigen, schlägt Daly mehrere Tätigkeiten vor: *Spinnen, Weben* und *Funkenschlagen.* Mit Spinnen bezeichnet sie alle Formen weiblicher Produktivität, durch welche die Frauen sich auf die Transzendenz zubewegen. Als *Spinsters* vollziehen sie wirbelnde Bewegungen, mit denen sie an der Schöpfung teilnehmen und die aus der Integrität des Sei-ens entstehen. Dazu gehört Anpassungsfähigkeit, Flexibilität und Erfindungsreichtum. »Wir Spinsters machen unsere eigene Intuition der Integrität zum Maßstab, nach dem wir die Gültigkeit der Unterscheidungen, Teilungen, Trennungen, Kombinationen und all der Kategorien, mit denen patriarchaler Mythos und patriarchale Sprache das Bewußtsein kontrollieren, beurteilen.«[36]

Die Spinster wählt ihr eigenes Selbst und definiert sich nicht durch die Zugehörigkeit zu einem Mann oder einer Familie. Sie ist »...ein wirbelnder Derwisch, die sich in neue Zeiten/Räume schwingt.«[37]

34 Mary Daly: Gyn/Ökologie, S. 331.
35 Vgl. ibid., S. 357f.
36 ibid., S. 406.
37 ibid., S. 23f.

Aus der wirbelnden Bewegung des Spinnens entsteht auf der Reise ein Spinnen-Netz, das eine spiralige Form aufweist. »Echtes Spinnen ist spiralförmiges Kreisen, es trägt uns über die Schleusentore der Gottväter hinaus, unter ihnen hindurch, um sie herum in den Hinter-Grund.«[38]

Das erste Ziel der Spinnerinnen ist das Überleben im Patriarchat, das Daly auch als Überschreiten der Widerstände und als *darüberhinausleben* definiert. Die Arbeit des Spinnens führt die Frauen hinter die kosmetische Oberfläche der patriarchalen Realität, in einen neuen Hintergrund, zu ihrer eigenen Mitte, und vernichtet zudem die künstlich geschaffene Subjekt-Objekt-Spaltung, indem sie eine neue Verbindung zur Welt und zu anderen Frauen eröffnet und die patriarchalen Dichotomien überwindet.[39]

Als weitere Waffe gegen das Spuken der Männer kennzeichnet Daly das *Weben*. Dadurch können die Häxen Verbindungen und Erinnerungen herstellen und ihre ursprünglichen Zauberkräfte freisetzen. Vor allem für die *Cronen/weisen Frauen* ist das Weben eine wichtige Waffe.

Den Anstoß für die Verbindungen zwischen Frauen bezeichnet Daly als *Funkenschlagen*. Dieser Begriff steht für die Freisetzung weiblicher Energie, die Herstellung neuer Zeichen und Verbindungen in der patriarchalen Welt, um die Isolation der Frauen zu durchbrechen. Die Frauen entwickeln neue Formen von Frauenfreundschaft und treten in eine gynergetische Kommunikation ein, wodurch sie füreinander anwesend sind.[40]

Auf dieser Grundlage ist es den Frauen möglich, dem männlichzentrierten und männlich-definierten Universum zu entkommen, sich eigene weibliche Räume zu spinnen und Beziehungen mit anderen Frauen zu weben.

Die Reise in die *andere weibliche Welt* setzt Daly gleich mit dem Verlust der Ignoranz. Die Reisende bewegt sich von der Ignoranz fort

38 Mary Daly: Gyn/Ökologie, S. 423.
39 Vgl. ibid., S. 26.
40 Vgl. ibid., S. 335f.

und beginnt ihre Unschuld wiederzuentdecken, die sie wegen der aufgezwungenen Komplizenschaft mit dem Patriarchat bereits in früher Kindheit verloren hat. Durch die häxische Reise kann sie Unschuld lernen, eine wachsende Unschuld schaffen. Unschuldig sein bedeutet bei Daly, ständig aktive Transzendenz zu erfahren und gyn/ökologische Schöpfungen zu vollziehen.

3.3. Reine Lust

Mit ›Reine Lust‹ erschien 1984 die dritte radikal-feministische Arbeit Mary Dalys. Darin entwickelt sie eine *Elemental-feministische Philosophie*, mit dem Ziel, sich einer weiblichen Transzendenz anzunähern. Daly orientiert sich mit ihrer Philosophie an einem *elementalen* Bewußtsein, das den Ausgangspunkt ihrer feministischen Ontologie bildet. Diese Bewußtseinsform ist, so Daly, in der mittelalterlichen Philosophie noch vorhanden gewesen, wurde jedoch von der Renaissance verdrängt und ist heute völlig verschwunden.[41]

Gegenstand der feministischen Ontologie ist die Frage nach dem Sein und ihre Bestimmung ist die Suche nach Weisheit: »In der Elementalen Um-schreibung geben wir der Philosophie des Sei-ens den Namen Erste Philosophie. Sie ist eine Erste in der Bedeutung von Elemental, denn Elemente sind die Ersten Prinzipien. Da diese Erste Philosophie von Elementalem Sei-en handelt, ist sie radikal metaphysisch, befaßt sich mit ontologischer Potenz, Weisheit, Leidenschaft, Tugend, Schöpfung, Transformation.«[42]

Ihre Arbeit ›Reine Lust‹ versteht Daly als eine Einladung an die Frauen, sich ihrer ursprünglichen weiblichen Potentiale und ihrer ontologischen Macht zu erinnern. Dazu müssen sie sich auf eine Reise in die elementalen weiblichen Reiche begeben und die elemental-feministische Philosophie entdecken. Das oberste Ziel der Feministinnen ist es dabei, das metapatriarchale Bewußtsein, die *reine Lust*, zu erreichen.

41 Vgl. Mary Daly: Reine Lust, S. 194.
42 ibid., S. 43.

In der Definition der reinen Lust wertet Daly den phallischen Lustbegriff um und verbindet ihn mit schöpferischer Energie und Kraft von Frauen. Lust steht dann für intensive Sehnsucht und Feuereifer. »Elementale weibliche Lust ist die intensive Sehnsucht/das heftige Verlangen nach jener kosmischen Konkreszenz, die Schöpfungskraft ist.«[43] Dadurch ist auch die *reine Lust* kein Zustand, der plötzlich erreicht werden kann. »Sie ist: Ent-falten, Realisieren, auf die heilige Suche gehen.«[44] Auf dieser Grundlage bezeichnet Daly die Frau als ein *wildes lustvolles Weib*, das Freude und Kraft besitzt.

Ein weiteres Ziel von ›Reine Lust‹ ist es, der Auslöschung von alten Wörtern entgegenzuwirken. Dazu sollen sich die Frauen mit der Entwicklung eigener Wörter befassen und neue Verbindungen zwischen den Wörtern und ihrem Ursprung knüpfen. Die Auslöschung von alten Wörtern und Bedeutungen, *Verbizid*, versteht Daly als patriarchale Verzerrung und Zerstörung des ursprünglichen Wortsinnes. Der Verbizid unterbricht die Verbindung zwischen der Sprecherin und dem elementalen Kern ihres Selbst. In Dalys Analyse zieht der Verbizid sowohl den *Gynozid*, die Vernichtung des weiblichen Geschlechts, als auch den *Biozid*, die Vernichtung des Lebens, nach sich.[45] Denn das Patriarchat dehnt die weibliche Unterdrückung in Form von Zerstörung auf die Natur und alles Leben aus.

Es ist die Aufgabe der reisenden Frauen, diesen Prozeß der Vernichtung zu durchbrechen, indem sie alte/neue Bezeichnungen entwickeln und biophile Wörter freisetzen. Angetrieben werden die Reisenden von elementaler Wut, die sie gemeinsam mit ihren Schwestern zum Ausdruck bringen. Daly bezeichnet diese Frauen als *Augurinnen, Brauweiber, Drachinnen, Dryaden, Phönixe, Gorgonen, Mänaden, Musen, Nixen, Gnomen, Nornen, Salamander, gewitzte Weibsen, Sirenen, Wahrsagerinnen, Prüde, Webweiber* und *Zankteufel.* Auch für die Männer entwickelt Daly eine Reihe von ausdrucksstarken Bezeichnungen, sie sind: *Knilche, Langweiler/*

43 Mary Daly: Reine Lust, S. 11.
44 ibid., S. 206.
45 Vgl. ibid., S. 166.

Bohrer, Pfuscher/Metzger, Schwänze, Drohnen, Fixer, Linker, Betrüger, Schmieranten, Werbefifis, Schlager, Schlitzer, Blender, Schleicher, Spitzel, Schleimer, Beschäler und *Nulpen*.[46]

Inhaltlich analysiert Daly in ›Reine Lust‹ drei Sphären-Reiche, die von den reisenden Frauen durchlaufen werden: die *Archesphären*, in denen die Ursprünge und die Erinnerungen an ein Selbst liegen, das sich vom patriarchalen Rollenmuster unterscheidet; die *Pyrosphären*, das Reich des Feuers, in dem die Frauen ihre eigene Leidenschaft, Lust, Abscheu und ihre Fähigkeit zu lachen entdecken; die *Metamorphosphären*, in denen die ursprünglichen Häxen-Kräfte der Frauen angesiedelt sind.[47] Jede dieser Sphären bildet den Vordergrund der folgenden. Sie ist dieser vorgelagert und wird von Daly als Ort definiert, an dem die *knilchigen Simulationen* entlarvt werden müssen, durch welche die Reisenden eingewickelt und gebremst werden sollen.

Das erste Reich bilden die Archesphären, in denen die Frauen ihre elementalen Kräfte realisieren können. Unter Archesphären versteht Daly Sinnsphären, die dazu dienen, die patriarchalen Mythen zu verschleiern und undurchschaubar zu machen. In diesem Abschnitt befaßt sie sich mit der patriarchalen *Sadogesellschaft*, die auf der Grundlage des phallischen Lustbegriffs basiert. Das Christentum versteht die Lust als Todsünde. Das Patriarchat verbindet sie mit Aggression, Gewalt gegen Frauen und genitaler Fixierung. Daly untersucht in ›Reine Lust‹ besonders zwei Formen des *sadospirituellen Syndroms*: die phallische Flucht vor der Lust in den Asketizismus (Beispiel sind verschiedene Heilige, Ghandi u.a.) und in die transformierte Geilheit (Pornographie), die sich durch Sado-Sublimierungen äußert.[48]

Sie setzt sich mit diesen Formen von Sadospiritualität auseinander, um sie zu benennen und auch zu bekämpfen. »Mit diesem Wis-

46 Vgl. Mary Daly: Reine Lust, S. 22ff.
47 Vgl. Mary Daly: Reine Lust: Laster, Tugenden und neue Verhaltensweisen. In: Fröse: Utopos – kein Ort, S. 115.
48 Vgl. Mary Daly: Reine Lust, S. 50ff.

sen/Be-Zeichnen/Nagen sind wir bereits Ur-Ausdünstungen phallischer Lust begegnet.«[49] Daly definiert diesen Prozeß als Exorzismus, durch den elementale weibliche Urworte freigesetzt und das Bild der Urhexe sichtbar wird, das für die Realpräsenz der Frauen und ihrer elementalen Kräfte steht. Der Begriff *Urhexe* dient dabei als Metapher für das Eine und das Viele. Sie ist die Kraft des Sei-ens, die aktive Kraft der Frauen, sie weist auf das Metasein hin, an dem sie teilhaben können.[50]

Ein besonderes Problem innerhalb der Archesphären ist, wie auch in ›Gyn/Ökologie‹, die Alibifrau. Beispiel ist hier Maria, die als unbefleckt empfangende Frau ihrer Vergewaltigung und damit ihrer völligen Selbstzerstörung zustimmt. »Die perfekte Alibifrau ist die pefekte Verräterin, sie verrät sich selbst und alle anderen Frauen. Sie gibt der Vergewaltigungsideologie ihre Zustimmung. Das Schauspiel ihres Verrats nährt den vom Patriarchat in Frauen eingepflanzten Frauenhaß.«[51] Daly kritisiert in diesem Zusammenhang auch den liberalen Feminismus, der sich für eine Gleichstellung der Frau innerhalb des Sado-Staates einsetzt. Diesen Feministinnen wirft sie vor, sich vom Staat einfangen zu lassen, sich für niedere Arbeiten, verblödende Ausbildung und das Recht, Männer zu wählen, einzusetzen.[52]

Ein Kennzeichen der Sado-Gesellschaft liegt für Daly in der Bildung von Stereotypen, festen Formen, die aus der Kondensation, der *Sado-Sublimation,* der Archetypen entstanden sind. Die Archetypen sind in ihrer ursprünglichen Form veränderlich und können deshalb in verschiedenen Erscheinungen auftreten; werden sie auf Personen oder Institutionen übertragen, nehmen sie feste Gestalt an und werden zu Stereotypen.[53]

Ein weiteres Merkmal des phallischen Systems sieht Daly in dem

49 Mary Daly: Reine Lust, S. 100.
50 Vgl. ibid., S. 113.
51 ibid., S. 141.
52 Vgl. ibid., S. 72.
53 Vgl. ibid., S. 155.

Mangel an Sinngebung, den sie als *Abwesenheit der Anwesenheit* bezeichnet. Darunter versteht sie die Auslöschung der Bedeutung in Gesprächen, das Fehlen von Zuneigung oder Intelligenz sowie die Abwesenheit der Seele. Die Anwesenheit der Phallokratie beschreibt Daly als phantomisch. Sie entwickle Manifestationen und Rollenklischees, aus denen sich die Frauen mit Hilfe der Be-zeichnung befreien müssen. »Als Drachinnen/Dryaden treiben Frauen die phallische Allgegenwärtigkeit von Abwesenheit nicht durch die Verwendung eines heiligen Namens/Zeichens, sondern durch ganzheitliche be-Zeichnende Handlungen, Ideen, Symbole, Gefühle aus, das heißt, wir be-Zeichnen diese Vorkommnisse im gyn/ökologischen Kontext.«[54]

Damit setzt Daly der patriarchalen Abwesenheit die Realpräsenz der Frauen entgegen. Zu deren wahrer Anwesenheit gehört die Gegenwart *der* Selbst und die Teilnahme an der Bewegung des Seiens.

Im Anschluß an die Archesphären analysiert Daly die *Pyrosphären*. Dieser Bereich ist vordergründig besetzt von falschen Leidenschaften, durch welche die Frauen daran gehindert werden, ihre eigenen Kräfte zu entfalten. Deshalb sollen sie aus diesen patriarchalen Mustern ausbrechen und ihr eigenes Verständnis von Leidenschaft entwickeln. Diese wahren Leidenschaften bezeichnet Daly als *E-motionen.* Sie sind wie ein Feuer, das es den Frauen ermöglicht sich über den Vordergrund wegzubewegen.

Zu dieser Form der Leidenschaft gehören Bewegungen, die wirklich verändern und für das Sei-en entscheidend sind. Sie sind an bestimmten Ursachen und an der Art und Weise, wie sie sich auf Frauen beziehen, erkennbar. Als Beispiele führt Daly Liebe, Freude, Haß oder Trauer an.[55]

Um diese wahren Leidenschaften zu verdecken, hat das Patriarchat eine Reihe von Pseudoleidenschaften entwickelt, durch wel-

54 Mary Daly: Reine Lust, S. 188.
55 Vgl. ibid., S. 247ff.

che die Frauen gelähmt werden sollen und die ihre wahren Sehnsüchte ersticken. Daly bezeichnet sie als *Plastik- und Bonsai-Leidenschaften*. Die Plastik-Leidenschaften definiert sie als »frei flottierende Gefühle, die zu immer größerer Beziehungslosigkeit und Zersplitterung führen«.[56] Sie sind Ersatzprodukte, haben keinen bestimmten Auslöser beziehungsweise kein bestimmtes Objekt und stehen deshalb außerhalb eines Kontextes. Die Plastik-Leidenschaften sieht Daly als Betrug, da sie den Frauen vormachen, echt zu sein, wodurch diese glauben, eigene Entscheidungen zu treffen. Zu den Plastik-Leidenschaften gehören vor allem Schuldgefühle, Angstgefühle, Depression, Frustration, Langeweile, Resignation und Pseudo-Erfüllung.[57]

Die zweite Form sind die Bonsai-Leidenschaften. Sie sind konservierte, eingeschlossene und verkürzte Gefühle, die oberflächlich anziehend wirken, aber eigentlich verkümmert sind. Daly versteht sie als verdrehte Version echter Leidenschaften, die dazu dienen, die Frauen einzuschüchtern und zu dressieren. Dazu gehören die Konflikte, das Konkurrenzdenken zwischen Frauen und die Fixierung auf die Ehe.

Eng verbunden mit den Pseudoleidenschaften sind die *Pseudotugenden*. Auch hier unterscheidet Daly zwischen den Kategorien Plastik und Bonsai. Plastik-Tugenden sind Genügsamkeit, Vorsicht und Sparsamkeit, Eigenschaften, die vor allem Frauen zugeschrieben werden. Die Bonsai-Tugenden sind ebenso wie die Bonsai-Leidenschaften eingeschränkt und verkümmert. »Nehmen wir eine weibliche Führungskraft, Akademikerin, Politikerin, die von Bonsai-Sehnsucht (Ehrgeiz) besessen ist und unter dem Einfluß von Bonsai-Ängsten (was denken die Leute?) steht.«[58]

Gegen diese falschen Gefühle müssen die Frauen auf ihrer Reise durch die Pyrosphären ankämpfen. Daly sieht es als ihre Aufgabe, die Dinge beim Namen zu nennen, sie zu bezeichnen und damit zu rea-

56 Mary Daly: Reine Lust, S. 252.
57 Vgl. ibid., S. 254.
58 ibid., S. 277.

lisieren. Sie müssen die vordergründigen Pseudo-Verhaltensweisen *ent-Zeichnen*, mit ihren alten Gewohnheiten brechen und ihre Verhaltensmuster ändern. »Um pyrosophische Tugenden neu be-Zeichnen zu können, müssen wir radikal andere Handlungen vollziehen, mit denen wir die Pseudoleidenschaften und Pseudotugenden austreiben, die durch die Herrscher der Knilch-Gesellschaft und deren Alibis/Werkzeuge in unsere Psychen eingepflanzt worden sind.«[59] Erst wenn die Pseudotugenden demaskiert werden, können die Frauen unabhängig handeln. Sie treten dann in das Reich der Pyrosphären ein, wo sie ihre elementalen *E-motionen* entfalten und die bestehenden Tabus durchbrechen können.

Mit Hilfe der Tabus hat das Patriarchat die Frauen zur *Kaste der Berührbaren* gemacht. Parallelen zwischen der Kaste der Berührbaren Frauen und der Unberührbaren Parias in Indien bestehen darin, daß keine der beiden Gruppen eine Wahlmöglichkeit hat. Die Frauen haben die Unterdrückung und die patriarchale Gewalt nicht gewählt und alle ihre Entscheidungen sind nur in einem sehr begrenzten Rahmen frei. Trotzdem wird ihnen von ihren Unterdrückern eingeredet, sie hätten ihren niederen Status frei gewählt. Beiden wird kein Selbstwertgefühl zugestanden oder es wird ständig geschädigt. Sie leiden an gebrochener Selbst-Liebe und gebremster Selbst-Lust. In beiden Systemen wird die Ungerechtigkeit, die ihnen geschieht, als Gerechtigkeit und Gott-Gewollt umdefiniert. Beide gelten als schmutzig, die Frauen vor allem deshalb, weil sie der Geilheit aller Männer ausgesetzt sind, was natürlich nicht diese, sondern die Frauen beschmutzt.[60]

Begrenzt werden die Kastensysteme durch Tabus, die verhindern sollen, daß die Frauen die vom Patriarchat gesetzten Grenzen überschreiten. Tun sie es trotzdem, wird ihnen eingeredet, daß sich ihre Kräfte gegen sie selbst kehren würden. »Wenn Frauen klar sehen, um wessen Ängste vor wessen Kräften es sich handelt, ist dieses Wissen selbst bekräftigend. Das Wissen macht uns aktiv unberührbar, denn

59 Mary Daly: Reine Lust, S. 283.
60 Vgl. ibid., S. 293ff.

nun können wir ganz frei Outcasts/Ausgestoßene/außerhalb der Kaste Stehende sein, gänzlich Anders, gefährlich, pyrogenetisch berührend und berührbar.«[61] Daly regt die Frauen an, durch die Überschreitung der Grenzen ihre Situation als Berührbare umzuwerten und sich unberührbar zu machen.

Die Energie dazu liegt in der Wut und dem gerechten Zorn der Frauen. Durch ihn können sie wahre Gefühle wie Liebe, Sehnsucht und Freude realistisch und unsentimental erleben, ebenso können sich auch Hoffnung und Verzweiflung einstellen. Die Frauen haben durch ihren Zorn auch die Möglichkeit, die phallischen Eingriffe in die weibliche Psyche zu verhindern und sie können neue Verhaltensmuster entwickeln. Dazu gehört für Daly auch die Rückkehr zur weiblichen Unschuld, welche die Frauen zu *Viragos* (Jungfrauen) macht. Sie vollziehen eine Abkehr von den alten Definitionen von Tugend und entfalten eigene geistige und körperliche Kräfte. Eine Tugend der Viragos ist die Klugheit. Daly definiert sie als *pyromantische Klugheit*, da sie extreme Erfahrungen und Bewegungen beinhaltet. Durch diese Klugheit bringen die Frauen verborgenes pyrosophisches Wissen zum Vorschein, neues Wissen von der Natur, das Feuer/Begehren hat.

Neben der Klugheit entwickeln die Viragos die Tugend der Erinnerung. Mit ihr durchbrechen sie die männlichen Tugenden und können durch eine tiefe emotionale *Er-innerung* an verborgenen individuellen und kollektiven Erfahrungen teilhaben.[62]

Außerdem können sie die Tugend des jungfräulichen Verstandes ausbilden, der sich vom männlichen unterscheidet, da er tiefer und grundlegender ist und Einblicke in den letzten Grund eröffnet. »Das heißt, diese Einsicht ent-hüllt den Letzten Grund einer Frau, ihr eigenes tiefes Lebensziel, das sie beim Prozeß des Sei-ens bewegt.«[63]

Eine weitere Tugend ist die Belehrsamkeit. Es ist ihre Fähigkeit, sich belehren zu lassen, die es den Viragos ermöglicht, von weisen Frauen zu lernen. Daneben gibt es noch die Tugenden Scharfsinn,

61 Mary Daly: Reine Lust, S. 318.
62 Vgl. ibid., S. 330ff.
63 ibid., S. 337.

Vernunft, Weitblick (zukünftiges Sei-en vorausahnen), Umsicht und Vorsicht.

Den Mut, den die Frauen beim Überschreiten der patriarchalen Grenzen aufbringen, nennt Daly *ontologische Courage*. Er steht für leidenschaftliche Stärke und ist eine *sündhafte* Tugend. Durch diesen Mut können die Frauen Sünden begehen, ihre Leidenschaft und ihren Intellekt vereinigen und dadurch ihre eigenen Kräfte erkennen und einen eigenen semantischen Zusammenhang entwickeln. »Damit wird der Mut/die Courage zum Herzstück der Frauenbewegung. Sich ein Herz fassen wird nun zu einer Metapher des Metaseins, mit der eine Frau in das Pyrosphärische Reich getragen wird, wo sie Tugenden verwandelt und neu bewertet und damit vulkanische Tugend begehrt und erlangt.«[64]

Ein wesentliches Element dieses Prozesses ist auch die Ansteckung für andere Frauen, die ermutigt werden, sich ihr eigenes Herz zu fassen. Dadurch kann die mutige Frau andere inspirieren.

Mit der dritten Sphäre ist in Dalys ›Reine Lust‹ dann der Durchbruch zu den *Metamorphosphären* erreicht. Auch dazu muß ein patriarchaler Vordergrund durchreist werden, zu dem falsche Identitäten gehören, die den Frauen vorgegeben und aufgedrängt werden: die betrügerischen Freundschaften mit Männern und der Diebstahl der weiblichen Energien durch falsche Bezeichnungen.

Exemplarisch für die falschen Freundschaftsangebote von seiten der Männer stehen für Daly bestimmte Frauenstudienprogramme an amerikanischen Universitäten, die dazu dienen, das wahre weibliche Sein auszulöschen. Die Männer bieten sich als Freunde an, mit dem Ziel, die Entwicklung der Frauenbefreiung besser kontrollieren zu können.[65]

Grundsätzlich geht Daly davon aus, daß jede Frau in ihrer Psyche verborgene elementale Kräfte zur Verfügung hat, die jedoch von den anerzogenen Rollenmustern verdeckt werden. Durch die Analyse

64 Mary Daly: Reine Lust, S. 355.
65 Vgl. ibid., S. 401ff.

dieser Codes kann sie ihre eigenen Kräfte entdecken und kann mit ihren eigenen Worten *Metamuster weben.* Darunter versteht Daly, aus dem Träumen/Besinnen heraus eine Metamorphose zu vollziehen. »Wenn wir metaphorisierenden Musen den Begriff Metamusterweben verwenden, dann wollen wir damit den Prozeß des Durchbrechens paternaler Muster be-Zeichnen. Zum näx-identifizierten Metamuster-weben gehört das wahre Transzendieren patriarchaler Denk-, Sprach- und Handlungsmuster.«[66] Die Tätigkeit des Metamuster-webens kann viele Handlungen einschließen, zum Beispiel Reisen, lange Gespräche oder Philosophien entwickeln. Den Anstoß zu diesem Prozeß kann ein ganz normales alltägliches Erlebnis geben.

Metapher für die Entwicklung der eigenen Integrität ist das Bild des Einsseins mit der Seele, die in allen Teilen der Frau vollkommen anwesend ist. Durch die Entfaltung ihrer Integrität erreicht die Frau ein Sei-en, das jenseits des vorgegebenen Pseudo-Selbst liegt und sie als Ganzheit erfaßt.

Um diese Identität zu erreichen, müssen die Frauen Erinnerungen hervorholen, durch die sie sich in eine tiefe weibliche Vergangenheit hineinbewegen können. Zu diesem Erleben des Elementalen gehört es, vergessene Realitäten, die abgeschnitten und verdrängt wurden, wieder zusammenzuweben. Wegen ihrer Konzentriertheit und Zielgerichtetheit bezeichnet Daly diese Erinnerungen als *Meta-Erinnerungen*, denn sie liegen jenseits der gewöhnlichen Erinnerung. Zu den elementalen Erinnerungen gehören Kindheitserlebnisse, sehr intensiv erlebte Augenblicke oder Erfahrungen. Durch sie kann die Frau aus den starren Erwachsenen-Kategorien ausbrechen und tiefere Beziehungen hervorholen.[67]

Diese Methode distanziert Daly ausdrücklich von den psychoanalytischen Praktiken, die sie vielmehr als Methode zur massiven Anpassung an die patriarchalen Werte versteht. Freud bezeichnet sie als »Apostel der Anpassung an das gewöhnliche, alltägliche Un-

66 Mary Daly: Reine Lust, S. 431.
67 Vgl. ibid., S. 432ff.

glücklichsein«.[68] Im Gegensatz dazu ist das Ziel der metapatriarchalen Reise eine Form des Glücklichseins, die erreicht wird durch eine biophile Kommunikation der Frauen untereinander. »Eine solche Kommunikation ist ontologisch, impliziert tiefes Verbundensein mit allem Sei-en.«[69]

Grundlegendes Hindernis für diese wahre Zuneigung unter den Frauen ist die Verlustangst, die ihnen das Patriarchat aufoktroyiert hat. Diese Angst besteht hinsichtlich der Trennung von ihrem phallisch vorgegebenen Selbst und der Etikettierung als Separatistin. Daly wertet diesen meist negativ bewerteten Begriff Separatistin um und integriert ihn in den Kampf gegen das Patriarchat. Sie bezeichnet damit die Trennung von den phallischen Verhaltensmustern und fordert die radikale Feministin auf, auch Separatistin zu sein.[70]

Ausgangspunkt der metapatriarchalen Metamorphose ist die *ontologische Intuition* der Frau von ihrem Anderssein. Dadurch kann sie die anderen Frauen als solche erkennen und hat die Möglichkeit, ihr Selbst zu erfassen und andere damit zu berühren. Das Gefühl des Andersseins enthält auch die Lust zu Bündnissen mit anderen Frauen, den Wunsch nach *Zu-Neigung*. Deshalb gehört zur metapatriarchalen Metamorphose auch das Engagement für die Sache der Frauen. Metamorphose ist für Daly nicht Schöpfung, sondern Transformation von vorhandenem Material. Dadurch können die Frauen auf der Grundlage der Symbol- und Ideen-Gestalten des Patriarchats den Ausgangspunkt für ihr neues Selbstverständnis konzipieren.[71]

Ein wichtiges Vermittlungsinstrument sind dabei die Metaphern. Sie dienen nicht nur der Be-Zeichnung durch die Bildung neuer Wörter, sondern der Entwicklung eines anderen semantischen Kontextes. »Durch ver-zaubernde Metaphern werden die Gestalten des Bewußtseins und Verhaltens transmutiert, das heißt, sie verändern den Kontext der Wahrnehmung. Sie tun das mit Hilfe von unstim-

68 Mary Daly: Reine Lust, S. 452.
69 ibid., S. 455.
70 Vgl. ibid., S. 456ff.
71 Vgl. ibid., S. 499f.

migen Bildern, aufgewühlten Erinnerungen, betonten Widersprüchen. Sie werfen unbewußte traditionelle Voraussetzungen um, rufen unpassendes Gelächter hervor...«[72] Den Prozeß des Gestaltwandels von Worten definiert Daly als eine spiralige Bewegung von Integrität und transformierender Interaktion. Dazu gehört auch das ständige Bewußtsein der Andersheit.

Das Ziel der Metamorphose ist das Glücklichsein, das einen Prozeß kennzeichnet, den Frauen gemeinsam mit anderen erleben sollten. Dazu bedarf es der weiblichen Zu-Neigung, das bedeutet, der Schaffung eines Kontextes, in der die Metamorphose stattfinden kann. Angeregt werden die Frauen durch die Sicherheit ihrer Stärke und ihrer Potentiale. Die Akte der Metamorphose sind Sprünge, durch die sich Lust und Hoffnung artikulieren, und durch welche die Frauen ihre geistigen Fähigkeiten gegenseitig stärken.[73]

Vorbedingung für die echte Freundschaft zwischen Frauen ist bei Daly kreative Harmonie und Festigkeit im Engagement füreinander. »Zur Zu-Neigung gehört das Weben eines Kontextes, in dem Frauen unsere Selbst-umwandelnde Metamuster-webende Teilhabe am Sei-en realisieren können. Dazu müssen wir eine Atmosphäre schaffen, in der es Frauen möglich wird, Freundinnen zu sein. Jede Frau, die zur Schaffung dieser Atmosphäre beiträgt, fungiert als Katalysator für die Evolution anderer Frauen und für das Entstehen und Entfalten echter Freundschaften.«[74] Verbunden wird die Zuneigung bei Daly mit der Sehnsucht. Unter dem *Er-Sehnen* versteht sie die gegenseitigen Wünsche der Frauen und die Ermutigung. Denn das Glücklichsein könne nur durch Sehnsucht erreicht werden, die dadurch auch Voraussetzung für die wahre ontologische Leidenschaft sei.

Getragen wird Zuneigung von der moralischen Empörung, die als positive Kraft dazu führt, den frauen-identifizierten Kontext zu erhalten und anregt, neue Lebensformen zu finden. Diese Konstruktionen müssen durch die Arbeit des Webens mit frauen-identifiziertem Wissen ständig aufrechterhalten werden. Dabei beschränkt Daly

72 Mary Daly: Reine Lust, S. 508.
73 Vgl. ibid., S. 468f.
74 ibid., S. 470.

die Teilhabe der Frauen an diesen Geweben nicht nur auf Worte, sondern bezieht auch Mimik, Blicke, Zärtlichkeiten, Kleidung, Wahl des Berufes und der Umgebung ein. Die Aktivität des Webens von Metamustern situiert Daly nicht nur im privaten Bereich, vielmehr fordert sie die Frauen auf, sich auch in politischen Aktivitäten, im theoretischen oder künstlerischen Werk in dieser Form zu äußern.[75]

3.4. Kritik an Dalys Radikalfeminismus

Die Kritik, die von feministischer Seite an Dalys Ansatz geübt wird, beinhaltet meist den Vorwurf des Essentialismus und des Biologismus und unterstellt ihr mangelnde Differenzierungen. Der Vorwurf des Essentialismus und Biologismus kritisiert, daß Daly den Frauen ein festgelegtes weibliches Wesen zuschreibe, das auch auf die biologischen Funktionen der Frau abhebt. Dadurch führe sie die Tatsache der Differenz zwischen den Geschlechtern auf eine natürliche Disposition zurück.

Diese Kritik richtet sich auch gegen die Annahme einer grundsätzlichen moralischen Überlegenheit der Frauen, die von Daly propagiert werde. Sie gehe davon aus, daß Frauen das bessere Geschlecht seien und schreibe ihnen damit die Rolle des moralischien Korrektivs zu. Außerdem, so stellt Gertrude Postl fest, scheue Daly eine wirkliche Auseinandersetzung mit dem Patriarchat. Indem sie die Frauen zum Separatismus auffordert, zielt sie auf eine spezifisch weibliche Realität, die patriarchalen Strukturen werden dadurch nicht verändert.

Weiterhin wird an Daly kritisiert, daß sie mit ihren Analysen am wirklichen Leben der meisten Frauen vorbeidenke. Postl stellt fest, daß sie nur die Position der weißen Mittelschichtfrau nachvollziehe und die Unterschiede zwischen den Frauen vernachlässige.[76]

Jean Grimshaw wirft ihr vor, auf eine idealisierte spirituelle Har-

75 Vgl. Mary Daly: Reine Lust, S. 483 f.
76 Vgl. Gertrude Postl: Weibliches Sprechen, S. 221 ff.

monie der Gleichheit zwischen den Frauen abzuzielen. Ihre Aufforderung zur metapatriarchalen Reise sei nur an privilegierte Frauen gerichtet, da eine farbige Slumbewohnerin ihr kaum nachkommen könne. Außerdem gehe sie von einem falschen Bild aus, da sie Frauen im Patriarchat nur als Werkzeuge männlicher Machtausübung sehe und dadurch auf ihre gesellschaftlich vorgegebene Position fixiere.[77]

Dalys exzentrischer Sprachgebrauch wird von der deutschen Linguistin Luise Pusch kritisiert. Sie räumt ein, zwar persönlich von Dalys Sprachschöpfungen hingerissen zu sein, aber als Wissenschaftlerin feststellen zu müssen, daß es keine ursprüngliche und weibliche Kraft der Worte gebe. Die gesamte Sprachgeschichte sei männlich geprägt und auch die etymologischen Herleitungen, die Daly anführt, bezögen sich auf eine patriarchale Entstehungsgeschichte und stammten aus patriarchalen Wörterbüchern.[78]

77 Vgl. Jean Grimshaw: Feminist Philosophers, S. 120ff.
78 Vgl. Luise Pusch: Mary, please don't pun-ish us any more. In: Fröse: Utopos – kein Ort, S. 22.

4. Sandra Harding und die ›Feministische Wissenschaftstheorie‹

Die feministische Auseinandersetzung mit den Wissenschaften analysiert die Amerikanerin Sandra Harding sehr ausführlich in ihrer Arbeit ›Feministische Wissenschaftstheorie‹. Im Mittelpunkt stehen die Kritik an der traditionellen Wissenschaft und die verschiedenen Ansätze feministischer Forscherinnen zum Thema Wissenschaftstheorie. Harding setzt sich dabei mit den bestehenden feministischen Konzepten auseinander und befaßt sich außerdem mit der Rolle der Frau als Wissenschaftlerin.

Im Rahmen ihrer Analyse der traditionellen Wissenschaft stellt Harding fest, daß diese drei Prozesse hervorgebracht hat, die das wissenschaftliche und gesellschaftliche System aufbauen und erhalten: erstens bildet sie Dichotomien, die auf der Grundlage patriarchaler Dualismen stehen und der Gesellschaft eine geschlechtsspezifische Zweiteilung unterlegen; zweitens resultiert aus diesen Dualismen das gesellschaftliche Handeln, was zur Situation der Unterdrückung von Frauen und zu einer vergeschlechtlichten Gesellschaft führt; drittens hängt von dieser Vergeschlechtlichung die gesellschaftlich konstruierte Identität ab, dadurch führt die Situation der Unterdrückung zur Identität der Unterdrückten.[1]

Harding hinterfragt auch die androzentrische Teilung in weiche und harte Wissenschaften. Zur Kategorie weiche Wissenschaften gehören die Geistes- und Sozialwissenschaften, zu den harten die Naturwissenschaften. An dieser Unterscheidung kritisiert Harding die implizite Herabsetzung der sogenannten weichen Wissenschaften, in denen auch weit mehr Frauen als Männer tätig sind. Dem stehe entgegen, daß die Sozialwissenschaften einen viel größeren Bereich der Belange des Subjekts abdecken, als es die Naturwissenschaften mit ihrem begrenzten Horizont könnten.[2]

Von feministischer Seite wird vor allem die traditionelle empiri-

1 Vgl. Sandra Harding: Feministische Wissenschaftstheorie, S. 14.
2 Vgl. Alison Wylie: The Philosophy of Ambivalence. In: Hanen und Nielsen (Hginnen): Science, Morality & Feminist Theory, S. 61f.

sche Forschung hinterfragt, die sich mit grundsätzlichen Problemen der Erkenntnistheorie und der Methodologie befaßt und damit auch einen Ansatzpunkt der philosophischen Wissenschaftstheorie bildet. »Diese begrifflichen Schemata und Methodologien suggerieren, daß in erster Linie die Natur und die Aktivitäten von Männern für die Sozial- und Natur-Wissenschaften von Interesse sein sollten, und sie beschreiben die Natur und die Aktivitäten von Frauen auf jene unangemessene Weise, wie eben Frauen von Männern wahrgenommen und erfahren werden. Die gängigen sozial- und naturwissenschaftlichen Theorien basieren auf einem begrifflichen Rahmen – und legitimieren diesen –, welcher unser Bild von Frauen und deren Leben systematisch verzerrt.«[3] Harding wirft der traditionellen empirischen Forschung vor, im Hinblick auf die Frauen versagt zu haben. Sie könne deren Interessen und Erfahrungen und damit die Frauen als Erkenntnisobjekte im Rahmen der bestehenden Modelle nicht adäquat erfassen. Auch der Philosophie macht Harding den Vorwurf, Regeln aufzustellen, mit denen Geist, Vernunft und Wille den Körper, die Gefühle, die Natur und die anderen kontrollieren sollen. Probleme, wie die Verantwortung gegenüber konkreten Personen, würden dadurch jedoch nicht gelöst.[4]

4.1. Feministische Wissenschaftstheorie

Der feministische Ansatz einer Wissenschaftstheorie geht davon aus, daß die erkenntnistheoretischen, metaphysischen, ethischen und politischen Elemente innerhalb der bestehenden Wissenschaften grundlegend androzentrisch sind. Ihre sexistische, rassistische und kulturfeindliche Position wird durch den Glauben an die Fortschrittlichkeit der Wissenschaft gestützt und weiter transportiert. Aus diesem Grund stellen die feministischen Wissenschaftlerinnen die bestehende geistige und gesellschaftliche Ordnung in Frage und

3 Sandra Harding: Geschlechtsidentität und Rationalitätskonzeptionen. In: List undStuder (Hginnen): Denkverhältnisse, S. 428f.

4 Vgl. ibid., S. 443.

beschäftigen sich mit Problemen wie dem Geschlechtersymbolismus und der geschlechtsspezifischen Arbeitsteilung. Dabei stößt die feministische Philosophie mit ihren Untersuchungen in zweifacher Hinsicht an die Substanz der bestehenden Wissenschaften: erstens hinterfragt sie die geschlechtsspezifische Arbeitsteilung – auch in den Wissenschaften – und damit die gesellschaftliche Organisation im Ganzen. Zweitens richtet sie sich kritisch gegen den Stellenwert, der dem feministischen Standpunkt zugeschrieben wird.[5]

Die Kritik der Feministinnen an den androzentrischen Wissenschaften setzt auf verschiedenen Ebenen an: dazu gehören Überlegungen zur Struktur der traditionellen Wissenschaften und das Infragestellen ihrer Traditionen. Außerdem sollen Reformen durchgeführt und die bestehenden Theorien und Praktiken verändert werden. Ihr Ziel ist eine weniger einseitige und weniger verzerrte Darstellung der Welt als die vorherrschende androzentrische sie bietet.

An der traditionellen Forschung kritisiert die feministische Theorie in erster Linie, daß sie die weibliche Erfahrung nicht einbezieht. Meist gehe sie von Daten aus, die allgemein definiert werden, aber an der männlichen Norm orientiert sind. Daraus entsteht das Bild einer sozialen und gesellschaftlichen Systematik, welche die beiden Geschlechter nicht adäquat erfaßt.

Deshalb bezieht die feministische Wissenschaftstheorie ihre Arbeit auf die Erfahrungen von Frauen. Darin sehen viele Wissenschaftlerinnen einen besseren Ausgangspunkt für ein vollständigeres und weniger verzerrtes Wissen als es durch die männliche Erfahrung gewonnen werden kann.[6]

Im Unterschied zu dem Anspruch auf Allgemeingültigkeit, den die traditionelle Forschung erhebt, stellt die feministische Theorie keinen Universalitätsanspruch auf. Sie postuliert keine allgemeine weibliche Erfahrung, sondern berücksichtigt, daß Frauen aus unterschiedlichen Rassen, Klassen und Kulturen stammen, und bezieht die

5 Vgl. Sandra Harding: Feministische Wissenschaftstheorie, S. 7ff.

6 Vgl. Sandra Harding: Feminism, Science, and the Anti-Enlightenment Critique. In: Nicholson (Hgin): Feminism/Postmodernism, S. 95.

Beobachterin oder den Beobachter sowie den Kontext in die wissenschaftliche Position ein.

Die feministische Wissenschaftstheorie entwickelt eigene Theorien, führt empirische Untersuchungen zur Situation der Frauen durch und erarbeitet neue, auf Gleichberechtigung basierende Strategien für wissenschaftliche Projekte. Vor allem im Rahmen der Sozialwissenschaften werden die Aktivitäten von Frauen untersucht, um deren Rolle im öffentlichen Leben deutlich zu machen. Außerdem befassen sich die Wissenschaftlerinnen mit der Unterdrückung der Frauen in unserer Gesellschaft, zu der neben gängigen Gewalttaten wie Vergewaltigung und Pornographie auch die besondere Situation der schwarzen Frauen gehört, die sowohl unter der Dominanz der Weißen als auch der ihrer Männer zu leiden haben.[7]

Einige Feministinnen konnten auch bisher unbekannte Arbeiten von Wissenschaftlerinnen ausfindig machen und auf diese Weise die weibliche Geschichte in den Wissenschaften hervorheben.

Harding führt in ihrer Arbeit zur Wissenschaftstheorie fünf verschiedene Forschungsansätze aus, die einen häufigen Untersuchungsgegenstand in der feministischen Wissenschaftskritik bilden:

1. Studien zur Gleichberechtigung, in denen die extreme Benachteiligung der Frauen gegenüber vergleichbar qualifizierten Männern sichtbar wird;
2. Studien über den sexistischen und rassistischen Mißbrauch von Biologie und Sozialwissenschaften;
3. Kritik der Biologie und der Sozialwissenschaften, durch die die Existenz einer reinen Wissenschaft in Frage gestellt wird. Sie macht deutlich, daß auch die Entscheidung über die Auswahl der untersuchten Problemfelder der männlichen Wahrnehmung unterliegt;
4. Kritik der methodischen Bezüge von Literaturkritik und Psychoanalyse, um die symbolischen und strukturellen Bedeutun-

7 Vgl. Sandra Harding: Is there a Feminist Methode? In: Dies.: Feminism and Methodology, S. 4f.

gen des sozialen Geschlechts sichtbar zu machen und angeblich wertfreie Praktiken als sexistisch zu entlarven;

5. Untersuchung der Beziehung zwischen Erkennen und Sein, zwischen Erkenntnistheorie und Metaphysik sowie die Analyse der gesellschaftlichen Erfahrung.[8]

Methodisch bedienen sich die feministischen Wissenschaftlerinnen weitgehend des gleichen Apparates wie die sexistische Wissenschaft. Allerdings setzen sie ihre Methodologie dazu ein, die allgemeinen Theoriestrukturen und ihre Anwendung in den Einzelwissenschaften zu hinterfragen. So werden im Rahmen der Erkenntnistheorie auch die grundsätzlichen Fragen gestellt: Wer kann wissen? Können Frauen wissen? Welche Tests müssen sie absolvieren, um als Wissende anerkannt zu werden?[9]

Als ersten Ansatzpunkt der feministischen Auseinandersetzung mit den Wissenschaften beschreibt Harding die Kritik der einseitig männlichen Orientierung in der Biologie und in den Sozialwissenschaften. Diesen Wissenschaften wird die Hauptverantwortung für bestimmte Auffassungen vom Wesen des Weiblichen und Männlichen und der geschlechtsspezifischen Aufgabenteilung zugeschrieben. Dabei richtet sich der Ansatz der Feministinnen gegen die Einseitigkeiten und Verzerrungen der Sozialwissenschaften und gegen deren Absicht, die Erfahrungen der Frauen zu verdrängen und das geschlechtsspezifische Denken und Handeln in unserer Gesellschaft zu verschleiern.

Ein weiterer Vorwurf der Wissenschaftlerinnen richtet sich auf die Anwendungsbereiche der soziologischen Feldforschung, die bestimmte, als frauenspezifisch klassifizierte Themen, wie zum Beispiel die gesellschaftliche Rolle der Emotionen, ignoriert.

Außerdem macht Harding der empirischen Sozialforschung den Vorwurf, sie habe sich auf Studien zum offiziellen und sichtbaren

8 Vgl. Sandra Harding: Feministische Wissenschaftstheorie, S. 21f.

9 Vgl. Sandra Harding: Is there a Feminist Method? In: Dies.: Feminism and Methodology, S. 3.

Rollenverhalten konzentriert, während private und unsichtbare Bereiche der Gesellschaft (wie z. B. Hausarbeit) weniger oder gar nicht thematisiert werden. Durch diese Einengung auf das öffentliche gesellschaftliche Handeln kann kein gesamtkulturelles Bild entworfen werden. Zusätzlich werden durch diese Festlegung primär die Handlungen und Erfahrungen von Frauen ausgeblendet, da diese ja meist im privaten, nicht-öffentlichen Bereich stattfinden.[10]

Ein weiterer Kritikpunkt liegt in der Tatsache, daß die soziologischen Feldstudien das biologische Geschlecht als Verhaltensfaktor außer acht lassen, obwohl es eine zentrale Variable der Sozialstruktur ist. Außerdem wird der Soziologie der Vorwurf gemacht, von einer einheitlichen Gesellschaft auszugehen und daraufhin allgemeine Behauptungen aufzustellen, die für Frauen und Männer gelten sollen. Dabei sei diese einheitliche Sicht in erster Linie eine männliche. Es werde ignoriert, daß Frauen und Männer nur theoretisch in einer gemeinsamen Welt leben, in der Lebenspraxis jedoch die Frauen ausgeschlossen werden.[11]

Solche und ähnliche Ansatzpunkte feministischer Kritik richten sich nicht nur gegen die Sozialwissenschaften, sondern auch gegen Psychologie, Anthropologie, Geschichts- oder Wirtschaftswissenschaft. Harding stellt fest, daß jede Wissenschaft eigene Verzerrungen und Einseitigkeiten aufweist, welche die Behauptung, Wissenschaft sei objektiv und wertfrei, ad absurdum führen. Die feministische Wissenschaftskritik macht deutlich, daß »die Wissenschaft nicht einfach ein besonderes Ensemble von Aussagesätzen oder eine eindeutig festgelegte Methode darstellt, sondern sich als eine umfassende Reihe bedeutungstragender gesellschaftlicher Praxisformen erweist.«[12]

Es ist das Ziel der Feministinnen, durch ihre Präsenz innerhalb der Wissenschaften dazu beizutragen, ein umfassenderes Bild vom menschlichen Handeln zu liefern. Nicht nur, da Frauen Zugang zu anderen Daten, zum Beispiel über das Zusammenleben von Frauen

10 Vgl. Sandra Harding: Feministische Wissenschaftstheorie, S. 89f.
11 Vgl. ibid., S. 91ff.
12 ibid., S. 96.

in anderen Kulturen, erhalten als Männer, sondern auch, da sie zu anderen Wahrnehmungen und Interpretationen fähig sind.

Uneinigkeit herrscht allerdings unter den feministischen Wissenschaftlerinnen über die Frage, in welchen Bereichen das soziale Geschlecht als analytische Kategorie notwendig sei. So schreiben auch einige feministische Wissenschaftlerinnen den Naturwissenschaften ein größeres Maß an Objektivität zu als den Sozial- oder Geisteswissenschaften und sehen das Geschlecht als untergeordnetes Kriterium. Dagegen sind sich radikale Feministinnen, zu denen auch Harding gehört, einig, daß auch eine Naturwissenschaft wie die Physik als wissenschaftliches Erkenntnismodell grundsätzlich in Frage gestellt werden müsse. Dabei sei es die Aufgabe der feministischen Wissenschaftskritik, zu zeigen, daß auch hier die symbolischen, strukturellen und individuellen Bedeutungen des sozialen Geschlechts bestimmend sind. Es müsse hinterfragt werden, so Harding, ob der paradigmatische Status der Physik nicht anachronistisch geworden sei und eine Reflexion der androzentrischen bürgerlichen Anschauung darstelle.

In diesem Kontext ist es für die feministische Forschung nicht notwendig, den Androzentrismus der Naturwissenschaften explizit nachzuweisen. Vielmehr muß das Modell für die wissenschaftliche Forschung insgesamt in Frage gestellt werden. Die feministische Kritik macht deutlich, daß die vermeintlich objektiven ontologischen und methodologischen Vorgaben der Naturwissenschaften nicht in der Lage sind, die behauptete Wertfreiheit zu garantieren.[13]

Eine Ansatzmöglichkeit besteht für Harding darin, die Wissenschaft als soziale Institution zu definieren, das heißt als sozial legitimierte Form des Wissenserwerbs und nicht als Menge von Naturgesetzen. Auf diese Weise könnte auch deutlich werden, daß die Kritik sich in erster Linie auf die stereotypen männlichen Erkenntnisformen richten muß. Die Aufgabe der feministischen Theoriebildung besteht

13 Vgl. Sandra Harding: Feministische Wissenschaftstheorie, S. 49.

dann in einer Neuformulierung der Rationalitätskonzepte, die weniger männlich oder modern geprägt ist und eine verläßlichere Interpretation der Geschichte und der Wissenschaften liefern kann.

Als Aufgabe der feministischen Philosophie ergibt sich dann, der *geschlechtsspezifischen Verteilung von Rationalitätskonzeptionen* nachzugehen, das heißt die unterschiedlichen sozialen Normen für Frauen und Männer hinsichtlich der Rationalität herauszuarbeiten. Dazu sollen sie die Frage stellen, wie die Unterschiede in der Festlegung einer rationalen Person und deren Überzeugungen oder Handlungen bei Frauen und Männern aussehen, und worin der Grund für diese verschiedenen Auffassungen besteht.

Harding fordert die Wissenschaftlerinnen auf, sich nicht nur auf das Geschlecht, sondern auch auf die Geschlechtsidentität zu konzentrieren. Dazu gehört es, sich mit der Definition des sozialen Geschlechts und seinen ausgefeilten Differenzierungen auseinanderzusetzen. Problematisch ist dabei die Tatsache, daß dieser Begriff in unserer westlichen Kultur auf der Grundlage der eher bescheidenen funktionalen Geschlechtsunterschiede aufgebaut ist.[14]

Das zentrale Problem einer feministischen Philosophie sieht Harding in der Aufgabe, eine Philosophie für alle Frauen zu entwickeln und sich nicht nur an der weißen privilegierten Mittelschichtfrau zu orientieren. Dazu gehöre es auch, sich mit post-kolonialen Perspektiven zu beschäftigen und andere Kulturen sowie deren Formen der Interpretation zu thematisieren. Ihr Inhalt kann sein, die Dominanz der eurozentristischen und US-amerikanischen Geschichtsschreibung aufzuzeigen, die die eingeborene Geschichte überlagert haben. Wie in der feministischen Wissenschaftskritik wird auch in postkolonialen Studien die Universalität der westlichen patriarchalen Wissenschaft in Frage gestellt. Auf diesem Hintergrund müßte dann eine Ethnowissenschaft konzipiert werden, die keine imperialistischen und zerstörerischen Auswirkungen auf die Dritte Welt mehr hat.[15]

14 Vgl. Sandra Harding: Geschlechtsidentität und Rationalitätskonzeptionen. In: List und Studer (Hginnen): Denkverhältnisse, S. 426ff.

15 Vgl. Sandra Harding: Ist die westliche Wissenschaft eine Ethnowissenschaft?In: Die Philosophin 9 (1994), S. 26ff.

Dabei wirft Harding die grundlegende Frage auf, ob die männlich/menschlichen Rationalitätskonzepte von den Wissenschaftlerinnen korrigiert werden können und sollen, oder ob sie eine andere weibliche Rationalität entwickeln müßten und wie diese aussehen könnte.[16]

Harding distanziert sich von der Forderung nach einer weiblichen Wissenschaft, die dem bestehenden sexistischen und androzentrischen Ansatz gegenübergestellt werden könnte. Sie räumt allerdings ein, daß sich der Feminismus auch nicht völlig vom gängigen Wissenschaftsdiskurs absetzen dürfe, da es sonst leicht falle, ihn nicht ernst zu nehmen und ihm jede Relevanz für eine allgemeine Kritik abzusprechen. Außerdem genüge es für die feministische Theorie nicht, bereits bestehende Muster zu wiederholen.

Problematisch ist weiterhin der Ansatzpunkt der feministischen Kritik; die Frage ist, ob sie von außen oder von innen auf den bestehenden Diskurs zugreifen soll. Durch Kritik von außen, so Harding, werde die Kritik des Feminismus nicht allen Frauen gerecht; Kritik von innen fehle die Distanzierung und damit die Schärfe der Argumentation. Den Mittelweg sieht sie in der Forderung nach mehr Flexibilität und der Ergänzung der feministischen Ansätze untereinander.

Insgesamt spricht sich Harding für einen pluralistischen Ansatz aus, dem auch zugute kommt, daß die feministische Position keine geschlossene ist, sondern verschiedene Richtungen beinhaltet: den liberalen Feminismus, dem es um die Veränderung der politischen Theorie und der Teilhabe der Frauen an der Macht geht; die feministisch-sozialistische Theorie, die von der Position der Frauen der Arbeiterklasse ausgeht und die marxistischen Analysen modifiziert; den radikalen Feminismus, der das Gesellschaftssystem, alle Formen der Interpretation der Wirklichkeit als männliche begreift; den postmodernen Feminismus, der von der französischen Theorie beein-

16 Vgl. Sandra Harding: Geschlechtsidentität und Rationalitätskonzeptionen. In: List und Studer (Hginnen): Denkverhältnisse, S. 427.

flußt wird; und den Feminismus farbiger Frauen, dem es um die postkoloniale Perspektive geht.[17]

Die Zielsetzung einer adäquaten feministischen Wissenschaftstheorie im Sinne Hardings ist die Entwicklung von Strategien und Alternativen gegen den traditionellen Diskurs von Objektivismus und Interpretationswissenschaft. Sie darf sich dabei durchaus der androzentrischen Methodologie bedienen, die darin besteht, Hypothesen durch Experimente zu überprüfen, induktive und deduktive Verfahren zu verwenden und alle Annahmen und Behauptungen grundlegend als kritisierbar anzusehen.[18]

Für diese Arbeit benötigt die feministische Theorie auch eigene epistemologische Quellen, auf deren Grundlage sie die Interpretation der traditionellen empirischen Forschung kritisieren kann. Sie soll die Vergeschlechtlichung der wissenschaftlichen Probleme deutlich machen, neu definieren, was unter Evidenz verstanden werden kann und feststellen, wie eine adäquate Methode des Verstehens und Erklärens konzipiert werden könnte. Außerdem braucht die feministische Wissenschaftstheorie eine spezifische Form der Beurteilung, um eigene Entscheidungen in Theorie, Forschung und Politik zu ermöglichen.[19] »Und wir müssen die Zwecke und Ziele jener Formen der Erkenntnissuche kritisch begutachten, die als Ergebnis der feministischen Revolution gedacht und vorgestellt werden. Wenn wir diese Revolution auf die Naturwissenschaften übertragen wollen, müssen wir unser Verständnis für die Vielschichtigkeit des Verhältnisses zwischen den verschiedenen Vergeschlechtlichungsformen der Wissenschaft vertiefen und die Dogmen des Empirismus endgültig ad acta legen.«[20] Besonders problematisch, so Harding, sei dieser Schritt, wenn es sich um die feministische Forschung innerhalb der Naturwissenschaften handelt. Denn in diesem Kontext seien auch die Feministinnen noch teilweise den traditionellen Dogmen verhaftet.

17 Vgl. S. 16–19.
18 Vgl. Sandra Harding: Feministische Wissenschaftstheorie, S. 43.
19 Vgl. Sandra Harding: Feminism, Science, and the Anti-Enlightenment Critique. In: Nicholson (Hgin): Feminism/Postmodernism, S. 88f.
20 Sandra Harding: Feministische Wissenschaftstheorie, S. 57.

Kritisch merkt Harding im Rahmen ihrer Untersuchung der feministischen Wissenschaftstheorie an, daß es auch in Studien zur Gleichberechtigung Ansätze gebe, die der Sache der Frauen nicht angemessen seien. So dürfe bei einer Untersuchung der individuellen Geschlechterproblematik und der Diskriminierung der Frauen im Wissenschaftsbetrieb nicht vergessen werden, sich auch mit dem fehlenden Interesse und der Motivation der Frauen, sowie deren Ursachen zu befassen. Ebenso unangemessen sei es, wenn Feministinnen davon ausgehen, daß es zur Beseitigung des Androzentrismus genüge, die Aufmerksamkeit auf die weiblichen Denk- und Verhaltensweisen zu lenken.[21]

Harding kritisiert auch Ansätze, die dazu übergehen, die traditionell männliche Stimme durch eine weibliche zu ersetzen oder eine spezielle Wissenschaft für Frauen zu fordern. Sie hält es für fraglich, ob die feministische Forschung eine weniger verzerrte Sicht der Welt liefern kann und ob sie die herrschende Wissenschaftslogik und das Denken in Dichotomien völlig verwerfen sollte.

Allerdings werde die vergeschlechtlichte Wissenschaft nicht dadurch neutralisiert, daß Frauen daran partizipieren. Vor allem, da die Männer Frauen erst innerhalb der Wissenschaften dulden, seit sie eine massive Kontrolle über die Natur ausüben und auf diese Weise ihre männliche Identität schützen können. Der Ersatz der männlichen durch eine weibliche Wissenschaft ist, so Harding, nur im Rahmen einer Übergangsphase möglich. Viel wichtiger sei es, die in der androzentrischen Wissenschaft übliche Vorstellung eines transzendentalen Ich zu überwinden, und statt dieser vereinheitlichten Identität *wechselseitig aufeinander bezogene Selbstheiten* zu entwickeln, die sich dann solidarisch verbünden könnten.[22]

21 Vgl. Sandra Harding: Feministische Wissenschaftstheorie, S. 53f.
22 Vgl. ibid., S. 57f.

4.2. Feministischer Empirismus, Standpunkttheorie und Postmoderne

In ihrer Arbeit ›Feministische Wissenschaftstheorie‹ geht Harding ausführlich auf die Schwächen und Stärken der bestehenden Ansätze ein. Sie stellt dabei fest, daß keine der bisher entwickelten feministischen Erkenntnistheorien die an sie gestellten Anforderungen vollständig erfüllen kann. Dazu sind Bewertungsstrategien notwendig, die erst noch konstruiert werden müssen. Problematisch ist außerdem, daß die feministischen Erkenntnistheorien eingeschlossen sind im Kampf um einen Raum für die weibliche Stimme innerhalb der akademischen, intellektuellen, sozialen, wirtschaftlichen, staatspolitischen, juristischen und medizinischen Welten, die ständig versuchten, sie hinauszudrängen, zu isolieren oder zu korrumpieren.

Die feministischen Ergebnisse werden schlechter eingestuft als die sexistischen, da sie mit den sexistischen Forderungen konfligieren. Aus diesem Grund fordert Harding eine feministische Erkenntnistheorie, die in der Lage sein soll, die Evidenz der feministischen Ergebnisse aufzuzeigen und ihnen mehr Recht als den sexistischen einzuräumen.[23]

Der Ausgangspunkt der feministischen Erkenntnistheorie liegt in der Kritik des traditionellen Empirismus. Harding macht drei Ansatzpunkte dieser Kritik sichtbar: erstens bezweifelt sie, daß die betrachtende Person und ihre Identität keinen Einfluß auf die Forschungsresultate haben; zweitens geht sie davon aus, daß die androzentrischen Verzerrungen innerhalb der Wissenschaften nicht beseitigt werden können und drittens kritisiert sie die Meinung, die Wissenschaft müsse vor politischen Einflüssen geschützt werden.[24] Aus diesen Kritikpunkten ergeben sich auch die zentralen Problemstellungen der feministischen Wissenschaftstheorie. Dazu gehören neben der Auseinandersetzung mit den bestehenden Wissenschaften,

23 Vgl. Sandra Harding: Feminism, Science, and the Anti-Enlightenment Critique. In: Nicholson (Hgin): Feminism/Postmodernism, S. 90ff.

24 Vgl. Sandra Harding: Feministische Wissenschaftstheorie, S. 174.

deren Anwendungsbereichen, Methoden und Interpretationen auch die Untersuchungen der Verbindung von Wissenschaft und Gesellschaft. Harding sieht die momentane Aufgabe des Feminismus darin, durch eine Analyse der patriarchalen Theorien eigene Konzepte aufzustellen und nicht, bestehende Ansätze, wie die Postmoderne, an die feministische Problematik anzupassen.

In diesem Punkt ist die feministische Theorie gespalten; einige Wissenschaftlerinnen wollen eine Veränderung der bestehenden Epistemologie im Hinblick auf die weibliche Beteiligung am Erkenntnisprozeß erreichen. Andere zielen darauf ab, eine Nachfolgewissenschaft zu entwickeln, welche in der Lage sein soll, die bestehende Erkenntnistheorie zu ersetzen. Allerdings ist es nicht möglich, eine einheitliche feministische Theorie zu entwickeln, da auch die gesellschaftlichen Verhältnisse, die den Gegenstand der Theorien bilden, in Veränderung begriffen sind. Harding sieht darin auch kein zentrales Problem der feministischen Wissenschaftstheorie, da diese nicht versucht, wie es der patriarchalen Leitlinie entspricht, eine kohärente Theorie aufzustellen, die als allgemeiner Maßstab gelten kann. Statt dessen sollten die Feministinnen auch der Dissonanz in den Diskursen Rechnung tragen. Harding hält sowohl die Dekonstruktion der bestehenden Wissenschaften als auch die Entwicklung einer Nachfolgewissenschaft für notwendig, da sie sich gegenseitig bedingen und da sie die Vielfalt der feministischen Stimmen einer allgemeinen Theorie vorzieht, die dann einheitlich in Opposition zur bestehenden Wissenschaft stehen würde. Gerade die dadurch entstehenden Spannungen innerhalb der feministischen Ansätze seien eine wertvolle Unterstützung, um alternative Vorstellungen zu reflektieren.[25]

Als kleinsten gemeinsamen Nenner einer feministischen Wissenschaftstheorie kennzeichnet Harding die Problematik des sozialen Geschlechts in den Wissenschaften. Allerdings könne diese Präferenz des Geschlechterproblems nicht auf alle Theorien oder Einzeldisziplinen gleichermaßen fixiert werden.

25 Vgl. Sandra Harding: Feministische Wissenschaftstheorie, S. 265ff.

Außerdem sei es für die feministischen Theorien wichtig, zu berücksichtigen, daß die Frauen keine einheitliche Gruppe sind, sondern sich nach Rasse, Klasse und Kultur unterscheiden. »Das erste Gebot der Wissenschaftstheorie lautet, man solle sich nicht mit instabilen und unsicheren Elementen befassen. Dies Gebot haben wir übertreten und ad acta gelegt. Das zweite Gebot, das wir verworfen haben, berührt die Beziehung zwischen der Wissenschaft und den Werten. Wertfreiheit ist kein Mittel zur Maximierung von Objektivität – jedenfalls nicht in der Hinsicht, in der traditionelle Wissenschaftsdiskurse diese Begriffe konstruiert haben. Ich bin davon ausgegangen, daß nur erzwungene Werte – Rassismus, Klassenherrschaft, Sexismus – die Objektivität zerstören, während partizipatorische Werte – Anti-Sexismus, klassenlose Gesellschaft, Anti-Rassismus – die Verzerrungen und Mystifikationen in unseren kultur-bedingten Erklärungs- und Verstehensweisen allmählich zum Verschwinden bringen. Wie ich in dieser Untersuchung verschiedentlich vorgeschlagen habe, können diese partizipatorischen Werte als konstituierende Vorbedingungen einer Reformulierung von Objektivität angesehen werden.«[26] In der Schaffung einer Gleichheit in kultureller und gesellschaftlicher Hinsicht, ohne Betonung von Geschlecht, Rasse oder Klasse sieht Harding auch die Möglichkeit, den Begriff der Objektivität neu zu konzipieren.

In ihrem Buch ›Feministische Wissenschaftstheorie‹ untersucht Harding drei Ansätze einer Nachfolgewissenschaft im Hinblick darauf, ob sie den Anforderungen einer feministischen Erkenntnistheorie genügen: den feministischen Empirismus, die feministische Standpunkttheorie und den feministischen Postmodernismus.

Die empiristische Richtung geht davon aus, daß Sexismus und Androzentrismus gesellschaftliche Verzerrungen seien, die durch bessere Anwendung bestehender Normen berichtigt werden könnten.[27] Dabei ist es ihr Ziel, den Frauen zu einer größeren Gleichbe-

26 Sandra Harding: Feministische Wissenschaftstheorie, S. 272.
27 Vgl. ibid., S. 22.

rechtigung in den Wissenschaften zu verhelfen. Außerdem ist der feministische Empirismus eng verbunden mit dem Rationalismus. Er setzt Sexismus und Androzentrismus als soziale Spaltung gleich, die er aber für veränderbar hält, wenn man sich stärker auf die bestehenden Regeln der wissenschaftlichen Erkenntnis stützen würde. Weiterhin entwickelt er eigene wissenschaftliche Normen und Methoden, um den androzentrischen Dualismus zu eliminieren.

Der feministische Empirismus stellt bestimmte Grundvoraussetzungen des traditionellen Empirismus in Frage: der erste Grundsatz des klassischen Empirismus geht davon aus, daß die soziale Identität der Betrachterin oder des Betrachters irrelevant und die Ergebnisse empirischer Forschung nicht anfechtbar seien. Dagegen argumentiert der feministische Empirismus, daß Frauen als Gruppe mehr als die Männer in der Lage seien, ungeteilte, objektive Ergebnisse, vor allem im Kontext der weiblichen Erfahrung, aufzustellen.

Der traditionelle Empirismus betrachtet den Menschen als isoliertes Individuum, das in soziale Gruppen und Kulturen zusammengefaßt wird. Ergänzend stellt der feministische Empirismus fest, daß diese Individuen entweder weiblich oder männlich sind, feministisch oder sexistisch und einer Klasse oder Rasse angehören, wodurch er dem einzelnen Subjekt besser gerecht werden kann. Zweitens besteht der traditionelle Empirismus darauf, daß die von ihm entwickelten Normen nur für den Kontext der Bewertung und nicht der Entdeckung gelten, also für die Ebene, in der die Probleme identifiziert und definiert werden. Er behauptet, diese Ursprungs-ebene sei irrelevant für den Prozeß der wissenschaftlichen Forschung. Dagegen stellt der feministische Empirismus fest, daß ein androzentrisches Bild dann entsteht, wenn nur solche Hypothesen überprüft werden, die Nicht-FeministInnen in ihrer Lebenswelt wahrnehmen. Aus diesem Grund müsse die feministische Kritik bereits auf der Entdeckungsebene ansetzen, denn dort wird entschieden, was als Forschungsobjekt oder -thema interessant ist.[28]

28 Vgl. Sandra Harding: Feminist Justificatory Strategies. In: Garry und Pearsall (Hginnen): Women, Knowledge and Reality, S. 192f.

Als zweite Form der feministischen Wissenschaftstheorie analysiert Harding die Standpunkttheorie. Sie stellt fest, daß auch der feministische Empirismus im Vergleich mit der traditionellen Wissenschaft eine Reihe von Verbesserungen mit sich bringe, aber die Standpunkttheorie im Gegensatz dazu mehr Möglichkeiten biete, eine übergreifende Theorie zu entwickeln. Dadurch könnte es möglich sein, auch in der Forschung aus der Perspektive weiblicher Aktivitäten zu agieren.[29]

Der Ansatz der feministischen Standpunkttheorie stellt die androzentrische Wissenschaft radikal in Frage und bezweifelt, daß eine männlich dominierte Wissenschaft den emanzipatorischen Zwecken nützen kann. Grundlegend basiert die Standpunkttheorie auf der hegelschen Dialektik von Herr und Knecht und deren Umsetzung bei Marx, Engels und Lukács. Ihre Vertreterinnen gehen davon aus, daß die Männer aufgrund ihrer gesellschaftlichen Vormachtstellung zum Teil pervertierte Vorstellungen entwickelt hätten, während die Frauen in ihrer untergeordneten Position diese nicht hätten. Die feministische Sichtweise wird dabei zu einem Standpunkt, der die Grundlage für neue Interpretationen und Erklärungen der gesellschaftlichen Phänomene bildet.[30]

Die feministische Standpunkttheorie geht nicht von einer/einem unbeteiligten BeobachterIn mit einer neutralen Perspektive aus, die/der sich außerhalb ihrer/seiner eigenen Realität stellt. Das Subjekt innerhalb der feministischen Standpunkttheorien ist körperlich und sichtbar, da ihm ein Platz in der Gesellschaft zugewiesen wird; deshalb unterscheidet es sich auch nicht grundsätzlich von den Objekten. Dieses Subjekt ist vielseitig und uneinheitlich im Gegensatz zu dem einheitlichen Subjekt der empirischen Wissenschaften.[31]

29 Vgl. Sandra Harding: Feminist Justificatory Strategies. In: Garry und Pearsall (Hginnen): Women, Knowledge and Reality, S. 196f.
30 Vgl. Sandra Harding: Feministische Wissenschaftstheorie, S. 24.
31 Vgl. Sandra Harding: Rethinking Standpoint Epistemology. In: Alcott und Poller (Hginnen): Feminist Epistemologies, S. 63ff.

Damit bezieht sich die feministische Standpunkttheorie auf einen weiblichen Blickwinkel, was einen völligen Neuentwurf der Realität und des Wissenschaftsbegriffs notwendig macht. Problematisch ist allerdings, daß es keinen einheitlichen feministischen oder weiblichen Standpunkt gibt, auf den diese Nachfolgewissenschaft rekurrieren kann. Aber durch ihren Bezug auf verschiedene Standpunkte spricht sie sich gegen Biologismus, Idealismus und die Verallgemeinerung der weißen Mittelschichtfrau auf alle Frauen aus. Vertreterinnen dieses Ansatzes sind vor allem Elizabeth Fee, Jane Flax, Nancy Hartsock, Evelyn Fox Keller und Dorothy Smith.

Die Aufgabe der feministischen Standpunkttheorie sieht Harding darin, die verschiedenen Strukturen und Überschneidungen der gesellschaftlichen Ordnung zu analysieren und sichtbar zu machen. Dieser Ansatz basiert auf der Kritik der vergeschlechtlichten Gesellschaft und gibt dabei den weiblichen Erfahrungen den Vorrang. Sein Ziel ist es, das bürgerliche Weltbild und seine patriarchalen Dichotomien in Frage zu stellen. Die feministische Standpunkttheorie versteht sich als Nachfolgewissenschaft, mit dem Ziel, die moderne Wissenschaft abzulösen und unter anderen Prämissen wiederaufzubauen.

Harding thematisiert fünf Interpretationsansätze, mit denen die feministische Standpunkttheorie eine neue Sicht auf die Verknüpfung von Natur und Gesellschaft wirft, die aus männlicher Erfahrung nicht möglich ist. Der erste Aspekt stammt aus dem post-marxistischen Ansatz von Hilary Rose. Sie geht davon aus, daß die feministische Erkenntnistheorie nicht nur im Gegensatz zu den cartesianischen Dualismen steht, sondern auch einen vollständigeren Materialismus als die paternalistische Wissenschaft ermöglicht. In den handwerklich organisierten Forschungsbereichen sei es den Feministinnen möglich, neue Interpretationen der Natur und der Sozialbeziehungen hervorzubringen, in denen Chancen zur Emanzipation liegen.[32]

32 Vgl. Sandra Harding: Feministische Wissenschaftstheorie, S. 151f.

Der zweite Gesichtspunkt ist Teil des ebenfalls postmarxistischen Ansatzes von Nancy Hartsock, die eine feministische Nachfolgewissenschaft entwickelt, mit dem Ziel, die cartesianischen Dualismen und die Trennung von Denken und Handeln zu überschreiten. Auf diese Weise sollen Bedingungen geschaffen werden, durch die der Beitrag der Frauen zum gesellschaftlichen Leben angemessen bewertet werden kann, und sie soll einen Leitfaden im Kampf der Geschlechter bieten. Um ein neues Weltbild aufzubauen, das der weiblichen Sicht angemessen ist, muß zum einen der Zwangscharakter der bestehenden Wissenschaften aufgezeigt und zum anderen durch die Erziehung zum Kampf für veränderte Verhältnisse angeleitet werden.[33]

Einen dritten Aspekt der standpunktorientierten Nachfolgewissenschaft hat Jane Flax entwickelt. Sie verknüpft die feministische Theorie direkt mit der Postmoderne, die sie als grundsätzlichere Nachfolgewissenschaft versteht. Für Flax ist die feministische Erkenntnistheorie Teil einer gesamten feministischen Theorie und Hauptelement einer angemessenen Theorie der Politik und Natur. Sie soll die Frage nach der Beschaffenheit der gesellschaftlichen Verhältnisse stellen und dadurch dem feministischen Ansatz den Weg ebnen.[34]

Die vierte Interpretation wurde von Dorothy Smith entwickelt. Ihr Konzept ist soziologisch orientiert und will den untersuchten Personen nicht den Objektstatus aufdrücken, sondern ihre Präsenz als handelnde Subjekte erhalten. Dadurch sollen anstelle von Verhaltensnormen die gesellschaftlichen Verhältnisse interpretiert und auf diese Weise die Erfahrungen der Frauen sichtbar gemacht werden. Smith schreibt dieser Form der Wissenschaft mehr Objektivität zu, da sie sich umfassenderer und weniger verzerrter Kategorien bediene als der androzentrische Ansatz.

Einen letzten wichtigen Gesichtspunkt der Standpunkttheorie sieht Harding in der historischen Darstellung der Wissenschaften. Sie

33 Vgl. Sandra Harding: Feministische Wissenschaftstheorie, S. 156ff.
34 Vgl. ibid., S. 162ff.

dient dazu, Veränderungen und Verschiebungen in den gesellschaftlichen Strukturen nachzuweisen, aus denen dann neue Formen des Verstehens und Erklärens konzipiert werden können.[35]

Den dritten Ansatz einer Nachfolgewissenschaft innerhalb der feministischen Wissenschaftstheorie bildet der feministische Postmodernismus. Harding sieht darin die Möglichkeit, konkrete Zukunftsvorstellungen zu entwickeln und ein oppositionelles Bewußtsein zu formen.[36] In gewisser Weise stellt diese dritte Position die beiden vorhergehenden Ansätze in Frage. Der feministische Postmodernismus bezieht sich auf bekannte postmoderne Philosophen wie Michel Foucault, Jacques Lacan und Richard Rorty, und geht von einem grundlegenden Skeptizismus hinsichtlich der Fragen der Existenz, des Wesens, der Vernunft, der Wissenschaft, der Sprache und des Subjekts aus.

Postmodern orientierte Wissenschaftlerinnen wie Jane Flax sprechen sich für eine enge Verbindung von Feminismus und Postmoderne aus. Der Feminismus solle sich auf der Grundlage der Postmoderne bewegen, da der feministische Standpunkt allein zu unkritisch sei und auf den falschen Voraussetzungen der Erkenntnistheorie basiere.

Gegen die völlige Einbettung des Feminismus in die Postmoderne spricht allerdings, daß dadurch der Anteil der feministischen Theorie und Politik ganz in der Darstellung der Bedeutung des Geschlechts aufgehen würde und andere kritische Aspekte dann postmoderne Elemente wären.

Auch Harding argumentiert gegen den Postmodernismus: erstens, daß er ebenso wie die Erkenntnistheorie nur die Ansprüche und Notwendigkeiten des weißen privilegierten Mannes ausdrückt; zweitens, daß die Objekte der kritischen und dekonstruktiven Bemühungen der Postmoderne Ergebnisse der gleichen spezifischen und parteilichen Grundlagen seien; drittens, daß sich die wichtigsten

35 Vgl. Sandra Harding: Feministische Wissenschaftstheorie, S. 167ff.
36 Vgl. ibid., S. 210f.

Vertreter der Postmoderne in keiner Form mit der Frage des Geschlechts befaßt hätten; viertens, daß postmoderne Projekte von Feministinnen aufgenommen würden, die feministische Politik in Frage stellen und an eine spezifische Konzeption und Destruktion des Subjekts gebunden seien.[37]

Allerdings räumt Harding ein, daß dieser Ansatz eine brauchbare Grundlage sein könnte, wenn er die gespaltenen Identitäten zusammenbringen würde. Er müßte schwarze, sozialistische, farbige und andere Feministinnen verbinden können, und so die Fiktion des wesenhaft-natürlichen Menschen und die daraus entstehenden Verzerrungen beseitigen.[38]

Zusammenfassend kann man sagen, daß Harding in ihrer Gegenüberstellung keinen der drei Ansätze zu einer Nachfolgewissenschaft verwirft, sondern jedem eine eigene Bedeutung für die feministische Erkenntnistheorie zuschreibt. Da Empirismus, Standpunkttheorie und feministischer Postmodernismus zu verschiedenen Sprecherinnen, Hörerinnen, Kontexten und Zwecken gehören, ist sie der Meinung, daß diese unterschiedlichen Projekte nicht zugunsten einer einheitlichen Analyse aufgehoben werden dürfen. Im Hinblick auf die Kritik der wissenschaftlichen Rationalität sei ein Empirismus notwendig, der die vergeschlechtlichte Wissenschaft verändern kann. Aufgrund des unterschiedlichen Verständnisses von Natur und sozialen Beziehungen sei auch eine Standpunkttheorie relevant, um die Beziehung zwischen den sozialen Aktivitäten und der traditionellen Wissenschaft aufzuzeigen. Und da die Wissenschaft in unserer Gesellschaft eng mit Macht verbunden ist, sei auch der postmoderne Skeptizismus notwendig, der die Beziehung zwischen Wissen und Macht in der Welt untersucht und kritisiert.[39]

Hardings Lösungsvorschlag hebt auf eine Pluralität von Stand-

37 Vgl. Sandra Harding: Feminism, Science, and the Anti-Enlightenment Critique. In: Nicholson (Hgin): Feminism/Postmodernism, S. 84ff.

38 Vgl. Sandra Harding: Feministische Wissenschaftstheorie, S. 26.

39 Vgl. Sandra Harding: Feminist Justificatory Strategies. In: Garry und Pearsall (Hginnen): Women, Knowledge and Reality, S. 200.

punkten ab, die zwar nur als Übergangslösung praktikabel ist, aber letztlich einen Erkenntnisgewinn mit sich bringen kann. Diese feministische Standpunkttheorie sieht die bestehende Wissenschaft kritisch als Ausdruck männlicher Subjektivität, wodurch sie ihr einen eingeschränkten Zugang zur Erkenntnis unterstellt. Durch eine Vielzahl von feministischen Standpunkten könnte diese Theorie unterschiedlichen Frauen aus verschiedenen Klassen gerecht werden.[40]

4.3. Revolution oder Reform

Im Zusammenhang mit den unterschiedlichen Methoden der feministischen Wissenschaftstheorie stellt Harding auch die Frage, ob eine Reform oder eine Revolution innerhalb der existierenden Wissenschaften anzustreben sei. Sie faßt die gängigen Argumente für und gegen einen feministischen Reformismus und eine Revolution in ihrem Artikel ›Reform or Revolution‹ zusammen: Gegen die reformistische Arbeit spreche, daß sie meist recht ineffektiv sei, Zeit und Energie verschwende, vor allem, wenn sie nicht eine Revolution unterstütze. Außerdem seien einige Bereiche des wissenschaftlichen Systems so grundlegend falsch, daß eine Ungerechtigkeit nur auf Kosten einer anderen ausgeräumt werden könne. Auch bildeten feministische Reformen, wenn sie stückweise durchgeführt werden, meist eine Unterstützung des bestehenden Systems. Zudem verdecke der reformistische Feminismus die wahren Gründe der menschlichen Misere, indem er psychologische und private Problemlösungen entwickle, wodurch die Gesellschaft und die Wissenschaften herausgehalten werden.[41] Insgesamt stellt Harding fest, daß der feministische Reformismus keine entscheidende Rolle innerhalb einer politischen Revolution spielen kann, denn dieser Feminismus bleibt eine Bewegung mit kurzfristigen und eigennützigen Zielen.

40 Vgl. Ruth Seifert: Entwicklungslinien und Probleme der feministischen Theoriebildung. In: Knapp und Wetterer (Hginnen): Traditionen – Brüche, S. 266.
41 Vgl. Sandra Harding: Feminist Justificatory Strategies. In: Garry und Pearsall (Hginnen): Women, Knowledge and Reality, S. 273ff.

Im Gegensatz zur sukzessiven Änderung durch den reformistischen Feminismus schlägt der revolutionäre Weg eine grundlegende Veränderung des gesamten Systems vor. Harding vergleicht den Unterschied zwischen der reformistischen und der revolutionären Richtung auch mit quantitativen und qualitativen Aspekten. Für den revolutionären Ansatz spricht deshalb, daß jede Veränderung einen Anstieg oder eine Abnahme der Quantität einiger Qualitäten innerhalb der Gesellschaft bewirkt. Aber kleine Veränderungen bewirken niemals eine Quantität, die zu einer neuen Qualität führen könnte. Harding stellt fest, daß eine andere Form des Prozesses notwendig sei, um die gesamte Struktur und den Charakter der Gesellschaft zu verändern. Allerdings räumt sie auch ein, daß am Ende einer Reihe kleiner Änderungen eine gesamte Umformung stehen könnte, die das System völlig verändert. Dadurch wäre es möglich, mittels einer Reihe von Reformen eine Revolution auszulösen.[42]

Die Unterscheidung von reformistischer und revolutionärer feministischer Praxis vergleicht Harding auch mit der Veränderung von Basis oder Überbau in der Gesellschaft. Veränderungen des Überbaus haben wenig Auswirkungen auf die Basis und sind meistens reformistischer Natur. Weiterhin unterscheiden sich Revolution und Reform darin, daß eine revolutionäre Veränderung gewaltsam ist, während die reformistische langsam und friedlich durchgeführt wird. Allerdings könnte deshalb eine reformistische feministische Zielsetzung als schwach interpretiert werden.

Eine weitere Möglichkeit, den Unterschied von reformistischen und revolutionären Veränderungen zu interpretieren, ist die Gleichsetzung mit der Differenz zwischen Praktiken und Prinzipien. Reformistinnen sind zufrieden, wenn es den Frauen bessergeht, wenn ihre Erfahrungen in die bestehenden moralischen Prinzipien integriert werden; die Revolutionärin will andere Prinzipien als die bisher üblichen durchsetzen.

42 Vgl. Sandra Harding: Feminism: Reform or Revolution. In: Gould (Hgin): Woman and Philosophy, S. 275f.

Insgesamt versteht Harding beide Formen der feministischen Aktion als Strategien in Richtung auf das feministische Ziel einer nicht-unterdrückenden Gesellschaft. Insofern seien auch kleine Schritte, die Veränderung der Praxis oder des Bewußtseins, dazu geeignet, die Ideologie zu verändern, wenn es effektive Strategien sind. Harding sieht die Aufgabe der Feministin als zweifache: Sie muß Aktionen wählen, die am effektivsten auf das feministische Ziel hinarbeiten und zur gleichen Zeit muß sie sich kontinuierlich in der Erneuerung der Ziele und der Effizienz ihrer Handlungen überprüfen.[43]

4.4. Feminismus und die afrikanische Weltsicht

Ein Thema, das Harding in einigen Artikeln untersucht hat, befaßt sich mit den Parallelen zwischen der weiblichen Weltsicht und der afrikanischen. Es steht im Kontext der Analyse weiblicher und männlicher Moral und der Problematik der patriarchalen Dualismen. Die Frage nach der Übereinstimmung von feministischer und afrikanischer Weltsicht ist auch ein Beispiel für die Ansätze und Möglichkeiten feministischer Wissenschaftstheorie und für ihre neuen Anregungen.

Harding will mit dieser Darstellung die Fixierung auf die geschlechtsbedingten Unterschiede zwischen den Moralvorstellungen abschwächen, indem sie diese als allgemeine Eigenschaften definiert, die aufgrund sozialer Bedingungen entstanden sind. Sie knüpft eine Beziehung zwischen der weiblichen und der afrikanischen Weltsicht, um zu zeigen, daß diese spezifische Perspektive nicht nur aus der geschlechtsspezifischen, sondern aus der Unterdrückungssituation als solcher resultiert.[44]

Auf der Grundlage von ethnologischen und anthropologischen

43 Vgl. Sandra Harding: Feminism: Reform or Revolution. In: Gould (Hgin): Woman and Philosophy, S. 280ff.

44 Vgl. Sandra Harding: Die auffällige Übereinstimmung feministischer und afrikanischer Moralvorstellungen. In: Nunner-Winkler (Hgin): Weibliche Moral, S. 163ff.

Untersuchungen stellt Harding die These auf, daß auffällige Übereinstimmungen zwischen der Weltsicht von Frauen und der afrikanischen Bevölkerung bestehen. Die Parallelen zwischen beiden Perspektiven beziehen sich in erster Linie auf das Bild, das diese von der männlichen beziehungsweise europäischen Gesellschaft haben. Harding zeigt, daß westliche Männer eine spezifisch europäisch-männliche Weltsicht vertreten, welche die weibliche Sicht und die der afrikanischen Männer ausgrenzt. Allerdings werden afrikanische Frauen nicht in diese Untersuchung einbezogen, da ihre zweifache Unterdrückung, von seiten ihrer Männer und von den Weißen, mit dieser Schematisierung nicht adäquat erfaßt werden kann.[45]

Die Hauptaspekte der afrikanisch-männlichen Weltanschauung macht Harding an folgenden Punkten fest: Erstens wird davon ausgegangen, daß sich die Wahrnehmung nicht vom Menschen auf ein betrachtetes Objekt richtet, sondern auf eine andere Person, deren Subjektstatus nicht in Frage gestellt werden müsse; zweitens findet keine Trennung zwischen dem Ich und der Natur statt, was zu deren Verdinglichung führen würde, sondern die natürlichen Phänomene werden als Erweiterung des Ichs verstanden. Dadurch kann der Mensch in Harmonie mit der Natur leben. Drittens steht das Individuum im Bezug zu anderen Individuen und ist dadurch Bestandteil der gesellschaftlichen Ordnung. Dabei ist die Gemeinschaft keine Gruppe von Einzelpersonen, sondern das Ganze gilt mehr als seine verschiedenen Teile.

Diese Hauptelemente der Weltsicht afrikanischer Männer machen bereits die grundlegenden Unterschiede zu der europäischer Männer deutlich. Harding setzt diese Aspekte in Bezug zum Weltbild der westlichen Frauen und stellt fest, daß in der weiblichen Weltsicht gleichermaßen ein Ich entworfen wird, das sich durch seine Beziehungen definiert und dessen Interesse dem Wohlergehen der Gruppe gilt. Innerhalb dieser Weltsicht sind Natur und Kultur untrennbar verbunden.

45 Vgl. Sandra Harding: Feministische Wissenschaftstheorie, S. 179.

Den Gegensatz dazu bildet das in der männlich-europäischen Weltanschauung entworfene autonome, individualistische und egoistische Ich, das selbstbezogen ist und Kontrolle über die Natur ausüben will. Die weibliche Weltanschauung entwickelt eine Ethik der Verantwortung, die von kontextbezogenen Entscheidungen geprägt ist. Dem entgegen steht die von abstrakten Regeln bestimmte Ethik der europäischen Männer, in der es primär um die Geltung von Rechtsansprüchen geht.[46]

Trotz dieser Übereinstimmungen spricht sich Harding gegen die völlige Gleichsetzung von weiblicher und afrikanischer Weltanschauung aus: zum einen, da die afrikanischen Frauen nicht berücksichtigt werden und zum anderen, da es auch signifikante Unterschiede zwischen deren zentralen Prämissen gibt, die nicht außer acht gelassen werden dürften. Sie stellt fest, daß aus den erstaunlichen Ähnlichkeiten zwischen dem weiblichen und dem afrikanischen Weltbild und ebenso zwischen den als männlich und europäisch definierten keine verallgemeinernden Schlüsse gezogen werden dürften. Es sei gefährlich, die jeweiligen Unterschiede auszublenden, um zu den gewünschten Ergebnissen zu kommen.[47]

Diese Unterschiede sind für Harding aus mehreren Gründen bedeutend: Sie führt an, daß die Parallelen im Kontext gesellschaftlicher Herrschaftszusammenhänge stehen, die durch die Bildung von Gegensatzkategorien die Unterschiede betonen. Dadurch werden auch Gemeinsamkeiten auf Kosten von Unterschieden herausgestellt. So könne die afrikanisch-männliche Weltanschauung nicht als emanzipatorisch bezeichnet werden, da sie sich nur auf Männer beziehe und die Frauen als Untergruppe ausgrenze. Letztlich gäbe es auch keine einheitlich afrikanische Weltsicht, sondern verschiedene stammesabhängige Anschauungen.

Die Parallelen zwischen beiden Weltsichten liegen in der Tatsache, daß die Unterdrückung von kolonialisierten Völkern und die der

46 Vgl. Sandra Harding: Feministische Wissenschaftstheorie, S. 182ff.
47 Vgl. ibid., S. 191ff.

Frauen durchaus vergleichbar sind. Beide werden legitimiert, indem man Frauen/Afrikaner als Andere einordnet, wodurch sie außerhalb des *normalen, männlichen* Menschseins angesiedelt werden können. Sie werden durch die Ausgrenzung des weiblich/afrikanischen Weltbildes als nicht-männlich und nicht-europäisch bestimmt. Aufgrund dieser Funktion als Spiegelbild zum männlich/europäischen Weltbild ähneln sich, so Harding, auch die kategorialen Zuschreibungen.[48]

48 Vgl. Sandra Harding: Feministische Wissenschaftstheorie, S. 185ff.

Geschlechterdifferenz

1. Einleitung

Das Thema der Geschlechterdifferenz steht im Zentrum der feministischen Philosophie und Theoriebildung der achtziger Jahre. Zwar gab es auch vor dieser Zeit Ansätze, die für die Aufwertung des weiblichen Geschlechts eintraten, aber erst mit dem Begriff der Geschlechterdifferenz konnte ihnen eine gemeinsame Orientierung unterlegt werden. Wie in allen Bereichen der feministischen Philosophie gibt es auch innerhalb der Theorie der Geschlechterdifferenz verschiedene Konzepte, die sich außerdem mit den Themen der Vernunft- und Patriarchatskritik überschneiden. Eng verbunden ist die Diskussion der Geschlechterdifferenz mit der feministischen Ethik, da die Entwicklung weiblicher Werte auf dieser Grundlage fußt.

Im Vordergrund der Theorie der Geschlechterdifferenz steht die Analyse der Beziehungen zwischen Frauen und Männern, deren Aufbau, wie sie erfahren werden, was darüber gedacht wird, beziehungsweise ob sie ignoriert werden. Damit beschränkt sich der Gegenstand der feministischen Theorie auch nicht mehr auf die Untersuchung der Situation von Frauen und deren Unterdrückung durch die Männer, sondern befaßt sich mit allen gesellschaftlichen, politischen, wirtschaftlichen und philosophischen Themen im Kontext der Geschlechterdifferenz.[1]

Wichtig ist in diesem Zusammenhang, daß sich die feministische Idee der Geschlechterdifferenz grundlegend vom patriarchalen Begriff der Differenz unterscheidet. Während sie im Patriarchat mit Ungleichheit, Gegensatz oder Dualismus identifiziert wird, ist die Differenz im feministischen Sinn unhierarchisch strukturiert. Sie ist unideologisch, bezieht keine Wertungen ein und gefährdet die Autonomie der beiden Teile, zwischen denen sie besteht, nicht.

1 Vgl. Jane Flax: Postmodernism and Gender Relations in Feminist Theory. In: Nicholson (Hgin): Feminism/Postmodernism, S. 40.

Ihren Begriff der Differenz beziehen die Feministinnen nicht nur auf das Verhältnis von Frau und Mann, sondern auch auf die Beziehung zwischen Frauen. Dabei beeinflußt die Differenz nicht nur die Definition der Frauen selbst, sondern auch ihren Blick auf die Realität.

Die Entstehung des Denkens der Geschlechterdifferenz geht zurück auf die Forderung nach Gleichheit für Frauen und Männer. Weitergeführt wurde die Idee der Gleichheit von den liberalen und humanistischen Feministinnen der modernen Frauenbewegung. Die Gegenforderung nach der Betonung der Differenz der Geschlechter, die sich nicht nur auf biologische Unterschiede bezieht, dominiert die aktuelle Diskussion der feministischen Theorie und Philosophie. Sie hat die Gleichheitsforderung zwar momentan sehr verdrängt, aber es gibt auch moderne Befürworterinnen des Gleichheitsansatzes.

Die Unterschiede zwischen der Forderung nach Gleichheit und dem Denken der Geschlechterdifferenz macht Cornelia Giese in ihrer Gegenüberstellung von geschlechtsneutralen und geschlechtsspezifischen Konzepten deutlich. In ihrer Untersuchung ›Gleichheit und Differenz‹ versteht sie unter dem geschlechtsneutralen Ansatz Theorien, die sich gegen die Betonung der Unterschiede zwischen den Geschlechtern aussprechen. Giese stellt einige Argumente zusammen, mit denen sich Vertreterinnen der geschlechtsneutralen Position gegen den geschlechtsspezifischen Ansatz aussprechen: Ein Kritikpunkt ist, daß die geschlechtsspezifische Position von einer Definition des Weiblichen ausgeht, durch die Frauen auf patriarchale Rollenklischees fixiert werden. Deshalb sei die Betonung der Weiblichkeit auch innerhalb der feministischen Theorie auf patriarchale Ausgangspunkte zurückzuführen und würde auf eine fiktive Andersartigkeit der Frau abheben.

Weiterhin wird dem geschlechtsspezifischen Denken vorgeworfen, es sei unhistorisch, da es die Geschlechtsunterschiede als ausschließlich kulturelles Phänomen sieht. So liegen die Wurzeln der Unterdrückung der Frauen nach Meinung der egalitären Radikal-

Feministin Christine Delphy in der biologischen Selbstverständlichkeit des Weiblichen.[2]

Gegen den geschlechtsneutralen Ansatz argumentiert Giese mit dem deterministischen Verständnis der Natur der Frau. Er reduziere die weibliche Natur auf genetische Grundlagen und verstehe die Frauen nicht als Phänotypus, »eine Ausprägung von Umweltfaktoren und genetischen Gegebenheiten«.[3] Außerdem interpretiere er die Biologie auf einer patriarchalen Grundlage und gehe von der Untrennbarkeit biologischer und historischer Prozesse aus.

Giese führt an, daß einige Vertreterinnen des geschlechtsneutralen Ansatzes für eine Abschaffung der Begriffe weiblich und männlich plädieren. So spricht sich Christa Mulak dafür aus, Weiblichkeit als etwas Geschlechtsübergreifendes zu verstehen. Insgesamt wirft Giese dem geschlechtsneutralen Ansatz vor, durch die Verneinung und Negierung der Weiblichkeit auch keine Möglichkeit zu schaffen, sich von den patriarchalen Rollenklischees zu lösen. Bestimmte weibliche Fähigkeiten müßten anerkannt werden und die Biologie müsse als Wechselspiel von Natur und Umwelt definiert werden.[4]

Als Vertreterinnen des geschlechtsneutralen Ansatzes nennt Giese die Anthropologin Margaret Mead und die Soziologin Evelyne Sullerot, die jedoch ihre ursprünglich geschlechtsneutrale Haltung inzwischen teilweise revidiert haben.

Dagegen steht der geschlechtsspezifische Ansatz von Feministinnen wie Luce Irigaray und Julia Kristeva, die eine Konzeption des Weiblichen entwickeln, die die Determinante weibliche Natur einschließt.

Die Ansätze innerhalb des geschlechtsspezifischen Denkens teilt Giese in zwei Gruppen: »1. jene, die die weibliche Differenz betonen, ihr jedoch keinen explizit höheren Wert zubilligen; 2. die, die den Unterschied betonen und ihn positiv bewerten.«[5] Zur ersten Grup-

2 Vgl. Cornelia Giese: Gleichheit und Differenz, S. 43f.
3 ibid., S. 55.
4 Vgl. ibid., S. 61ff.
5 ibid., S. 71.

pe gehört Jean Baker Miller, die in ihrem Buch ›Die Stärke weiblicher Schwäche‹ Möglichkeiten aufzeigt, wie Frauen ihre Schwächen zu akzeptieren und besser damit umzugehen lernen. Außerdem gehört dazu Carol Gilligan, die in ›Die andere Stimme‹ auf die unterschiedlichen Moralvorstellungen von Frauen und Männern eingeht. Auch Anne Wilson Schaef befaßt sich in ›Weibliche Wirklichkeit‹ mit den verschiedenen geschlechtsspezifischen Lebenswelten.[6]

Der zweiten Gruppe gehört Luce Irigaray an, die mit ihrer ›Ethik der sexuellen Differenz‹ eine Umkehr der Wertigkeiten anstrebt; weiterhin Janice Raymond, die ›Frauenfreundschaft‹ als spezielle weibliche und qualitativ bessere Form der Zuneigung interpretiert. Außerdem gehören dazu die Mailänder Feministinnen, die mit dem Ansatz des *affidamento* in zweifacher Hinsicht differenzieren: zum einen zwischen den Geschlechtern und zum anderen verweisen sie auf die Differenz zwischen den Frauen.

Die Kritik wirft dem geschlechtsspezifischen Ansatz vor, auf patriarchale Dualismen fixiert zu sein und sich auf männlich vorgegebene Horizonte zu beschränken. Er berufe sich auf eine Natur der Frau, die mit der patriarchalen Definition der Frau als Natur verknüpft sei.[7] Giese selbst plädiert für einen radikal geschlechtsspezifischen Ansatz, der zum Ziel hat, den Frauen ihre Macht bewußt zu machen, den Vorteil der Gebärfähigkeit auch gesellschaftspolitisch auszunutzen und die patriarchal definierte Minderwertigkeit der Frau zu beseitigen.[8]

1.1. Das Problem der Geschlechterdifferenz in der Philosophie

Im Rahmen der patriarchalen Philosophie wurde und wird die Geschlechterdifferenz als Thema nicht problematisiert. Vielmehr wurde vor allem im Bereich der philosophisch-kulturellen Wissenschaften eine Differenz zwischen Frau und Mann immer geleugnet.

6 Cornelia Giese: Gleichheit und Differenz: S. 72ff.
7 Vgl. ibid., S. 47.
8 Vgl. ibid., S. 95.

Aber eigentlich ist der Geschlechtsunterschied im philosophischen Diskurs nicht ungedacht geblieben, von einer wirklichen Gleichheit wurde nie ausgegangen. Trotz der oberflächlich propagierten Gleichheit der weiblichen und männlichen Subjekte macht die Philosophie sehr wohl Unterschiede zwischen den Geschlechtern, die sie auch subtil umsetzt. Innerhalb der Philosophiegeschichte gibt es allerdings nur wenige konkrete Äußerungen zu diesem Thema, die sehr verstreut sind und von den Philosophinnen erst in mühsamer Kleinarbeit lokalisiert werden müssen.

Die Ursache für die Ignorierung des Geschlechterunterschiedes in der Philosophie erklärt Genevieve Fraisse mit den Grundsätzen der philosophischen Tradition. Da der Philosophie früher ein Ewigkeitscharakter zugeschrieben wurde, war die Geschlechtlichkeit des Menschen nicht relevant. Aber spätestens mit der Aufklärung wurde dieser Grund beseitigt, so daß sich die neuzeitliche Philosophie dieser Fehleinschätzung hätte bewußt werden müssen. Die Philosophinnen der Gruppe Diotima unterstützen diese Kritik, indem sie anführen, daß die Geschlechterdifferenz bereits im mythischen Bereich und der Kunst einen Ausdruck gefunden hätte. »Diese Tatsache deutet darauf hin, daß die sexistische Herrschaft für sich allein nicht jeden symbolischen Ausdruck der Geschlechterdifferenz verhindert hat; ihre Verarbeitung fehlt vor allem da, wo das menschliche Denken sich um den Wahrheitsbeweis bemüht.«[9]

So ist auch der Vorwurf berechtigt, die Philosophie hätte angesichts der männlichen Herrschaft keine entscheidenden und notwendigen Korrekturen vorgenommen. Deshalb sei, so Fraisse, auch die Ausgrenzung der Frau aus der Philosophie nicht auf die naive Annahme der Ungeschlechtlichkeit zurückzuführen, sondern sei Absicht.[10] Mit der Unterordnung des weiblichen Geschlechts unter

9 Cristina Fischer u. a.: Die Differenz der Geschlechter. In: Diotima: Der Mensch ist zwei, S. 33.

10 Vgl. Genevieve Fraisse: Zur Geschlechtlichkeit des Geschlechtsunterschiedes. In: Nagl-Docekal und Pauer-Studer (Hginnen): Denken der Geschlechterdifferenz, S. 96.

das männliche, das dann im gesellschaftlichen und politischen Leben dominiert, haben die Wissenschaften eine Lösung gefunden, die dem philosophischen Subjekt das Attribut des Eins-Seins verleiht und es von seinem geschlechtlichen Körper befreit.

Die italienische Philosophin Adriana Cavarero stellt fest, daß grundsätzlich zwei Wege offengestanden hätten: Zum einen hätte man das Frau- und das Mannsein als etwas Ursprüngliches denken können und beide als Dualität auffassen oder man hätte den Menschen als universales Neutrum definieren können, das auf keines der beiden Geschlechter bezogen ist; dann wäre auch keines im allgemeinen Neutrum Mensch enthalten und es würde weder für die Frau noch für den Mann eine vollständige Identifikationsmöglichkeit bieten.

Im Zuge der gesellschaftlichen und philosophischen Gleichsetzung von Mensch mit Mann ist die männliche Form verabsolutiert worden, wobei allerdings die Geschlechtlichkeit völlig ausgeblendet ist. Die Differenz, in der das Neutrum Mensch eigentlich besteht, wird ignoriert. Dadurch hat der Mann die Gleichsetzung von Mann- und Menschsein erreicht und kann sich mit dem universellen Neutrum identifizieren.[11]

Zwar wird allgemein behauptet, das Subjekt in der Philosophie sei geschlechtsneutral, doch wird bei genauerer Analyse deutlich, daß alle Begrifflichkeiten nur auf Männer und deren Realität zutreffen. Das Subjekt wird gemeinhin als Neutrum bezeichnet, da es das Universale kennzeichnet, in der Realität ist es jedoch männlich besetzt. Auch werden theoretisch zwei Geschlechter zugelassen, aber der Mann bleibt das Allgemeine, die Norm. Die Frau ist im Gegensatz dazu die Andere und wird negativ definiert, sie ist Nicht-Mann. Daraus ergibt sich, daß der universale Begriff Mensch im Prinzip für den geschlechtlichen Mann steht.

Es ist in erster Linie der Mann, der die Welt sagt und denkt. Er kann sie als Ganzes begreifen und sich selbst mit dem Sein identisch

11 Vgl. Adriana Cavarero: Ansätze zu einer Theorie der Geschlechterdifferenz. In: Diotima: Der Mensch ist zwei, S. 68ff.

fühlen. Aufgrund dieser Universalisierung des männlichen Geschlechts und der Gleichsetzung mit dem Neutrum Mensch ist es auch nicht mehr notwendig, das männliche Geschlecht zu benennen, denn außerhalb des von ihm Gedachten existiert nichts. Auf diese Weise hat sich der Mann auch die Sprache angeeignet, die als allgemeingültig und einzig mögliche propagiert wird.

Die Frau steht außerhalb dieser Definition. Sie hat keine eigene Sprache, sondern ist auf die angeblich neutrale Sprache der Männer angewiesen. Auch wenn sie über sich selbst spricht, kann sie dafür nur von Männern gedachte Begriffe verwenden und deren Darstellungen auf sich projizieren. Aus diesem Grund hält Cavarero auch den Begriff Muttersprache eigentlich für falsch, da wir alle die Sprache des Vaters sprechen.

Bedingt durch Sprach- und Identifikationsprobleme erreicht das philosophische Denken die Frauen als etwas Fremdes, etwas bereits Gedachtes, das nicht ihrem eigenen Denken entspricht. Sie kann sich nicht mit der Vorstellung von Weiblichkeit identifizieren, die in der Philosophiegeschichte tradiert wird. Da auch eine völlige Identifizierung mit dem männlichen Geschlecht ausgeschlossen ist, wird der Frau grundsätzlich der Bereich des Denkens verwehrt.[12]

Sichtbar wird der Ausschluß der Frauen an den in den Geisteswissenschaften entwickelten Begriffen von *homo politicus*, *oeconomicus* oder *rationalis*, die ausschließlich männliche Züge tragen und denen das Bild der Frau entgegengestellt wird. Elisabeth List hat einige Aspekte des *homo politicus* zusammengestellt; er ist »a) ein Vernunftwesen, b) von Natur aus in der Lage, als einzelner ein unabhängiges Leben zu fristen, einerseits aufgrund seiner Vernunftfähigkeit, aber auch c) durch den natürlichen Erwerb von Boden und Besitz.«[13] Dem entgegen steht das Bild »von der Frau als einem Wesen, das 1) aufgrund seiner ›natürlichen‹ Unterlegenheit nicht wie der Mann nach Macht und nach Unabhängigkeit, sondern nach Lie-

12 Vgl. Adriana Cavarero: Ansätze zu einer Theorie der Geschlechterdifferenz. In: Diotima: Der Mensch ist zwei, S. 72ff.

13 Elisabeth List: Homo Politicus – Femina Privata? In: Conrad und Konnertz (Hginnen):Weiblichkeit in der Moderne, S. 81f.

be und Unterwerfung strebt, das 2) nicht wahrhaft vernünftig ist, sich nicht von der Ratio, sondern von Gefühlen leiten läßt, das 3) infolge dessen auch kein Recht auf Eigentum erwirbt, sondern ökonomisch und politisch von anderen abhängig bleibt«.[14] Da die politische Mündigkeit von Kriterien abhängig gemacht wurde, die den Frauen nie zu- oder systematisch abgesprochen wurden, ist die gesellschaftliche Konsequenz eindeutig, die Frauen gelten nicht als mündige Bürgerinnen und sind politisch nicht handlungsfähig.

Der Gegensatz Individualität und Gemeinschaft ist ein Teil der bürgerlichen Gesellschaftsordnung, der auf den Gegensatz männlich/weiblich projiziert wird. Die Kultur identifiziert Männlichkeit in erster Linie mit Individualität, Selbstsicherheit, Kompetenz, Trennung und formaler Gerechtigkeit. Andererseits setzt sie Weiblichkeit mit gemeinschaftlichen-gefühlsmäßigen Beziehungen der Fürsorge, Hilfe und Kooperation gleich.

Die Analyse der Rolle, die den Frauen innerhalb der Philosophie zugeschrieben wird, ist der Ausgangspunkt verschiedener aktueller Ansätze zur Geschlechterdifferenz. Sie basieren auf der Feststellung, daß das Subjekt der Philosophie ein geschlechtliches ist, und daß sein Geschlecht männlich ist. Das erklärte Ziel dieser Theorien ist es, den Diskurs von der bestehenden Herrschaftsform zu befreien und den Frauen die Integration in den wissenschaftlichen Diskurs zu ermöglichen. Problematisch ist dieser Prozeß, da die Frauen ihr Wissen nicht einfach dem bestehenden Wissen beifügen können, denn der herrschende Diskurs kann die Verschiedenheit des Weiblichen gar nicht aufnehmen.

Wollten die Frauen an der Philosophie und anderen Wissenschaften teilhaben, mußten sie bisher ihr Geschlecht verleugnen und ihre eigenen Erfahrungen ausblenden. Daraus entstand eine Ungleichheit zwischen der wissenschaftlichen Arbeit und ihrer weiblichen Erfahrung. Diese Diskrepanz hat bislang dazu geführt, den Frauen die für

14 Elisabeth List: Homo Politicus – Femina Privata? In: Conrad und Konnertz (Hginnen):Weiblichkeit in der Moderne, S. 82.

die Wissenschaft notwendige Objektivität und Wissenschaftlichkeit abzusprechen. Das Frausein wurde als eine Behinderung gesehen, die überwunden werden mußte, um sich der männlichen Rationalität anzugleichen.[15]

Innerhalb der Diskussion der Geschlechterdifferenz müssen neue symbolische Formen aufgezeigt und spezielle weibliche Vermittlungsformen gefunden werden, die der weiblichen Erfahrung entsprechen und durch welche die Frau am wissenschaftlichen Arbeiten partizipieren kann.

1.2. Feministische Philosophie und Postmoderne

Die Theorie der Geschlechterdifferenz wird häufig in den Kontext postmoderner Philosophie gestellt; zum einen, da sich einige thematische Überschneidungen, wie die Kritik des neutralen Subjekts, aufzeigen lassen; zum anderen, da einige wichtige Vertreterinnen der Geschlechterdifferenz in den Kreis postmoderner oder poststrukturalistischer PhilosophInnen eingeordnet werden oder als deren Schülerinnen gelten (z. B. Irigaray oder Kristeva).

Die postmodernen oder poststrukturalistischen Theorien innerhalb der Philosophie sind für feministische Philosophinnen deshalb interessant, weil sie Themen wie Sprache, Subjekt oder die Wechselwirkung von Gesellschaft und Macht in den Vordergrund rücken. Man kann sagen, daß diese Theorien feministische und nicht-feministische Ansätze beinhalten, in denen zum Teil eine Ablehnung oder Feindlichkeit gegenüber den Feministinnen deutlich wird.

Zum Poststrukturalismus gehören vor allem die Sprachtheorien von Saussure oder Benveniste, Althussers Ideologietheorie, Lacans psychoanalytischer Ansatz, Derridas Theorie der *difference* und Foucaults Macht- und Diskurstheorie.[16] Der Begriff Postmoderne diente ursprünglich zur Beschreibung einer bestimmten ästhetischen

15 Vgl. Cristina Fischer u. a.: Die Differenz der Geschlechter. In: Diotima: Der Mensch ist zwei, S. 48ff.

16 Vgl. Chris Weedon: Wissen und Erfahrung, S. 25f.

Praxis und ist nun auf eine Gesellschaftstheorie umgewertet worden. Der postmodernen Philosophie werden vor allem drei große Themenkreise zugeordnet: sie verkündet provozierend den Tod des Subjekts, den Tod der Geschichte und den Tod der Metaphysik.

Unter dem Stichwort »Tod des Menschen (Subjekts)« wollen postmoderne DenkerInnen die essentialistische Auffassung vom Menschsein auslöschen und den Menschen als gesellschaftlich, geschichtlich und sprachlich geprägtes und definiertes Individuum bestimmen, nicht als transzendentales Wesen.[17] Im Gegensatz zu den humanistischen Vorstellungen von Subjektivität, die die bewußten und unbewußten Gefühle, die Eigenwahrnehmung des Individuums und sein Verhältnis zur Welt erfassen, steht die schwankende und widersprüchliche Subjektivität der Postmoderne. Das Subjekt befindet sich in einem ständigen Prozeß, sobald es spricht oder denkt. Die wesenhafte Subjektivität wird abgeschafft zugunsten einer Subjektivität, die von unserer Kultur und Gesellschaft produziert wird. Sie ist historisch erzeugt und erfaßt ein Spektrum von unterschiedlichen Diskursfeldern, in denen sie sich konstituiert. Auch das Individuum ist der Schauplatz verschiedener widerstreitender Subjektivitäten.[18]

Der Tod der Geschichte steht im engen Zusammenhang mit dem Tod des Subjekts, da die Geschichte in erster Linie Geschichte des Menschen ist. Sie trägt zur bestehenden Definition des Menschen bei und dessen Existenz bedingt ihren Wert.

Der Tod der Metaphysik wird für postmoderne DenkerInnen notwendig, da, wie sie feststellen, die westliche Philosophie das Ziel hat, die Welt zu beherrschen, indem sie ein absolutes System aufbaut, dem ein einheitliches, unveränderliches Wesen zugeschrieben wird. Im Gegensatz dazu sieht das postmoderne Denken die Philosophie als Repräsentation des Realen und ihre Aufgabe in der Hinterfragung von Wahrheitsansprüchen.[19]

17 Vgl. Seyla Benhabib: Feminismus und Postmoderne. In: Dies. u. a. (Hginnen): Der Streit um Differenz, S. 10.
18 Vgl. Chris Weedon: Wissen und Erfahrung, S. 49f.
19 Vgl. Seyla Benhabib: Feminismus und Postmoderne. In: Dies. u. a. (Hginnen): Der Streit um Differenz, S. 10f.

Auf der Grundlage ihrer Kritik an den Grundpfeilern der traditionellen Philosophie stehen auch die Parallelen zwischen feministischem und postmodernem Denken. Überschneidungen gibt es in erster Linie hinsichtlich des Subjektbegriffs. Innerhalb der feministischen Philosophie steht der Tod des Subjekts für die Entmystifizierung des männlichen Subjekts der Vernunft und die Einschreibung der geschlechtlichen Identität in den neuen Subjektbegriff.[20] Das universale rationale männlich/menschliche Subjekt wird in Frage gestellt, und die feministische Philosophie macht damit deutlich, daß das Subjekt keinen Alleinvertretungsanspruch für jedes Individuum erheben darf.

Ähnlich spricht auch der postmoderne Ansatz dem Subjekt seine Allgemeingültigkeit ab und bezeichnet es als Produkt des Diskurses. Er stellt fest, daß es müßig ist, nach einem Wesen des Menschen zu suchen, da so nur weitere Subjektdefinitionen entstehen würden, die wieder normiert werden und neue Ausschlußstrategien festschreiben. Es geht ihm vielmehr um die Untersuchung der Entstehungsbedingungen bestimmter Subjektbegriffe, die aus historischen und veränderlichen Zusammenhängen hervorgegangen sind.[21]

Der postmoderne Tod der Geschichte ist vergleichbar mit der Feststellung der Geschlechterdifferenz, die auch in der historischen Erzählung relevant ist und bei konsequenter Berücksichtigung eine Umschreibung der gesamten Geschichte und Gegenwart bedeuten würde. Der Tod der Metaphysik korreliert mit der feministischen Skepsis gegenüber den Ansprüchen einer transzendentalen Vernunft. Sie sieht den Menschen nicht als übergeschichtlich und transzendental, sondern als gesellschaftliches, geschlechtliches und politisches Wesen.[22]

20 Vgl. Seyla Benhabib: Feminismus und Postmoderne. In: Dies. u. a. (Hginnen): Der Streit um Differenz, S. 11.

21 Vgl. Ruth Seifert: Entwicklungslinien und Probleme der feministischen Theoriebildung. In: Knapp und Wetterer (Hginnen): Traditionen – Brüche, S. 272.

22 Vgl. Seyla Benhabib: Feminismus und Postmoderne. In: Dies. u. a. (Hginnen): Der Streit um Differenz, S. 11ff.

Ein zentrales Element der postmodernen Philosophie ist die Sprachkritik. Das aus den Überresten des neutralen universalistischen Subjekts entstandene labile Individuum ist ein im Prozeß befindliches Subjekt, das in erster Linie durch seine Sprache bestimmt ist. Dabei wird auch von seiten des feministischen Poststrukturalismus der Sprache keine eigentliche Bedeutung zugeschrieben, sie entsteht erst durch die diskursive Anwendung der Sprache. Dabei können widersprüchliche Interpretationen entstehen, die auch unterschiedlichen Interessen dienen. Die Sprache selbst kann deshalb auch keine gesellschaftlichen Auswirkungen haben, diese entstehen nur durch die Handlungen der Individuen. Diskurssysteme dienen dazu, der Welt eine Bedeutung zu geben und gesellschaftliche Institutionen zu gestalten. Diskurs ist somit ein Strukturprinzip der Gesellschaft.[23]

Die Sprache wird als Ort der gesellschaftlichen Organisation und der Konstitution des Subjekts verstanden. Damit ist klargestellt, daß Subjektivität nicht angeboren ist, sondern ein gesellschaftliches Produkt. Das Subjekt ist nicht mehr einheitlich und rational, sondern der Ort von Konflikten und Veränderlichkeit.

Dem feministischen Postmodernismus geht es vor allem, auch bei der Analyse der Sprache, um das Erfassen von Machtverhältnissen. Soziale Bedeutungen, gesellschaftliche Praktiken und Veränderungen haben ihren Ausdruck in der Sprache. Sprache kann den herrschenden Interessen dienen oder Machtbeziehungen in Frage stellen.[24]

Allerdings fehlt der postmodernen Philosophie die konkrete Auseinandersetzung mit den weiblichen Begriffen von Subjekt- und Menschsein; sie hebt, ähnlich wie die traditionellen Ansätze, meist auf ein ungeschlechtliches Subjekt ab. Außerdem widersprechen sich Feminismus und Postmoderne im Hinblick auf die Radikalität der Dekonstruktion, auf die Infragestellung des Selbst, auf die Kritik der Macht und der verallgemeinernden Strukturen wie Sprache und Wis-

23 Vgl. Chris Weedon: Wissen und Erfahrung, S. 51ff.
24 Vgl. ibid., S. 34f.

sen. Im Gegensatz zur feministischen hat die postmoderne Philosophie nicht das Ziel, im Interesse der Frauen zu philosophieren.[25]

1.3. Feministische Theorien zur Geschlechterdifferenz

Im Rahmen einer feministischen Untersuchung der Geschlechterdifferenz innerhalb der Philosophie gibt es verschiedene Vorgehensweisen. Für einige Philosophinnen liegt der Ansatzpunkt darin, Äußerungen und Auswirkungen der männlichen Herrschaft über die Frauen sichtbar zu machen. In detaillierten Analysen weisen sie Frauenfeindlichkeit oder die selten vorhandene Frauenfreundlichkeit verschiedener Philosophen nach. Dabei geht es ihnen in erster Linie darum, aufzuzeigen, wie die Frau als Subjekt aus dem philosophischen Diskurs, auf mehr oder weniger subtile Weise, ausgeschlossen wurde und wird. In diesem Kontext stehen die Arbeiten von Sarah Kofmann zu dem Philosophen Jean-Jacques Rousseau. Dazu gehört auch Ursula Pia Jauchs Untersuchung zum Thema ›Kant und das Problem der Geschlechterdifferenz‹, in der sie zu dem Schluß kommt, daß der kantischen Philosophie eine implizite Auseinandersetzung mit dem Thema der sexuellen Differenz zugeschrieben werden könne.

Eine andere Form der Kritik an der traditionellen Philosophie übt Nancy Jay in ihrem Aufsatz ›Geschlechterdifferenz und dichotomes Denken‹. Darin analysiert sie die Position der Frau anhand der zentralen Regeln der Logik. Grundlage sind drei logische Regeln, die sie auf die Gesellschaftsstruktur anwendet: »der Satz der Identität (wenn etwas A ist, dann ist es A), der Satz des Widerspruchs (nichts kann zugleich A und Nicht-A sein) und der Satz vom ausgeschlossenen Dritten (alles muß entweder A oder Nicht-A sein).«[26] Jay geht

25 Vgl. Ann Garry und Marilyn Pearsall: Introduction. In: Dies. (Hginnen): Women, Knowledge, and Reality, S. 2f.

26 Nancy Jay: Geschlechterdifferenzierung und dichotomes Denken. In: Schaeffer-Hegel und Watson-Franke (Hginnen): Männer, Mythos, Wissenschaft, S. 249.

davon aus, daß auch die Gesellschaft dichotom organisiert ist und deshalb die Unterscheidung A/Nicht-A auf sie angewendet werden kann.

Die patriarchale Gesellschaft definiert selbstverständlich die Männer als A und die Frauen als Nicht-A. So spiegelt sich die logische Dichotomie A/Nicht-A in den patriarchalen Dualismen Mann/Frau, stark/schwach, aggressiv/gefühlsbetont, rational/irrational wider. Die Frau gilt als Andere, als Gegensatz des Mannes, von manchen Philosophen wird sie auch als geringerer oder minderwertigerer Mann bezeichnet.

Problematisch ist diese A/Nicht-A-Differenzierung vor allem, da durch die Gleichsetzung von Mann mit A alles andere Nicht-Mann ist, zum Beispiel Frauen, Kinder, Pferde usw. Jay macht diesen Vorgang an einem Beispiel deutlich: Die A/B/C-Unterscheidung Männer/Frauen/Kinder ist legitim; wird daraus die Dichotomie Männer/Frauen+Kindern, eröffnet sie eine unendliche Negation. Als gemeinsames Merkmal von Frauen und Kindern tritt hier das Nicht-Mann-Sein auf, das sie mit allem Nicht-Mann-Seienden auf eine Ebene stellt. Auf diese Weise wird die Frau als gleichwertiges Subjekt völlig ausgelöscht und nur noch als Negativbild des Mannes definiert.[27]

Die feministische Kritik hat festgestellt, daß auf der Grundlage eines patriarchalen, neutralen und universalen Denkens die Theorie der Geschlechterdifferenz nicht möglich ist. Ihr geht eine Kritik des Universalismus voraus, wie sie Carol Gould in ihrem Artikel ›The Woman Question‹ entwickelt hat. Sie bezeichnet den patriarchalen Universalismus als abstrakt, da er die Aufgabe hat, durch die Gleichsetzung von Mann und Mensch von der Unterscheidung der Geschlechter zu abstrahieren und dadurch die Frauenfrage aus der Philosophie auszuschließen.

27 Vgl. Nancy Jay: Geschlechterdifferenzierung und dichotomes Denken. In: Schaeffer-Hegel und Watson-Franke (Hginnen): Männer, Mythos, Wissenschaft, S. 250ff.

Durch eine Neuinterpretation des universalistischen Ansatzes will Gould auch die Differenz integrieren. Sie nennt ihren Ansatz konkrete Universalität, da er auch kritische Fragen und die Frauenfrage miteinschließt.

Differenzierungen sind für die konkrete Universalität substantiell, dadurch wird die Geschlechterdifferenz systematisch interpretiert und den einzelnen Personen zugeordnet. Dem konkreten Universellen werden keine festgelegten Inhalte zugeschrieben, sondern es hängt von der Zeit, von der Geschichte und der Gesellschaft ab, in der es situiert ist. Aus diesem Grund kann sich das Universelle verändern und erweitern.

Im Konzept des konkreten Universalismus ist die Gesellschaft auf der Grundlage sozialer Differenzen konstituiert, und auch das Frausein ist keine abstrakte Zuschreibung mehr, sondern wird durch die Beziehungen zwischen Individuen innerhalb der Gesellschaft definiert.

Die konkrete Universalität bezieht sich auf einen je bestimmten historischen Moment und berücksichtigt die Beziehungen und Hintergründe, die dazu geführt haben. Dadurch wird sie als ein Prozeß verstanden, in dem vergangene Veränderungen erfaßt werden und weitere möglich sind.[28] Auf der Grundlage des konkreten Universalismus könnte die Philosophie auch selbstkritisch sein und Vorurteile und ideologische Verzerrungen korrigieren.

1.4. Das weibliche Subjekt

Ein zentrales Element innerhalb der Theorie der Geschlechterdifferenz ist der feministische Begriff einer weiblichen Subjektivität und damit verbunden die Entmachtung des »neutralen« männlichen Subjekts.

Die feministische Auseinandersetzung mit dem Begriff des weib-

28 Vgl. Carol Gould: The Woman Question. In: Dies. (Hgin): Woman and Philosophy, S. 25ff.

lichen Subjekts geht zurück auf den philosophischen Diskurs der siebziger und achtziger Jahre, in dem die Postmoderne den Tod des transzendentalen Subjekts verkündete. Seither gibt es innerhalb der feministischen Philosophie Bestrebungen, einen fruchtbaren Neuansatz zu finden, der sich von alten Begrifflichkeiten löst. Momentan können dazu zwei Hauptrichtungen ausgemacht werden: Die eine ist hauptsächlich im anglo-amerikanischen Raum zu finden. Sie ist von neomarxistischen Ansätzen geprägt und versucht auf dem Hintergrund der Psychoanalyse die weibliche Subjektivität positiv zu bestimmen. Die andere hat den Poststrukturalismus zur Grundlage und versucht, daraus eine neue Konzeption des weiblichen Subjekts zu entwickeln.[29] Ausgangspunkt beider Richtungen ist es, die falsche Neutralität des Subjekts innerhalb der Philosophie aufzudecken und den Subjektstatus der Frau anzuerkennen.

Die Problematik des weiblichen Subjekts im patriarchalen Denken thematisiert Brigitte Weisshaupt in ihrem Artikel ›Selbstloses Selbstsein‹. Sie bestimmt das philosophierende Subjekt als reflektierendes, da sich Denken in der Philosophie in erster Linie auf ein Selbst beziehe. So geht es bei der Vernunft immer um das Subjekt der Vernunft und um die Frage nach dessen Selbstbewußtsein.

Die Identität einer Person basiert dabei auf der Unterscheidung zu anderen und dem gegenseitigen Anerkennen dieser Unterscheidung und der Identität. Dadurch ist Selbstidentität nur innerhalb von Kommunikation und Interaktion möglich. Dem patriarchalen Denken macht Weisshaupt den Vorwurf, den Frauen die Möglichkeit zur Selbstidentität abgesprochen zu haben, indem es die Selbstlosigkeit zum weiblichen Wert erklärt hat.

In der Definition der *Selbst-Losigkeit* unterscheidet Weisshaupt zwischen dem selbst-losen Sein als Vorstufe der Entwicklung zum Selbstsein und der ethischen Haltung einer Person, die zwar ein Selbst ausgebildet hat, es aber zugunsten der anderen zurückstellt.

29 Vgl. Einleitung. In: Die Philosophin 4 (1991), S. 5.

Auf die Bestimmung der Frau treffen beide Formen zu.[30] Das selbstlose Sein der Frau bestimmt auch ihre gesellschaftliche Realität. Da sie keine eigene Identität besitzt, braucht sie den Mann als Schutz und als sekundäre Identität. Zugleich dient die Selbst-Losigkeit als Flucht vor dem Selbstbewußtsein und der damit zusammenhängenden Entscheidungsfähigkeit.[31]

Einen Ansatz zur Entwicklung eines weiblichen Subjektbegriffs entwirft Charlotte Annerl in ihrer Arbeit ›Das neuzeitliche Geschlechterverhältnis‹. Er basiert auf der grundsätzlichen Unterscheidung zwischen dem *geschichtlich-realen* und dem *philosophisch-idealen* Subjekt. Das philosophische Subjekt versteht sie als eine idealtypische Konstruktion, die aus dem zweckrationalen Handeln entwickelt wurde und die zunehmende Rationalisierung in der Gesellschaft verkörpert. »Der Mensch als philosophisch-ideales Subjekt ist ohne Einschränkung gleich, das heißt, er bestimmt sich über die gleiche abstrakte Freiheit, nach selbstgesetzten Zwecken zu handeln.«[32] In diesem Rahmen ist die Subjektwerdung an keine kulturellen oder natürlichen, also auch an keine geschlechtlichen Voraussetzungen gebunden.

Den Gegenpol dazu bildet das reale Subjekt. Es steht im realgeschichtlichen Bezug, wodurch es sich vom idealtypischen unterscheidet. Seine Identität bildet es aus der Mischung von verschiedenen Elementen, dazu gehören bestimmte Lebensformen, individuelle Neigungen und Bedürfnisse. Im Gegensatz zum idealtypischen sieht Annerl dieses Subjekt nicht als geschlechtsneutral, vielmehr fallen hier Subjekt und Mann zusammen, was auch realgeschichtlich der Fall ist.

Die Frau findet in diesem Subjektbegriff keine Möglichkeit der Identifizierung. Sie befindet sich in einem kulturellen Vakuum, da sie sich zwar mit der männlich geprägten Tradition konfrontiert sieht, es

30 Vgl. Brigitte Weisshaupt: Selbst-loses Selbstsein. In: Krüll (Hgin):Wege aus der männlichen Wissenschaft, S. 57ff.

31 Vgl. ibid., S. 66f.

32 Charlotte Annerl: Das neuzeitliche Geschlechterverhältnis, S. 155f.

jedoch keine Alternative in Form einer weiblichen Subjektkultur gibt.[33]

Die weibliche Subjektwerdung stößt auf ein weiteres Problem, sollte die Frau sich als eigenständiges Selbst verwirklichen. Dann steht sie nämlich, so stellt Annerl fest, als weibliches Konkurrenzsubjekt dem subjekthaften Mann gegenüber. Diese Situation ist vor allem im Kontext der Subjekt-Objekt-Spaltung problematisch, die einen Grundpfeiler der patriarchalen Philosophie bildet. Denn wenn die Frau auch den Subjektstatus für sich beansprucht, müßte, innerhalb dieser Dichotomie, der Mann zum Objekt werden.

Die feministische Philosophie schlägt dazu andere Alternativen vor: Entweder müßten alle Menschen Subjekte werden, oder Frau oder Mann manchmal Objekt und manchmal Subjekt sein. Durch die Integration der Frau in die Welt der Subjekte könnte eine neue Dimension des Subjektseins entstehen, in der weibliche und männliche Eigenschaften nebeneinander bestehen würden. Allerdings dürfen dabei die weiblichen Eigenschaften nicht als sinnvoller Ausgleich zu den männlichen gesehen werden. Annerl kritisiert einen solchen Ansatz als biologistisch, da er von einer Natur der Frau als Gegenpol der männlichen Natur ausgehe und damit auf eine Ebene mit den männlichen Weiblichkeitstheorien zu stellen sei.[34]

Für Annerl ergibt sich aus der Problematik der weiblichen Subjektwerdung folgende Fragestellung: »Läßt sich in logisch-konsistenter Weise der Begriff eines zukünftigen Subjekts konstruieren, in dem Subjektseigenschaften mit Merkmalen der Lebensform zu einer Einheit verbunden sind? Mit anderen Worten, läßt sich der männliche Typus der zweckrationalen mit dem weiblichen Typus der traditional-formhaften Handlung zu einer neuen Handlungsart verbinden?«[35] Das Ergebnis könnte ein androgynes Subjekt sein, das zwar

33 Vgl. Charlotte Annerl: Das neuzeitliche Geschlechterverhältnis, S. 157.
34 Vgl. ibid., S. 159ff.
35 ibid., S. 165.

eine Aussöhnung zwischen Subjekt und Lebensform bedeuten würde, sich jedoch letztlich als feministische Utopie erweist.

Um aber die Ernsthaftigkeit des weiblichen Subjektstatus nicht zu gefährden, so Annerls Fazit, müsse ein philosophischer Ansatz der Differenz entwickelt werden, der nicht nur auf das Denken, sondern auch auf das Handeln reflektiert. Sonst laufe die Philosophie Gefahr, den weiblichen Handlungsverlust zu unterstützen, der immer noch versucht, die Frau als Idealtypus aus der Handlung zu verdrängen.

Insgesamt geht Annerl davon aus, daß die modernen Frauen bereits größtenteils Subjekt sind und ebenso wie die Männer in einer existentiellen Situation stehen. Aber das hieße noch lange nicht, daß Frauen auch gesellschaftlich erfolgreiche Subjekte seien, denn sie werden immer noch in ihrer Entscheidungsfreiheit eingeschränkt und behindert. Dennoch schaffen es viele Frauen, ihr Leben weitgehend in den Kategorien des Subjekts zu erfassen und nach selbstgesetzten Zwecken zu handeln.[36]

Auf dem Hintergrund der Kritik des weiblichen Selbstverständnisses entwirft Christa Schneider in ihrem Artikel ›Einige Bemerkungen zur Selbstbestimmung von Frauen‹ einen weiteren Ansatz zum weiblichen Subjektbegriff. Sie fordert darin die Frauen auf, ein weibliches Selbstbewußtsein zu entwickeln und sich nicht mehr als Gegenstück oder Ergänzung des Mannes zu begreifen, sondern sich selbst von ihren eigenen Gefühlen und Erfahrungen leiten zu lassen. Dazu müssen die Frauen allerdings ihre Rolle als Spiegelbild des Mannes zerstören und ihren eigenen Subjektstatus beanspruchen.

Der wichtigste Schritt in Schneiders Modell der weiblichen Selbstwerdung ist es, sich nicht mehr aus der Negativität zum Mann heraus zu begreifen. Die Frau dürfe sich nicht über eine Definition als Subjekt oder Objekt identifizieren, sondern nur über ihre innere und äußere Lebenssituation und müsse sich klar sein über deren Veränderbarkeit. »Das Selbstbewußtsein einer Person definiert sich durch

36 Charlotte Annerl: Das neuzeitliche Geschlechterverhältnis, S. 170ff.

das Wissen um die Summe ihrer Eigenschaften, wobei die Eigenschaften die Gleichheit verschiedener Zustände in der Zeit bedeuten.«[37] Weibliches Selbstbewußtsein entsteht dann durch die Bewußtmachung der Zustände und deren Wiederholung, wodurch sie sich durch Eigenschaften verdichten.[38] Schneider beschreibt das so entstandene weibliche Selbstbewußtsein als die Bejahung oder Verneinung der eigenen Existenz.

Entscheidend für die Bestimmung des Selbst ist für Schneider die Sprache, denn das Selbst konstituiert sich erst durch die Möglichkeit des Sprechens. »Die Sprache ist eine Objektivation, durch die Sinn und Bedeutung vermittelt werden. Sprache transzendiert das Hier und Jetzt, spezifische Erlebnisse und allgemeine Sinnordnungen.«[39] Aufgrund der Bedeutung der Sprache für die Entwicklung des Subjekts kommt Schneider zu dem Schluß, daß Selbstbewußtsein in dem Maß entsteht, wie sich Frauen ihrer Sprachfähigkeit bewußt werden.

Auf dem Hintergrund der Sprachkritik stehen auch die Forderungen der Philosophinnen aus der Gruppe Diotima, die kritisieren, daß das patriarchale System keine adäquaten Ausdrucksformen für die weiblichen Erfahrungen bietet. Die Sprache, die wir sprechen, ist nicht unsere Sprache. Frauen werden gezwungen, in einer ihrem Wesen fremden Form zu sprechen und zu denken. Aus diesem Grund können sie sich auch nicht durch sich selbst, sondern nur durch andere definieren.[40] Auf der Suche nach eigenen Ausdrucksformen bedienen sich viele Frauen der Schrift. Sie verstehen die Schrift als Trost und Kompensation dafür, daß ihnen der Umgang mit der männlichen Sprache schwerfällt und sie sich gegen die Macht des Logos auflehnen müssen.[41]

37 Christa Schneider: Einige Bemerkungen zur Selbstbestimmung von Frauen. In: Bendkowski und Weisshaupt (Hginnen): Was Philosophinnen denken, Band I, S. 105.

38 Vgl. ibid., S. 104f.

39 ibid., S. 108.

40 Vgl. Adriana Cavarero: Ansätze zu einer Theorie der Geschlechterdifferenz. In: Diotima: Der Mensch ist zwei, S. 72.

41 Vgl. Wanda Tommasi: Die Versuchung des Neutrums. In: Diotima: Der Mensch ist zwei, S. 117.

Da den Frauen aber nur die bestehende patriarchale Sprache zur Verfügung steht, um ihre Erfahrungen auszudrücken, haben einige Philosophinnen es sich zur Aufgabe gemacht, Ansätze zu einer Neuformulierung der Sprache zu entwickeln. Es gibt deshalb die Auffassung, eine androgyne Sprache sei notwendig, in der die Geschlechterdifferenz aufgenommen werden könnte. Allerdings würden die Verschiedenheiten durch eine solche Sprache gleichzeitig wieder aufgehoben. Einige französische Philosophinnen, wie Luce Irigaray oder Hélène Cixous haben aus diesem Grund eigene Sprachformen geprägt, in denen sie sprachlichen Abweichungen, Füllwörtern oder Leerstellen neue Bedeutungen geben. Damit wollen sie einen weiblichen Diskurs konzipieren, der dem männlichen gleichgestellt werden kann.[42]

1.5. Frauen unter sich – affidamento

Eine wichtige Theorie zur Differenz nicht nur zwischen den Geschlechtern wurde mit dem Begriff des *affidamento* entworfen. Er basiert auf dem Prinzip der Ähnlichkeit und der Differenz zwischen Frauen und problematisiert deren Interaktion. Dieses Konzept zur Geschlechterdifferenz wurde von Mailänder Feministinnen entwickelt, die damit der patriarchalen Minderbewertung der Frau entgegentreten wollten. Es ist ihr Ziel, die weiblichen Werte wiederzuentdecken. Die Frauen sollen neues Selbstvertrauen aufbauen, die Solidarität untereinander stärken und die gegenseitige Vielfalt anerkennen; eine Voraussetzung für die Umsetzung der Geschlechterdifferenz.

Unter den italienischen Feministinnen ist dieser Ansatz sehr populär, er wurde auch von den Philosophinnen der Gruppe Diotima, die sich 1983 in Verona konstituiert hat, aufgenommen und weiterentwickelt. Mit dem Konzept des affidamento geht es den italie-

42 Vgl. Cristina Fischer u. a.: Die Differenz der Geschlechter. In: Diotima: Der Mensch ist zwei, S. 51.

nischen Feministinnen darum, einen größeren Einfluß auf die Entwicklung der Frauen zu nehmen und sie zur Verwirklichung ihrer persönlichen Freiheit anzuleiten. Dazu wenden sie das Prinzip des affidamento auf unterschiedliche Lebensbereiche, innerhalb der Pädagogik und in der rechtlichen Vertretung von und für Frauen an.

Im Vordergrund des affidamento steht die Ausbildung der weiblichen Subjektivität, als deren Bedingungen Selbsterkenntnis und Selbstidentifikation bezeichnet werden. Dadurch soll die Möglichkeit geschaffen werden, daß Frauen sich nicht als Person auslöschen, sondern das Spezifische ihrer selbst entdecken. »Die andere, die ich dennoch bin, ist in meiner gegenwärtigen Erfahrung des Getrenntseins vorhanden, indem ich diese Erfahrung benenne, benenne ich die Ursprünglichkeit meines die *andere*-Seins als das, was sich trotz der Auslöschung bewahrt hat und damit als das, was eine Selbstdarstellung nur in der Form finden kann, in der es sich bis jetzt bewahrt hat.«[43]

Neben der Problematik der Geschlechterdifferenz reflektiert der Ansatz des affidamento auch auf die Differenz zwischen den Frauen. Er kritisiert, daß das Anderssein der Frau im Patriarchat teilweise aufgehoben wird durch die Beziehung zu anderen Frauen. Es dürfe jedoch nicht von einer Gleichheit unter allen Frauen ausgegangen werden, um eine gemeinsame Basis herzustellen, sondern nur von einer Ähnlichkeit. Ähnlich sind wir uns nicht nur durch unser gemeinsames Geschlecht, sondern auch durch unser gemeinsames Schicksal des Andersseins innerhalb einer ungedachten Geschlechterdifferenz.[44]

In ihrem Buch ›Wie weibliche Freiheit entsteht‹ haben die Frauen vom Mailänder Frauenbuchladen eine Genealogie der italienischen Frauenbewegung und des affidamento beschrieben. Eine wichtige Anregung für die Mailänderinnen waren die französischen Frauen der Gruppe *psych et po* (Psychoanalyse et Politique), die im Gegen-

43 Adriana Cavarero: Ansätze zu einer Theorie der Geschlechterdifferenz. In: Diotima: Der Mensch ist zwei, S. 87.

44 Vgl. ibid., S. 96.

satz zu den üblichen Frauengruppen interne Machtstrukturen nicht völlig ablehnten, sondern eine Führerin mit Autorität und Charisma akzeptierten. Dazu kam die Feststellung, daß die Beziehungen zwischen Frauen in der männlichen Vorstellungswelt nicht existieren, und die Zielsetzung, durch die Praxis solcher Beziehungen die Welt zu verändern. Im Rahmen ihrer neuen Frauenbeziehungen diskutierten die Französinnen alle Bereiche des Mensch- und Frauseins. Dazu gehören für sie vor allem die Themen Körper und Geist, aber auch Geld und Macht.[45]

Auch den Mailänderinnen ging es in erster Linie um die Entwicklung neuer Frauenbeziehungen, denen sie Sinn und Wert verleihen wollten. Diese Zielsetzung haben sie dem Konzept des affidamento vorangestellt.

Der Begriff *affidamento* kann wörtlich mit Vertrauen oder An-Vertrauen übersetzt werden. Grundlegend sollen die Frauen sich darin gegenseitig als Verbindung zur Welt betrachten und sich ein Mehr an Wissen zugestehen. Als Lehrmeisterinnen vermitteln die Frauen sich gegenseitig die Fähigkeit, ihr Leben selbst zu entwerfen und den weiblichen Lebenszusammenhängen mehr Bedeutung zu geben.[46] Das Prinzip des affidamento bietet praktische Anregungen für die Beziehungen zwischen den Frauen und wird als Bedingung des liebenden Umgangs, der allein auf der Grundlage der gegenseitigen Anerkenntnis und des Respekts basiert und keine traditionellen Autoritätssysteme zuläßt. Dabei beinhaltet das Konzept des affidamento eine aktive Solidarität unter den Frauen und den gemeinsamen Kampf gegen patriarchale Mechanismen.

Das affidamento wird verstanden als Allianz zwischen einer alten und einer jungen Frau. Dabei bedeutet die ältere Frau als Lehrerin ein Mehr an Wissen und Weisheit für die Schülerin. Dieses Mehr ist eine irreduzible Differenz, da es für einen Erfahrungsschatz und für ein

45 Vgl. Libreria delle donne di Milano: Wie weibliche Freiheit entsteht, S. 48.
46 Libreria delle donne di Milano: ...Nicht glauben, Rechte zu haben. In: Deuber-Mankowski u. a. (Hginnen): 1789/1989 – Die Revolution hat nicht stattgefunden, S. 255f.

Frausein steht, das dem Mannsein weder untergeordnet noch angeglichen werden kann.[47] »Wir können die Ungleichheit sehen und benennen, denn wir verlassen uns darauf, daß der Mangel, den eine Frau einer anderen gegenüber empfindet, sie zu einem Mehr an weiblichem Ursprung hinführt, zu einem Mehr, zu dem auch sie fähig ist und das sich bei ihr eben in dieser Erfahrung des Mangels zeigt.«[48] Die Beziehung zwischen beiden Frauen wird als horizontales und schwesterliches Verhältnis verstanden, durch das die im Patriarchat üblichen vertikalen und autoritären Beziehungen ersetzt werden sollen.

Die Lehrerin unterstützt die lernende Frau auf der Suche nach ihrer eigenen Identität. Dabei müssen die Lehrmeisterinnen als positive weibliche Autorität anerkannt werden. »Der weibliche Geist ohne symbolischen Bezugsrahmen ist furchtsam. Er findet sich unvorhersehbaren Ereignissen ausgeliefert, alles stürzt von außen auf den Körper ein. Aber Sicherheit bekommt eine Frau nicht durch Gesetze und nicht durch Rechte. Unverletzbar wird eine Frau, wenn sie ihre Existenz von sich selbst ausgehend entwirft und innerhalb sozialer weiblicher Lebenszusammenhänge Stabilität gewinnt.«[49]

Die Gegenseitigkeit der Beziehung zwischen Lehrmeisterin und Lernender besteht darin, daß die jüngere Frau das, was sie von der älteren bekommen hat, auch anerkennt und bezahlt, denn nur so kann sie es sich wirklich aneignen. Sie hat eine symbolische Schuld ihrer Lehrerin gegenüber, die sie öffentlich einlösen muß. So ist die Beziehung des affidamento in erster Linie eine soziale Beziehung, die von den Mailänderinnen zum Inhalt ihres politischen Projekts gemacht wurde.[50]

Die Theorie des affidamento basiert auf zwei tragenden Achsen, die zum einen aus der dialektischen Beziehung der Frauen untereinander und zum anderen aus dem politischen Anspruch bestehen. Die

47 Vgl. Libreria delle donne di Milano: Wie weibliche Freiheit entsteht, S. 146f.
48 ibid., S. 130.
49 ibid., S. 25f.
50 Vgl. ibid., S. 155f.

Mailänderinnen sehen die Anerkennung der Unterschiede zwischen den einzelnen Frauen als Grundlage der Akzeptanz der Geschlechtsunterschiede. Sie verstehen die Strategie des affidamento als politische Frage, die auch die Grundlage für die Freiheit der Frauen darstellt.[51]

Der erste Schritt in der politischen Arbeit ist es, die in der Gesellschaft herrschende Symbolik sichtbar zu machen und zu verdeutlichen, daß sie den Charakter des männlichen Geschlechts hat. Im nächsten Schritt soll dem weiblichen Geschlecht Legitimität verliehen und den Frauen zu einer aktiven Teilhabe an der Gesellschaft verholfen werden. Dazu ist eine Arbeit am Symbolischen notwendig, die darin besteht, neue Figuren zu entwerfen, »welche aus der Zugehörigkeit zum weiblichen Geschlecht die gesellschaftliche Legitimierung für alle Freiheit machen, die eine Frau für sich will.«[52]

Die erste Figur, die von den Mailänderinnen entworfen wurde, war die *symbolische Mutter*. Sie wird für eine Frau von einer oder mehreren anderen Frauen verkörpert, die sie innerhalb der Welt unterstützen. Die Figur der symbolischen Mutter ist orientiert an der Bedeutung, welche die reale Mutter im Leben der meisten Frauen einnimmt und an der Rolle, die sie als Mentorin einnehmen könnte. »In diesem Sinn ist die Beziehung des affidamento mehr als eine bestimmte Politik oder eine persönliche Entscheidung. Über diese, wenn auch richtigen Aspekte hinaus, ist sie in einem tieferen Sinn die Wiederherstellung der Größe der Mutter durch die Frauen und die Gründung einer gesellschaftlichen Autorität der Frauen.«[53]

Die symbolische Mutter ist die Figur des Ursprungs, sie trägt das Zeichen des weiblichen Geschlechts und kann andere Frauen dazu anleiten, über ihre Pläne und Ansprüche hinauszugehen. Sie ist notwendig, da sie eine Vermittlung unter weiblichen Vorzeichen gewährleistet. Unter einem neutralen Vorzeichen könnte der Wert der Mutter nicht vermittelt und sinnvoll umgesetzt werden.[54]

51 Vgl. Libreria delle donne di Milano: Wie weibliche Freiheit entsteht, S. 26.
52 ibid., S. 125.
53 ibid., S. 180.
54 Vgl. ibid., S. 133.

Beispiele für symbolische Mütter fanden die Frauen zuerst in der Literatur. Lieblingsautorinnen waren dabei Jane Austen, Emily und Charlotte Brontë, Elsa Morante, Gertrude Stein, Silvia Plath, Ingeborg Bachmann, Anna Kavan, Virginia Woolf und Ivy Compton-Burnett.

Mit ihrem Ansatz der Geschlechterdifferenz wollen die Mailänderinnen auch die zur Zeit praktizierte Politik der Gleichberechtigung der Frau in Frage stellen, die sie als abstrakt und widersprüchlich wahrnehmen. Sie wollen die sexistische Unterdrückung aus der Position der weiblichen Freiheit heraus bekämpfen, die durch die sozialen Beziehungen zwischen den Frauen entstanden ist.

Beispiel dafür ist die Anwendung des affidamento in pädagogischen Projekten und die *Praxis des Prozesses*, welche die Italienerinnen für die Rechtsprechung entwickelt haben. »Diese Modalität ist die vorrangige Beziehung einer Frau zu anderen Frauen und die symbolische Einschreibung dieser Beziehung in die Sprache des Rechts.«[55]

Im Kontext des bestehenden Gerechtigkeitsbegriffs läßt sich die Ungleichheit der Frauen, wie sie im affidamento gesehen wird, nicht erfassen, da sie auf eine grundlegendere Ebene, die der sexuellen Differenz, zurückgeht.[56] Die Mailänderinnen definieren Gerechtigkeit als etwas, das die Frauen selbst herstellen müssen, indem sie von ihren eigenen Beziehungen ausgehen. Dabei ist es wichtig, daß Frauen sich weibliche Anwältinnen wählen und so die gegenseitige Kompetenz respektieren. Es soll eine Praxis des weiblichen Rechts produziert werden, das auf das weibliche Geschlecht und seine Genealogie zurückgeht.

55 Libreria delle donne di Milano: ...Nicht glauben, Rechte zu haben. In: Deuber-Mankowski u. a. (Hginnen): 1789/1989 – Die Revolution hat nicht stattgefunden, S. 259.

56 Vgl. Libreria delle donne di Milano: Wie weibliche Freiheit entsteht, S. 162f.

2. *Luce Irigaray und die ›Ethik der sexuellen Differenz‹*

Luce Irigaray ist eine der wichtigsten Vertreterinnen der Theorie der Geschlechterdifferenz und gehört der Richtung des französischen Poststrukturalismus an. Die Philosophin kommt aus der psychoanalytischen Richtung und ist dabei vor allem von Jacques Lacan beeinflußt, dessen Kurse an der Ecole Normale Superieure sie auch besucht hat.

In ihren frühen Veröffentlichungen befaßt sie sich in erster Linie mit der Verbindung von Psychoanalyse und Sprache, wobei das normale Sprechen von Frau und Mann im Mittelpunkt steht. Ansatzpunkt ist unter anderem das Sprachverhalten in der psychoanalytischen Situation, anhand dessen Irigaray aufzeigt, daß der herrschende Diskurs ausschließlich männlich bestimmt ist. Den Frauen und ihrem Sprechen wird ein Ort außerhalb des Diskurssystems zugewiesen, der den Regeln wissenschaftlicher Darstellung und Argumentation nicht unterliegt.[1] Als Alternative zum männlich-wissenschaftlichen Diskurs stehen den Frauen jedoch keine spezifisch weiblichen Ausdrucksformen zur Verfügung, die den männlichen vergleichbar wären.

In ihren Untersuchungen, die Irigaray in ihrer Dissertation mit dem Titel ›Speculum. Spiegel des anderen Geschlechts‹ 1974 veröffentlichte, befaßt sie sich kritisch mit Psychoanalyse und Philosophie. Eine Reaktion auf das Erscheinen des Buches war ihr Ausschluß aus Lacans Ecole Freudienne.[2]

Irigaray führt in ›Speculum‹ sehr detaillierte und kritische Auseinandersetzungen mit den Theorien Sigmund Freuds und Jacques Lacans, und analysiert Philosophen wie Platon, Descartes oder Hegel. Dabei problematisiert sie in erster Linie die untergeordnete

1 Vgl. Alexandra Busch: Der metaphorische Schleier des ewig Weiblichen. In: Großmaß und Schmerl (Hginnen): Feministischer Kompaß, patriarchales Gepäck, S. 117.

2 Vgl. Gertrude Postl: Weibliches Sprechen, S. 122.

Rolle, die den Frauen im Patriarchat zugewiesen wird und die von diesen Wissenschaften weder thematisiert noch gelöst, sondern im Gegenteil unterstützt und forciert wurde und wird. Sie entwickelt das Konzept einer neuen Konfrontation zwischen weiblichen Denkformen und den klassischen Denkern. Durch ihre besondere Lesart geht sie sensibel auf die patriarchalen Texte ein, reflektiert von einem immanenten Standpunkt aus auf deren Inhalte und zeigt dabei deren Heterogenität, Komplexität und Widersprüchlichkeit auf.[3]

Mittels ihrer feministischen Lektüre der Texte Platons, Descartes', Hegels und Freuds macht sie Gemeinsamkeiten in deren Theorien sichtbar. Grundlage ist die Ordnung des Gleichen, dessen Identifikation mit dem Männlichen und die Einsetzung des logisch-rationalen Denkens als absoluter Wertmaßstab.

In Weiterentwicklung ihres kritischen Ansatzes aus ›Speculum‹ formuliert Irigaray in ihrer 1977 erschienenen Arbeit ›Das Geschlecht, das nicht eins ist‹ die These, daß es ein anderes, nicht-männliches Sprechen geben muß. Diese neue weibliche Sprechweise soll auf dem Hintergrund der Analyse und Kritik des patriarchalen Diskurses sichtbar werden. Dazu rekurriert Irigaray auf eine tiefere Gefühlswelt, die der symbolischen Ordnung und dem patriarchalen Diskurs zugrundeliegt, und die sie als Ursache für die verschiedenen Rollenklischees von Frau und Mann kennzeichnet.

Das Ziel ihrer Analyse ist es, ein weibliches Sprechen zu entwickeln, wobei es Irigaray nicht um eine völlig neue Sprache geht, sondern um eine Aufhebung der allgemein üblichen sozialdeterminierten Sprachpraxis, die eine weibliche Identifikation bisher verhindert hat.[4]

Die Entwicklung einer weiblichen Sprache ist auch ein zentrales Element der ›Ethik der sexuellen Differenz‹, die Irigaray in ihren aktuellen Arbeiten ausführt. Darin untersucht sie die herrschende Gesellschaftsordnung auf der Grundlage der Geschlechterdifferenz. Sie geht davon aus, daß das patriarchale System nicht, wie allgemein

3 Vgl. Andrea Nye: Feminist Theory and the Philosophies of Man, S. 192.
4 Vgl. Margaret Whitford: Introduction. In: Dies.: The Irigaray Reader, S. 3f.

angenommen, auf der Grundlage der Heterosexualität funktioniert, sondern auf der Basis der Homosexualität der Männer. Diese wird nicht öffentlich praktiziert, sondern durch den Frauentausch und durch Vermittlung des weiblichen Körpers. Aus diesem Grund bietet auch die Anpassung an die patriarchalen Praktiken keine Lösungsmöglichkeit für die Frauen.[5]

Der modernen Technologie macht Irigaray den Vorwurf, eine monosexuelle männliche Gesellschaft zu erzeugen und dadurch die sexuelle Differenz und die spezifisch weiblichen Belange zu negieren. Sie sieht es als Aufgabe der Frauen, die Gesellschaft aus dieser patriarchalen Sackgasse zu retten, in der die Männer durch Ausbeutung und Zerstörung die Vernichtung der Menschheit vollziehen. Der Ansatz einer geschlechtlich differenzierten kulturellen und politischen Ethik wäre heute die einzige Chance, nicht nur für die Frauen, sondern ebenso für die Männer.[6]

Auch einen liberalen Feminismus kritisiert Irigaray. Sie ist der Meinung, die Frauen sollten nicht an den phallischen Machtstrategien partizipieren, da die Männer ihnen nur kleine Stückchen der Macht abgeben würden, die sie selbst nicht mehr bewältigen können und die ihnen unwichtig sind. Außerdem habe diese Form der Anpassung für die Frauen negative Konsequenzen, da sie ihre Besonderheit und ihre weibliche Identität verlieren.[7]

Aus diesem Grund plädiert Irigaray für die Verstärkung des Geschlechtsunterschiedes und die Entwicklung einer eigenen weiblichen Ökonomie, Religion, Genealogie, Sprache und für eine symbolische Ordnung, in der auch die geschlechtliche Identität repräsentiert werden kann. Auf dieser Grundlage soll ein neuer Stil von kollektiven Beziehungen entstehen: Ihr Ziel ist die Veränderung der Verbindung von Raum und Zeit, die Überwindung der Leib-Seele-

5 Vgl. Luce Irigaray: Neuer Körper, neue Imagination. In: Alternative Zeitschrift für Literatur und Diskussion 8/9 (1976), S. 124.
6 Vgl. Luce Irigaray: Die Zeit der Differenz, S. 26f.
7 Vgl. Luce Irigaray: Neuer Körper, neue Imagination. In: Alternative Zeitschrift für Literatur und Diskussion 8/9 (1976), S. 125.

Spaltung und die gegenseitige Anerkennung der spezifisch weiblichen und männlichen Identität. Darin sieht Irigaray die Möglichkeit einer neuen Subjektivität und einer neuen sozio-kulturellen Ordnung, die gegen die momentane Herrschaft der Technokratie und der Rationalität steht.[8]

Den Ansatz zur Entwicklung einer weiblichen Identität entwirft Irigaray in ihrem Buch ›Ethik der sexuellen Differenz‹. Neben kritischen Auseinandersetzungen mit einigen Philosophen geht es darin in erster Linie um Sexualität, Sprache, das Problem der Mutter-Tochter-Beziehung, der Rechte von Frauen und um die Liebe.

Im Konzept einer Ethik der sexuellen Differenz sieht Irigaray die Möglichkeit, die bisherigen Horizonte zu erweitern und eine neue Ära des Denkens, der Kunst, der Poesie und der Sprache einzuleiten. Durch eine Revolution des Denkens und durch die neue Ethik könnte das Verhältnis des Subjekts zum Diskurs, zur Welt und zum Kosmos neu interpretiert werden.[9] Sie würde eine Revolution der Sprache herbeiführen, durch die neue Beziehungsformen zwischen den Frauen möglich werden und die eine andere weibliche Dimension des Austausches eröffnet.

Irigaray sieht ihren Ansatz als Grundlage und als ersten Schritt zur Entwicklung einer weiblichen Identität und einer neuen Beziehungsebene zwischen den Geschlechtern. Dabei geht es ihr nicht nur um eine theoretische Basis, vielmehr entwickelt sie auch praktische Vorschläge zur Umsetzung der sexuellen Differenz. Durch die Einführung der mütterlichen Genealogie soll die Tradition der Mütter erhalten bleiben und eine Erneuerung der Mutter-Tochter-Beziehung stattfinden.

Außerdem hat Irigaray in ihrer Ethik auch den Zusammenhang zur modernen Frauenbewegung hergestellt und befaßt sich auch mit praktischen Problemen, die nur durch eine veränderte Rechtssprechung gelöst werden können. Die von ihr aufgestellten weiblichen

8 Vgl. Luce Irigaray: Women-Amongst-Themselves. In: Whitford (Hgin): The Irigaray Reader, S. 192ff.

9 Vgl. Luce Irigaray: Ethik der sexuellen Differenz, S. 11f.

Rechte schließen den Schutz der physischen und moralischen Unverletzlichkeit der Frau ein, das Recht auf freie Entscheidung über Mutterschaft und das Recht auf eine weibliche Kultur.[10]

2.1. Psychoanalyse und Philosophie

Die Grundlage von Irigarays Theorie der sexuellen Differenz bildet ihre kritische Analyse der Psychoanalyse, vor allem der Theorien von Freud und Lacan. Da sie selbst Psychologin und ausgebildete Analytikerin ist, setzt sie mit ihrer Untersuchung innerhalb der Psychoanalyse an, um von dort aus den theoretischen Dualismus im psychoanalytischen Diskurs aufzuzeigen. Dabei ist es Irigarays Ziel, die von männlichen Parametern bestimmten Darstellungen der menschlichen Psyche aus der Fassung zu bringen, nicht um die bestehende phallokratische Ordnung umzukehren, sondern um sie zu stören und zu untergraben.[11]

Die Psychoanalyse geht, so Irigaray, von einer ausschließlich patriarchal strukturierten sozialen Ordnung aus, die Frauen radikal ausgrenzt. Dieser Ausschluß ist besonders hinsichtlich der Sexualität krass, da der Psychoanalyse eine männliche Norm zugrundeliegt, die dann auf die Frau übertragen wird. Sie wird dadurch zum Fremdkörper innerhalb der bestehenden männlichen Ordnung. Irigaray macht besonders Freud den Vorwurf, zwar einige Symptome erkannt, sie aber nicht als historisch bedingte Lebenssituation, sondern als natürliche oder anatomische Voraussetzung der Frau interpretiert zu haben.

Auch Lacan subsumiert die Frauen und ihre Entwicklung unter die männlichen Parameter. Aufgrund der Überbewertung des männlichen Geschlechts macht er die Frau zum Spiegelbild des Mannes und definiert sie, ausgehend vom männlichen Körper, als dessen Gegenstück. Die Frau tritt selbst nicht in Erscheinung, sie *existiert*

10 Vgl. Luce Irigaray: Die Zeit der Differenz, S. 16.
11 Vgl. Luce Irigaray: Das Geschlecht, das nicht eins ist. S. 70.

nicht, sondern ist nur Projektionsfläche für die männlichen Phantasien.

Lacans Modell des Spiegelstadiums übernimmt Irigaray als Metapher für die Konzeption des Scheinsubjekts Frau. Diese unreflektierte und angepaßte Frau verdrängt ihr eigenes Geschlecht und identifiziert sich mit dem Mann. Sie adaptiert die unbewußten Anteile seines Bewußtseins, wodurch er in die Position des Über-Ichs aufrückt.[12]

Eine weitere Diskriminierung in Lacans Modell der Persönlichkeitsentwicklung entsteht durch den Ausschluß der Frauen aus der symbolischen Ordnung. Lacan sieht den Abschluß der ödipalen Phase als einen zentralen Schritt in der Ich-Bildung, da durch ihn die Ebene des Symbolischen erreicht wird. Allerdings schließen nach Lacan die Frauen diese Phase niemals vollständig ab, sondern bleiben immer dem Bereich des Vorsymbolischen oder Imaginären verhaftet. Dieses Imaginäre liegt der Konstruktion des Symbolischen zugrunde und in ihm siedelt Lacan einfache materielle Erfahrungen wie Leben, Tod oder Leiblichkeit an.[13]

Irigaray übernimmt dieses Schema zwar grundlegend, aber sie kritisiert, daß Lacan von einem männlich geprägten Imaginären ausgeht. Sie fordert eine radikale Veränderung des Imaginären und der Interpretation der weiblichen Sexualität.

Basierend auf ihrer kritischen Haltung gegenüber den Gründervätern der Psychoanalyse, entwickelt Irigaray ein eigenes Modell. Margaret Whitford hat die Fakten und Neuerungen dieses Ansatzes in ihrer Monographie über Irigaray kurz zusammengestellt:

1. Das weibliche Imaginäre ist nicht nur Vorstufe des patriarchal dominierten Symbolischen, sondern eröffnet auch Elemente des Unbewußten.
2. Es besteht eine Parallele zwischen der psychoanalytischen und der kulturellen Situation, die Irigaray in ihren Untersuchungen

12 Vgl. Margaret Whitford: Introduction. In: Dies.: The Irigaray Reader, S. 5ff.
13 Vgl. Margaret Whitford: Luce Irigaray, S. 60.

psychoanalytischer Gespräche sichtbar macht; darin zeigt sich, daß die Frauen, in der Kultur ebenso wie im Gespräch, nicht als gleichwertige Partnerinnen gelten.

3. In ihren Therapien wenden die Analytikerinnen die Strategie der Mimesis an, um im Gespräch auch die Rolle des männlichen Imaginären übernehmen zu können.
4. Durch neue Interpretationsformen innerhalb der Psychoanalyse sollen die Voraussetzungen für eine Dynamik der kulturellen Veränderungen geschaffen werden.
5. Insgesamt geht Irigaray davon aus, daß eine bedeutende Verbindung zwischen psychischen Symptomen und linguistischen Phänomenen besteht.[14]

Diese Erweiterung des psychoanalytischen Konzeptes wirkt sich auch auf die Therapiesituation aus. Im Kontext der ›Ethik der sexuellen Differenz‹ entwickelt Irigaray ein neues Modell des psychoanalytischen Gesprächs. Dazu gehört in erster Linie eine intensive Interpretation des Unbewußten, das Irigaray als Reservoir für Zukünftiges oder als kreative und erneuernde Quelle bezeichnet. Vor allem für die Therapiesituation ist das Unbewußte von Bedeutung, da es verborgene Wünsche enthält, die nicht überhört werden dürfen. In diesem Zusammenhang definiert Irigaray die Arbeit in der Psychoanalyse als ein Hören, das keiner Hierarchie in der analytischen Situation unterworfen werden darf.[15]

Eine besondere Bedeutung hat dieses Modell des psychoanalytischen Gesprächs für die therapeutische Beziehung zwischen Frauen. Diese analytische Situation ist problematisch, solange die Frauen keine eigene Sprache entwickelt haben, mit der sie die Beziehungen untereinander verbalisieren können. In der normalen psychoanalytischen Sprache haben Frauen keine eigene Identität, sondern bleiben entweder mit ihrer Mutter verbunden oder werden auf ihre eigene Mutterschaft reduziert. Die Frauen müssen, so Irigaray, eine eigene

14 Vgl. Margaret Whitford: Luce Irigaray S. 35ff.
15 Vgl. Luce Irigaray: The Poverty of Psychoanalysis. In: Whitford (Hgin): The Irigaray Reader, S. 80ff.

Symbolik entwickeln, um so ihre Darstellungsformen und ihre Vorstellungen auszudrücken.[16]

Parallel zu ihrer Kritik der Psychoanalyse wirft Irigaray auch der Philosophie vor, daß sie nicht daran interessiert sei, die Geschlechterdifferenz zu thematisieren. Auch hier bildet das männliche Geschlecht eine versteckte Norm und dem männlichen Subjekt wird der Vorrang eingeräumt. Irigaray sieht es als Aufgabe der Feministinnen, die Elemente des philosophischen Diskurses neu zu interpretieren, um die darin versteckte sexuelle Differenz sichtbar zu machen. Dabei müssen angeblich neutrale Begriffe wie Idee, Substanz oder Subjekt aufgebrochen werden, um deren weibliche Aspekte zu verdeutlichen.[17]

In ›Speculum‹ zeigt Irigaray, daß die abendländische Philosophie, angefangen mit Platon, die männliche Vorstellung und das Patriarchat etabliert hat und weiterhin tradiert. An Platon kritisiert sie in erster Linie die Reduktion der Frau auf ihre körperlichen Funktionen für die Reproduktion oder die Befriedigung der männlichen Lust. Zwar spricht er den Frauen die Seele nicht explizit ab, erwähnt sie aber auch nicht. Was für die Seelenlosigkeit der Frau bei Platon spricht, ist, daß er den Frauen den Aufstieg in das Reich der Ideen verwehrt, das höchste Ziel aller männlichen Seelen. Das weibliche Geschlecht ist bei Platon in jeder Hinsicht das Schwächere, sowohl körperlich als auch geistig unterlegen.

Ähnlich werden die Frauen auch bei Aristoteles eingestuft. Er setzt das Weibliche mit dem Häßlichen und das Männliche mit dem Schönen gleich, wobei er die Frau als einen zeugungsunfähigen Mann definiert. Dadurch kann er behaupten, die Frau sei sogar in der Fruchtbarkeit zweitrangig und deshalb dem Mann unterlegen.[18]

Ihren Kritikansatz wendet Irigaray auch bei anderen wichtigen Repräsentanten der klassischen westlichen Philosophie bis in die Neuzeit an. In ›Ethik der sexuellen Differenz‹ analysiert sie unter

16 Vgl. Luce Irigaray: Ethik der sexuellen Differenz, S. 125.
17 Vgl. Luce Irigaray: Das Geschlecht, das nicht eins ist, S. 76f.
18 Vgl. Luce Irigaray: Speculum. Spiegel des anderen Geschlechts, S. 193ff.

diesen Gesichtspunkten auch Descartes, Spinoza, Maurice Merleau-Ponty und Claude Levinas.

Auf dem Hintergrund ihrer Kritik plädiert Irigaray für ein Umdenken innerhalb der Philosophie. Die Fragen der Phänomenologie und der Ethik, der Subjektivität und Identität, von Rationalität und Unbewußtem müssen neu aufgegriffen werden, mit dem Ziel, die Postulate des männlichen Denkens aufzulösen und die patriarchalen Dualismen von Subjekt-Objekt oder Leib-Seele zu beseitigen.

Die Arbeit der zeitgenössischen Philosophie sieht Irigaray in der Problemstellung einer neuen Ethik der sexuellen Differenz, deren Aufgabe es ist, mit der traditionellen Ontologie zu brechen und die Geschlechterdifferenz in Rhetorik und Poetik umzusetzen.

Obwohl Irigaray die traditionelle Philosophie grundsätzlich kritisiert, sieht sie sich selbst als Philosophin. Den Sinn der Philosophie kennzeichnet sie damit, eine universelle Arbeit zu leisten, also sich mit allen Bereichen des Lebens und des Menschseins zu beschäftigen. Dazu gehören für sie Themen wie: Kritik des weiblichen und männlichen Klischees in der Bildung und die Auflösung der männlichen Homo-Ordnung; Aufhebung der Gleichsetzung der Frau mit ihrem Körper oder der Natur allgemein sowie der Spaltungen von ideal/material oder Vernunft/Gefühl; Kritik an der Reduktion der Frau auf den Status der Anderen; Abschaffung der Opferrolle der Frau; Beseitigung der Dominanz patriarchaler Ökonomie und der männlichen Todessehnsucht.[19]

2.2. Ethik der sexuellen Differenz

Die Schwerpunkte in Irigarays Ansatz einer *Ethik der sexuellen Differenz* bilden die Themen weibliche Sexualität, weibliche Identität und Sprache. Sie entwickelt mit ihrem Konzept ein Gegengewicht zur männlich dominierten Gesellschaft, die auf einer patriarchalen

19 Vgl. Luce Irigaray: Ethik der sexuellen Differenz, S. 12.

Ordnung und dem homosexuellen Austausch zwischen Männern basiert. Irigarays Ziel ist es, eine weibliche homosexuelle Ökonomie und eine weibliche Genealogie zu entwerfen. Im Mittelpunkt steht dabei das weibliche Subjekt, das seine eigene Identität finden soll, ohne sich auf ein verkümmertes Mannsein reduzieren zu lassen. Von zentraler Bedeutung sind dabei die Sprache, die als ein Symbol für das Subjektsein steht, und ebenso die Liebe, die notwendig ist, da das Subjekt sich immer im Austausch mit anderen Individuen befindet.

Irigaray geht davon aus, daß die Frau im patriarchalen Kontext nicht als weibliches Subjekt gilt, sondern nur vom männlichen Standpunkt aus definiert wird, der eine angeblich neutrale geschlechtsindifferente Norm bildet. Alexandra Busch formuliert Irigarays Analysen und Beschreibungen einzelner Diskurssysteme unter folgender These: »Es gibt keine bzw. gab bisher keine sexuelle Differenz. Innerhalb des herrschenden Diskurses ist der Mann-Mensch das eine Selbe Geschlecht. Er ist das Subjekt aller Diskurse. Die Frau fungiert innerhalb der männlichen Ökonomie als Spiegel, als Ort außerhalb, als defizitäres Geschlecht.«[20] Es ist die Aufgabe der Frauen, diese patriarchalen Festlegungen aufzulösen, sie müssen ihr Funktionieren in der Gesellschaft verweigern und eine eigenständige weibliche Identität entwickeln.

Das Haupthindernis dieser Entwicklung sieht Irigaray in der Tatsache, daß die Frauen noch keinen eigenen Ort gefunden haben. Sie sind zwar der Ursprung des Lebens und damit selbst der Ort, haben aber noch nicht Besitz von sich ergriffen. Dadurch bleiben sie ein Nichts vor dem männlichen Ganzen, sind immer auf einen Mann als Subjekt bezogen, agieren nach dessen Bedürfnissen und innerhalb seines Systems. Die reale Situation der Frauen beschreibt Irigaray als unbestimmt, da ihnen eine eigene Individualität und Identität völlig fehle.[21]

20 Alexandra Busch: Der metaphorische Schleier des ewig Weiblichen. In: Großmaß und Schmerl (Hginnen): Feministischer Kompaß, patriarchales Gepäck, S. 119f.
21 Vgl. Luce Irigaray: Speculum. Spiegel des anderen Geschlechts, S. 284.

Den jetzigen Ort der Frauen markiert Irigaray außerhalb der von Männern kontrollierten Welt. Es ist der Platz, der ihnen zugewiesen wurde. Der Mann sieht sie dabei als Hülle oder Behälter, den er mit Bedeutung füllen kann. Da dieses Gefäß immobil und unbeweglich bleiben soll, wird es ins Haus verbannt. Durch die ihr zugeschriebene Unbeweglichkeit und ihren Gefäßcharakter wird die Frau zum Eigentum des Mannes und in Abhängigkeit von ihm definiert.

Um sich von diesen repressiven Festlegungen zu befreien, müssen die Frauen ihr eigenes theoretisches System entwickeln. Dazu genügt es nicht, den Frauen die bestehende Form der Subjektivität mit weiblichen Vorzeichen zuzuschreiben. »Aber die Frau ist weder geschlossen noch offen, sondern unbestimmt, un-fertig, *die Form, die nicht abgeschlossen ist*, sie ist nicht unbegrenzt, noch weniger ist sie eine Einheit: Buchstabe, Chiffre, Zahl einer Serie, Eigenname, das einzigartige Objekt einer sinnlichen Welt, aber auch eine sinnliche Welt als einzelnes Objekt, einfache Idealität eines intelligiblen Ganzen, grundlegende Wesenheit, etc.«[22]

Irigaray beabsichtigt eine grundsätzliche Störung der herrschenden theoretischen Maschinerie. Zu diesem Zweck müssen die Frauen in die Institutionen einbrechen, Unruhe schaffen und sie von innen her unterwandern.

Ein Ansatzpunkt liegt für Irigaray in den inhaltlichen Zielen der Frauenbewegung, zum Beispiel in der Legitimierung der Abtreibung und der Empfängnisverhütung. Die Frauen sollen sich von der Fixierung auf bestimmte Funktionen innerhalb der männlichen Gesellschaft und der Fortpflanzung freimachen, um ihre Identität als Frauen wahrzunehmen, ohne sich auf die Mutterrolle reduzieren zu lassen.[23] »Ich denke, daß man dem weiblichen Geschlecht eine eigene Phänomenologie zurückgeben muß, statt es auf die gesellschaftliche Reproduktion und die kulturelle Unsichtbarkeit oder Neutralisie-

22 Luce Irigaray: Speculum. Spiegel des anderen Geschlechts, S. 284.
23 Vgl. Luce Irigaray: The Bodily Encounter with the Mother. In: Whitford (Hgin): The Irigaray Reader, S. 35f.

rung zu reduzieren.«[24] Für die Entwicklung der weiblichen Identität fordert Irigaray die Frauen auf, ihre eigene Geschichte zu durchdenken. Sie sollen ihre historische Positivität wiederfinden, indem sie zurückgehen an den Übergang zur patriarchalen Ordnung, an dem sich die Wurzeln der autonomen sozio-kulturellen Schöpfungen von Frauen verlieren. In diese Zeit legt Irigaray auch die Zerstörung der positiven Mutter-Tochter-Beziehung, der Achtung der Natur, des Friedens und der Gastfreundschaft.[25]

Eine zentrale Befreiungsstrategie sieht Irigaray in der Forderung an die Frauen, sich zusammenzuschließen und zu einer eigenen aktiven Sprache zu finden, wobei sie der Verführung der passiven patriarchalen Sprache widerstehen müssen.

Die zweite Strategie liegt in der weiblichen Sexualität, die bei Irigaray mehrschichtig ist, da sie ihr Modell der Sexualität auch auf die sozialen Strukturen ausdehnt. Ein Problem besteht allerdings darin, daß es in unserer Kultur keine ursprüngliche weibliche Sexualität gibt, welche von den Frauen adaptiert werden könnte, vielmehr müssen sie ihre eigene Sexualität und den Zugang dazu erst schaffen. Diese Strategie hat für Irigaray zwei Elemente: erstens müssen sich die Männer stärker auf sich und ihren Ursprung beziehen, und nicht auf das Objekt Frau; zweitens müssen die Frauen auch die Notwendigkeit einer eigenen Sexualität begreifen.[26]

Eine dritte Strategie besteht in der *Mimesis*; Frauen sollen die Bilder, die Männer von ihnen haben, zurücknehmen und ihre Stärke darin zeigen. Der Begriff der Mimesis steht für die Möglichkeit, sich auch im männlichen Diskurs sprachlich auszudrücken, ohne sich unterdrücken zu lassen. Neben der zwangsweisen Anpassung an männliche Diskursnormen hat die Frau auch die Möglichkeit, die Mimesis zu spielen. Darunter versteht Irigaray ein absichtliches Einsetzen der männlichen Bedeutungen, um einen spielerischen Um-

24 Luce Irigaray: Grenzen zwischen den Geschlechtern. In: Dies.: Zur Geschlechterdifferenz, S. 157.
25 Vgl. ibid., S. 154f.
26 Vgl. Luce Irigaray: Ethik der sexuellen Differenz, S. 76ff.

gang mit der weiblichen Rolle zu praktizieren, mit dem Ziel, diese umzukehren. Es ist die Aufforderung zur sprachlichen Subversion und zur Unterwanderung der männlichen Strukturen. Die Mimesis muß freimütig übernommen werden, wodurch eine doppelte Täuschung stattfindet. Die Frau täuscht vor, einen Mann nachzuahmen, obwohl sie die traditionelle weibliche Rolle durchschaut, und kann ihre Differenz in den Diskurs mit anderen Frauen einbringen. Auf diese Weise sollen die Auswirkungen des phallokratischen Diskurses überwunden werden.[27]

Weibliche Sexualität und Identität

Irigaray beschreibt das weibliche Geschlecht als *Geschlecht, das nicht eins ist*. Es ist in unserer Gesellschaft nicht wirklich sichtbar, da es keine Form hat. Die Frau ist keine eigenständige Person, sie hat keinen Eigennamen und ihr Geschlecht ist nur das Gegenteil des männlichen.[28] Durch die aufgezwungenen patriarchalen Definitionen ihrer Sexualität hat sie den Bezug zu ihrer eigenen Weiblichkeit und ihrem Lustempfinden verloren.

Ausgangspunkt von Irigarays Analyse ist das patriarchale Bild der weiblichen Sexualität, von dem sie diejenigen Teile aussondert, die aufgrund männlicher Parameter definiert werden. Auf diese Weise will sie grundlegende und ursprüngliche Formen des Weiblichen freilegen. In diesem Bezugsrahmen entsteht ein Frauenbild, das sich grundsätzlich vom männlich geprägten unterscheidet. »Sie ist das ungeformte, vielfältige, sich ständig in Bewegung befindliche Sein.«[29] Diese Frau verfügt über ein vielfältiges Lustempfinden *Jouissance*, das Irigaray auch mit dem kindlichen Begehren vergleicht. Ihre weibliche Lust ist autoerotisch, vielfältig und dem männlichen Empfinden völlig fremd. Aufgrund dessen schreibt Irigaray der Frau eine zweifache Geschlechtlichkeit zu. Die Frau besitzt *mehr oder*

27 Vgl. Luce Irigaray: Das Geschlecht, das nicht eins ist, S. 78.
28 Vgl. ibid., S. 25f.
29 Gertrude Postl: Weibliches Sprechen, S. 128.

weniger überall Geschlechtsorgane und ihre Lustempfindung ist vergleichbar mit zwei Lippen, die sich gegenseitig berühren. Diese Lippen, womit Irigaray bildlich auch die Schamlippen meint, stehen in ständiger Verbindung und im Austausch, ohne miteinander zu verschmelzen und ohne wirklich getrennt zu sein. Dadurch ist die Frau als Ganzes in dauernder Berührung mit sich selbst. »Ich liebe dich: unsere zwei Lippen können sich nicht trennen, um ein Wort durchzulassen. Ein einziges Wort, das dich oder mich sagen würde. Oder: Gleiche. Die liebt, die geliebt wird. Sie sagen – geschlossen oder geöffnet, ohne daß das eine das andere ausschließt – sie lieben einander. Zusammen. Um ein genaues Wort hervorzubringen, müßten sie sich auseinander halten. Voneinander entscheidend geschieden. Voneinander distanziert und zwischen ihnen ein Wort.«[30]

Die Lippen, die sich sprechen, stehen als Metapher für die von Irigaray konzipierte weiblichen Identität, durch welche die Frau im ständigen Bewußtsein ihrer selbst lebt. Sie ist immer in Berührung mit sich selbst und erhält sich dadurch ihre Identität und Ganzheit. Deshalb können die Lippen nur gewaltsam durch die Einmischung oder das Eindringen des patriarchalen Mannes getrennt werden.

Durch Irigarays Ansatz einer *Ethik der sexuellen Differenz* sollen die Frauen zu dieser ursprünglich weiblichen Lust zurückfinden. Mit Hilfe einer differenzierten Betrachtung der Geschlechter will sie die Spezifität von Frauen und auch von Männern neu entdecken.

Das Denken der Geschlechterdifferenz sieht Irigaray als Ansatzpunkt für die Frau, aus dem sie ihre eigene Identität entwickeln kann. Sie soll ihrer Sexualität gerecht werden, ohne den Umweg über die männliche Vorstellung davon zu machen.[31]

Dabei sieht Irigaray die Differenz der Geschlechter nicht nur als sexuelle Tatsache, sondern in erster Linie als soziale, da sie sich auch im ökonomischen, sozialen und kulturellen Bereich aus-

30 Luce Irigaray: Das Geschlecht, das nicht eins ist, S. 214.

31 Vgl. Luce Irigaray: The Limits of Transference. In: Whitford (Hgin): The Irigaray Reader, S. 115.

wirkt.[32] Unter diesen Voraussetzungen soll die sexuelle Differenz nicht nur eine neue Ethik hervorbringen, sondern muß auch ein neues Konzept der Subjektivität entwickeln. Das ist notwendig, da die patriarchale Spaltung von Subjekt und Objekt auf den Ausschluß der Frauen gegründet ist. Das Subjekt kann in seiner jetzigen Form nur aufgrund des Gegensatzes zum Objekt bestehen. Irigaray plädiert für einen Lösungsansatz, der zwischen den beiden Dualitäten angesiedelt ist und den sie mit dem Begriff der *Schwelle* umschreibt. Sie steht als Metapher für die Verbindung zwischen Subjekt und Objekt und für die Möglichkeit des Überganges zwischen beiden.

Zum Ansatz der *Ethik der sexuellen Differenz* gehört auch ein neues Konzept der Liebe, das bei Irigaray eng mit der Selbstliebe verbunden ist. Sie basiert auf einer weiblichen Symbolik zwischen den Frauen und hat die Erfahrung der Göttlichkeit und der weiblichen Sprache zur Voraussetzung. Irigaray geht davon aus, daß die Frauen sich zuerst selbst lieben müssen, um andere zu lieben. »Um zu lieben, muß man zwei sein. Man muß sich trennen und wiederfinden können. Jeder und jede muß auf die Suche nach sich selbst gehen, seiner oder ihrer Suche treu bleiben, so daß sie sich grüßen, einander nähern, das Fest feiern oder einen Bund schließen können.«[33] Diese Forderung steht im Gegensatz zu dem patriarchalen Anspruch an die Frauen, ihre gesamte Liebesfähigkeit auf die Männer zu konzentrieren, um mit ihnen zu verschmelzen.

Weibliche Genealogie

Die Voraussetzung für die Entwicklung einer weiblichen Identität liegt für Irigaray auch in einer eigenen Genealogie der Frauen. Dargestellt wird diese ebenfalls durch die Lippenmetapher, die Irigaray exemplarisch auf die Beziehungen zwischen Frauen, zum Beispiel

32 Vgl. Luce Irigaray: Neuer Körper, neue Imagination. In: Alternative Zeitschrift für Literatur und Diskussion 8/9 (1976), S. 125.

33 Luce Irigaray: Ethik der sexuellen Differenz, S. 87.

zwischen Mutter und Tochter, überträgt. Sie stellt fest, daß die Mutter-Tochter-Beziehung in unserer Gesellschaft nicht adäquat symbolisiert wird, da sie auf einer ausschließlich männlichen Genealogie basiert, die ihren Ausgang im archaischen Muttermord hat.

In der sozialen Ordnung des Patriarchats werden Mütter nicht als weibliche Subjekte wahrgenommen, sondern nur in ihrer Reproduktionsfunktion gesehen. Dadurch bilden sie die wichtigste Stütze der gesellschaftlichen Ordnung. Sie gelten als Repräsentantinnen der Fortpflanzung und leiten dazu an, die menschliche Lust auf die biologischen Notwendigkeiten zu beschränken. Die Möglichkeit einer weiblichen Macht oder Genealogie wird negiert und die Frauen darauf reduziert, kollektive oder individuelle Bedürfnisse zu befriedigen. Eine andere Bedeutung der Frauen schließt das Patriarchat weitgehend aus.[34]

Um die gesellschaftliche Relevanz der Mutterrolle gering zu halten, ist die Beziehung zwischen Mutter und Tochter mit Schuld belastet und bildet ein zentrales Tabu. Oft gilt die Mutter als kastrierendes Monster und Verursacherin des Unglücks oder des Wahnsinns ihrer Kinder. Zu diesem Bild tragen vor allem die archaischen Projektionen der Männer bei, welche durch die Psychoanalyse unterstützt und legitimiert werden. Es ist das Ziel dieser patriarchalen Mechanismen, die Frau von ihrem eigenen Ursprung zu trennen und ihre Beziehung zur Mutter und zu anderen Frauen zu blockieren.

Im Kontext der sexuellen Differenz plädiert Irigaray für die grundlegende Veränderung der Mutter-Tochter-Beziehung. Ihr Ziel ist es, »unsere Mütter als Frauen erstehen [zu] lassen.«[35] Das Schweigen und die Unfähigkeit, sich zu identifizieren, soll aufgebrochen werden, damit eine gleichberechtigte Beziehung zwischen den Frauen entstehen kann. Die Töchter müssen sich gemeinsam mit ihren Müttern befreien, um sich von der Autorität der Väter zu lösen.

34 Vgl. Luce Irigaray: The Bodily Encounter with the Mother. In: Whitford (Hgin): The Irigaray Reader, S. 35f.

35 Luce Irigaray: Der dunkle Kontinent der Frauen. In: Dies.: Zur Geschlechterdifferenz, S. 48.

Die Folge dieser revolutionierten Mutter-Tochter-Beziehung wäre die Entwicklung einer weiblichen Genealogie. Durch sie soll die patriarchale Ordnung der Kernfamilie (Vater-Mutter-Sohn) in Frage gestellt werden. »Um sich als geschlechtliche Identität zu konstituieren, sind eine genealogische Beziehung zum eigenen Geschlecht und die Achtung vor beiden Geschlechtern notwendig. Diese verlangt gültige erotische Modelle und keine Neutralisierung der Geschlechter...«[36]

Irigaray plädiert für eine Dualität zwischen Mutter und Tochter, in der sich beide als freie und autonome Subjekte bewegen können. Die weibliche Genealogie soll der Mutter ermöglichen, auch Frau zu sein und nicht auf ihre Reproduktionsfunktion reduziert zu werden. Dazu müsse die Tochter auch den Glauben an die Allmacht der Mutter aufgeben und sie als Frau sehen. Die Frauen müßten lernen, sich an Zeiten zu erinnern, in denen das Mutter-Tochter-Paar ein soziales Modell darstellte und für die Fruchtbarkeit der Natur und die Beziehung zum Göttlichen verantwortlich war.[37]

Irigaray unterstreicht ihre Forderung nach einer grundsätzlichen Achtung gegenüber dem weiblichen Geschlecht durch die Einführung einer Göttin. Sie sollte als Identifikationsfigur für das weibliche Subjekt fungieren, da durch sie die spezifisch weiblichen Erfahrungen und Verhaltensweisen eine göttliche Repräsentantin erhalten und zum Ort der weiblichen Selbstidentifikation werden können.[38]

Weibliches Sprechen

Eng verbunden mit der weiblichen Sexualität und Identität ist für Irigaray das Thema Sprache. Sie ist ein wesentliches Mittel der Sinnproduktion sowie der sozialen Vermittlungen und deshalb Voraussetzung für die Entwicklung einer weiblichen Genealogie. Die

36 Luce Irigaray: Die Zeit der Differenz, S. 41.
37 Vgl. ibid., S. 33.
38 Vgl. Luce Irigaray: Göttliche Frauen. In: Dies.: Genealogie der Geschlechter, S. 103ff.

gesprochene Sprache ist nur scheinbar neutral und fungiert als Herrschaftsmittel, durch welches das Patriarchat die Frauen unter bestehende männliche Oberbegriffe subsumiert.

Im Kontext der *Ethik der sexuellen Differenz* fordert Irigaray eine Erneuerung der Sprache, die zur Befreiung der Frauen aus dem patriarchalen Rollenklischee führen soll. Diese geschlechtlich differenzierte Sprache soll die Beziehungen des Subjekts zur Welt sichtbar machen, durch die es sich selbst schaffen kann. Irigarays Zielsetzung ist es, die bestehende Phallokratie der Sprache aufzuzeigen, und die jetzt herrschende männliche Sprache den Männern zu überlassen.[39]

Irigarays Konzept des weiblichen Sprechens ist eng verbunden mit ihrem Ansatz zur weiblichen Sexualität und Identität. Deshalb wird die Lippenmetapher auch hier zum Symbol für Berührung und Bewegung. »Sprich trotzdem. Daß deine Sprache nicht aus einem einzigen Faden, einer einzigen Kette, einer einzigen Richtung besteht, ist unsere Chance. Sie kommt gleichzeitig von überall her. Du berührst mich überall gleichzeitig. Auf allen Sinnesebenen. Gleichzeitig Gesang, Rede, Text, warum?«[40]

In ihrer Untersuchung der Sprache macht Irigaray deutlich, daß die Botschaften im Diskurs nicht neutral sind, sondern geschlechtsbezogen erzeugt werden. Dabei liegt ihre Geschlechtlichkeit nicht nur auf der inhaltlichen Ebene, sondern ebenso im Bereich der Form. »Die geschlechtliche Differenzierung des Diskurses entspricht tatsächlich nicht einigen Worten mehr oder weniger, auch wenn die lexikalische Nicht-Existenz von Worten strukturell bedeutsam sein kann. Auch die Kennzeichnung des Geschlechts (Maskulinum, Femininum, Neutrum) schöpft die Bedeutung einer geschlechtlich differenzierten Erzeugung der Botschaft nicht aus. Sie gibt häufig Aufschluß über gesellschaftliche und historische Phänomene. Sie zeigt, wie ein Geschlecht sich das andere oder die Welt unterworfen hat.«[41]

39 Vgl. Luce Irigaray: Das Geschlecht, das nicht eins ist, S. 78ff.
40 ibid., S. 215.
41 Luce Irigaray: Genealogie der Geschlechter, S. 269.

Weibliche und männliche Sprechweise unterscheiden sich in der Wahl des Subjekts, der Verben und der Zeiten. Ihre Sprache differiert auch hinsichtlich des Verhältnisses des Subjekts zum Objekt oder der Welt. Frauen konstruieren objektive Sätze, deren Sinn häufig auf außersprachliche Kontexte bezogen ist. Außerdem überlassen sie die Position des Subjekts im Satz häufiger anderen, der Welt oder einem Gegenstand. Sie sind mehr in der Lage zuzuhören und offener für objektive Entdeckungen.[42]

Deshalb verwirft Irigaray den herrschenden Diskurs nicht völlig, sondern betont, daß es auch in der von der patriarchalen Sprache eingebundenen Rede der Frauen Elemente gibt, die bewahrt werden sollten, zum Beispiel ihr Interesse für die Gegenwart und die Zukunft, das im Gegensatz zur männlichen Beschäftigung mit der Vergangenheit steht; sowie die Bedeutung der Botschaft innerhalb der Rede, durch die Frauen etwas aussagen wollen, während die Männer sich mehr mit Sprachspielen beschäftigen.[43]

Im Gegensatz zum weiblichen Sprechen ist die Sprache für den Mann ein wichtiges Instrument der Selbstberührung. Sie ist notwendig, so führt Irigaray an, da er über keine Auto-Erotik verfüge, sondern Dinge, Hände, Körper oder Sprache brauche, um sich selbst zu erfahren. Dadurch entwickle er in seiner Sprache eine andere Syntax, als die weibliche Selbstaffektion bilden würde.[44] Frauen dagegen verfügen über eine Auto-Erotik, wie Irigaray mit ihrer Lippenmetapher umschreibt, sie berühren sich durch sich selbst und benötigen keine Vermittlung. Allerdings könnte nur ein spezifisch weibliches Sprechen diese Intimität wiedergeben, es wäre ein »sich mit Worten umarmen, aber auch sich davon abzulösen, um sich darin nicht festzulegen.«[45]

Innerhalb des herrschenden patriarchalen Diskurses sieht Irigaray nur zwei Ausdrucksmöglichkeiten für die Frauen: die Sprachlosigkeit und die Hysterie, wobei sich die Frau ständig zwischen beiden

42 Vgl. Luce Irigaray: Genealogie der Geschlechter, S. 267ff.
43 Vgl. ibid., S. 74.
44 Vgl. Luce Irigaray: Das Geschlecht, das nicht eins ist, S. 137ff.
45 ibid., S. 28.

Möglichkeiten bewegt. Die Sprachlosigkeit der Frauen wirkt auf doppelte Weise, zum einen sprechen sie kaum und zum anderen werden sie, wenn sie sprechen, nicht gehört.

Als Weg aus dem Schweigen bietet der männliche Diskurs die Möglichkeit an, den Mann nachzuahmen, die Mimesis. Damit können sich die Frauen in den patriarchalen Diskurs eingliedern. Allerdings müssen sie sich dazu seinen Gesetzen unterwerfen, männliche Bedeutungen übernehmen und ihre eigene Differenz aufgeben.[46]

Den zweiten Ort des weiblichen Sprechens im patriarchalen Diskurs siedelt Irigaray in der Hysterie an. Der Begriff Hysterie wird vom griechischen *hystera* (Gebärmutter) abgeleitet. Die Sprache der Hysterikerin ist unfertig und unvollkommen. Sie stellt eine Reaktion auf die gesellschaftliche Realität dar und ihr fehlen strukturierte Beziehungen zu gleichgestellten Subjekten. Außerdem ist sie gekennzeichnet von einer ungelösten Mutterbeziehung, dem Leiden und dem Festhalten am unterdrückten Selbst.[47]

Um der Aufgabe, sich selbst als weibliche Subjekte adäquat darzustellen, gerecht zu werden, müssen die Frauen lernen, sich als empirisches Subjekt in einem dialektischen Verhältnis zu anderen zu sehen. Sie müssen ihre Mutter und andere Frauen auch als Andere respektieren, sich Modelle, Projekte, Ideen oder Gottheiten entwerfen.[48] Außerdem müssen sie eine eigene weibliche Symbolik in der Sprache entwickeln. Dadurch können die Frauen eine textliche *Jouissance* produzieren, mit der sie unterdrückte Energien freisetzen und das patriarchale Dogma destruieren. »Wie es sagen? Daß wir sofort Frau sind. Daß wir von ihnen nicht erst als solche produziert werden müssen. Daß dies immer schon da ist, ohne ihre Arbeit. Und daß ihre Geschichte(n) den Ort unserer Zwangsverschleppung konstituiert(en). Nicht, daß wir ein eigenes Gebiet hätten, aber ihr Vaterland, ihre Familie, ihr Heim, ihr Diskurs halten uns gefangen in abge-

46 Vgl. S. 168f.
47 Vgl. Luce Irigaray: Orientierungen zu einer gesellschaftlich differenzierten Kultur. In: Dies.: Zur Geschlechterdifferenz, S. 133f.
48 Vgl. Luce Irigaray: Die Zeit der Differenz, S. 71.

schlossenen Räumen, wo wir uns nicht weiter bewegen können, und nicht weiter leben können. Ihre Besitztümer sind unser Exil. Ihre Schutzmauern der Tod unserer Liebe. Ihre Worte der Knebel zwischen unseren Lippen.«[49]

Mit ihrem Modell des weiblichen Sprechens geht es Irigaray darum, einen weiblichen Ort in der Sprache zu schaffen, eine Ausdrucksform für das weibliche Begehren zu finden, und die weiblichen Symbole in eine verbale Sprache zu fassen. Diese Sprache soll die Besonderheiten des weiblichen Körpers und der weiblichen Lust ausdrücken können. Die weibliche Sprache versteht Irigaray als prä-phallozentrisch; sie ist rhythmischer, fließender, offener und nichtlinearer als die patriarchale. Bei dieser Sprache ist eine lineare Lektüre nicht mehr möglich, da sie auch Rückwirkungen vom Ende auf den Anfang sowie horizontale und vertikale Strukturen berücksichtigt. Dabei liegt ihre wichtigste Aufgabe darin, das weibliche Bewußtsein und die weibliche Sexualität adäquat auszudrücken und nicht zu unterdrücken, wie dies die phallozentrische Sprache tut.[50]

2.3. Politik der sexuellen Differenz

Innerhalb der *Ethik der sexuellen Differenz* konzipiert Irigaray auch praktische Anwendungsformen der Geschlechterdifferenz. Voraussetzung dafür sind gleiche Rechte für Frauen in bezug auf Lohn und Arbeit. Erst wenn der Bürgerinnenstatus der Frauen gesetzlich festgelegt ist, können sie auch als den männlichen BürgerInnen gleichgestellt betrachtet werden. Auf dieser Grundlage ist dann die gemeinsame und öffentliche Anerkennung der weiblichen Differenz, ihrer eigenen symbolischen Formen und der weiblichen Identität möglich.[51]

49 Luce Irigaray: Das Geschlecht, das nicht eins ist, S. 218.
50 Vgl. ibid., S. 80.
51 Vgl. Luce Irigaray: Die Zeit der Differenz, S. 89f.

Zur Umsetzung der Geschlechterdifferenz innerhalb der Gesellschaft ist es notwendig, den Frauen auch gesetzlich das Recht auf eine eigene Identität einzuräumen. Irigaray fordert geschlechtsdifferente Rechte und Verantwortlichkeiten, welche auf die besonderen Eigenschaften von Frauen und Männern zugeschnitten sind. Das Patriarchat räume zwar den Männern universelle und ethische Rechte als Bürger ein und spreche ihnen spezielle Bedürfnisse innerhalb der Familie zu. Frauen dagegen werden den Notwendigkeiten der Familie und des Staates unterstellt.

Um diese männliche Dominanz zu beseitigen, müssen Rechte für die Frauen definiert werden, die sie als gleichwertige Bürgerinnen sehen und ihnen die Möglichkeit bieten, adäquat an der Kultur teilzuhaben.

Irigaray rückt sieben grundlegende Rechte in den Vordergrund, die Frauen ebenso wie Männern zustehen müssen:

1. Recht auf menschliche Würde

Das bedeutet das Ende der kommerziellen Nutzung weiblicher Körper und ihrer Bilder; eine gültige Selbstdarstellung der Frau in Gesten, Worten und Bildern auf allen öffentlichen Plätzen und ein Ende der Ausbeutung des funktionalen Teils der Frau, der Mutterschaft, durch zivile und religiöse Macht.

2. Recht auf menschliche Identität

Darunter versteht Irigaray eine legale Jungfräulichkeit als Teil der weiblichen Identität, wodurch auch Mädchen ein bürgerlicher Status zuteil würde. Eine eigene Identität für Mädchen ist notwendig, um ihren Status als Tauschobjekt für Männer aufzuheben. Nur durch die Entwicklung einer weiblichen Identität bereits im Kindesalter könnten sie auch als Frauen frei sein und Liebesbeziehungen und Ehe frei wählen. Der weibliche Körper müsse im bürgerlichen Begriff mit Jungfräulichkeit und politischer Macht identisch werden. Außerdem muß der Frau das Recht zugestanden werden, ihre Mutterschaft frei zu wählen und Zeit und Zahl ihrer Schwangerschaften zu bestimmen.

3. Recht auf Mutter-Kind-Beziehung
Die Mutter muß ihre Kinder gegen Gewalttätigkeiten beschützen dürfen und dabei vom Gesetz unterstützt werden.

4. Recht auf weibliche Tradition
Frauen müssen das Recht haben, ihr Leben und das ihrer Kinder gegen einseitiges männliches Recht zu verteidigen, ebenso ihre Tradition und ihre Religion, ohne sich den Entscheidungen der männlichen Gesetzgebung zu beugen.

5. Finanzielle Rechte
Unverheiratete Frauen dürfen nicht durch direkte oder indirekte Besteuerung bestraft werden. Kindergeld und familiäres Recht muß für jedes Kind gleich sein, auch für außereheliche. Da Frauen die gleichen Steuern wie Männer und die gleichen Beiträge für Medien und TV zahlen, müssen sie auch zur Hälfte beteiligt und repräsentiert werden.

6. Recht auf gleichwertigen Austausch
Die Gleichwertigkeit des Austauschs zwischen den Geschlechtern muß gewährleistet werden; damit meint Irigaray neben dem sprachlichen Austausch auch andere Ebenen der Interaktion.

7. Recht auf Bürgerinnenstatus
Frauen müssen die gleichen Möglichkeiten zur Darstellung an den Orten der zivilen und religiösen Entscheidungen haben, denn auch Religion ist bürgerliche Macht.[52]

Diese sieben Grundrechte sieht Irigaray als zentrale Elemente des BürgerInnenstatus', den die Frauen hiermit einklagen sollen. »Die Rechte, die ich für die Frauen fordere, haben zum Zweck, daß sie als Bürgerinnen dieser Gesellschaft selbst die Verantwortung für sich übernehmen; sie sollen sie zu verantwortungsvollen mündigen Bür-

52 Vgl. Luce Irigaray: How to define Sexuate Rights. In: Whitford (Hgin): The Irigaray Reader, S. 208f.

gerinnen machen. Es ist ihre Sache, ihre Virginität zu schützen, ihre Mutterschaft, ihren Winkel der Natur, ihr Haus, ihre Bilder, ihre Sprachen, ihren Gott oder ihre Götter, ihre Göttin oder ihre Göttinnen. Es liegt bei ihnen, zu Subjekten zu werden, die fähig sind, ihre Sexualtriebe zu sublimieren, ihre Sexualität zu kultivieren, ihr einen Rhythmus, Zeitlichkeit und Ziele zu geben. Dazu brauchen die Frauen Rechte.«[53]

Auf der Grundlage der Anerkennung dieser Rechte könnte dann auch die Differenz der Geschlechter umgesetzt werden. Dabei müßten, so betont Irigaray, vor allem drei Punkte berücksichtigt werden: Frauen können sich nicht dem gleichen Rhythmus unterwerfen wie die Männer und dürfen nicht in deren Normen gezwungen werden. Da die Arbeitszusammenhänge weitgehend von Männern bestimmt werden, müssen sich die Frauen diesen Modellen nicht unterwerfen. Sie sollen eigene Konzepte entwickeln, die auf weibliche Bedürfnisse zugeschnitten sind.[54]

Irigaray kritisiert, daß auch die moderne Gesellschaft noch gekennzeichnet ist von einem Mangel an ziviler Gesinnung gegenüber den Frauen. Sie werden bevormundet, nicht ernst genommen und politisch wie unmündige Kinder behandelt. Solange das Recht eine solche Auslegung zuläßt, ist es notwendig, daß die Frauen aktiv werden und um ihre weibliche Identität kämpfen.

Allerdings seien, so Irigaray, diejenigen Rechte, die von Frauen in den letzten Jahren errungen wurden, eher dazu geeignet, den Frauen das Rollenverständnis der Männer aufzudrängen und deren Identität zu übernehmen, als für die Geschlechterdifferenz zu sprechen. Aus diesem Grund müssen die Frauen das Recht auf ihre geschlechtliche Identität fordern, die dann Teil einer bürgerlichen Identität werden kann.[55]

53 Luce Irigaray: Die Zeit der Differenz, S. 109.
54 Vgl. ibid., S. 89f.
55 Vgl. ibid., S. 99ff.

2.4. Kritik an Irigaray

An Irigarays Arbeiten wird von feministischer Seite häufig Anstoß genommen. Die gängigsten Kritikpunkte, der Vorwurf des Biologismus und des Essentialismus, sind in gewisser Weise repräsentativ für die Kritik an der Theorie der Geschlechterdifferenz allgemein. Der Vorwurf des Biologismus hebt in erster Linie auf Irigarays Fixierung auf den weiblichen Körper ab. Ihr wird vorgeworfen, durch die enge Bindung zwischen Sprache, Sexualität und Identität das weibliche Subjekt auf seine Geschlechtlichkeit zu reduzieren.

Mit dem Argument des Essentialismus wird kritisiert, daß Irigaray eine Definition des Weiblichen liefern wolle und damit eine weibliche Essenz konzipiert, die dann stellvertretend für das patriarchale Verständnis von Weiblichkeit eingesetzt werden soll.[56] Diese Angriffe kommen vor allem von seiten der anglo-amerikanischen Feministinnen und richten sich in erster Linie gegen Irigarays Ansatz der ›Ethik der sexuellen Differenz‹, an dem sie die Reduktion der Frau auf eine weibliche Natur und zu wenig Berücksichtigung der historischen Veränderungen kritisieren.

Margaret Whitford sieht Irigaray nicht wirklich als Feministin, da sie die Frauen als Einheit sieht und sowohl Rassen- als auch Klassenunterschiede ignoriert. Sie entwickelt essentialistische Theorien, in denen ein abstraktes Frauenbild vorherrscht, das keinen Bezug zur weiblichen Realität hat.[57]

Auch Gertrude Postl stellt fest, daß Irigaray die soziale Realität der Frauen unangetastet lasse. Sie gehe immer von dem klassischen patriarchalen Dualismus aus, auf dessen einer Seite die Ordnung des Einen, Selben und auf dessen anderer die in der Irrationalität gefangene Frau stehe.

Weiterhin macht die feministische Kritik Irigaray den Vorwurf, ein unpolitisches Konzept zu entwickeln, das für die Notwendigkeiten einer feministischen Politik untauglich sei. Dazu räumt Postl ein, daß

56 Vgl. Margaret Whitford: Luce Irigaray, S. 135.
57 Vgl. ibid., S. 4.

Irigarays Kritik an der Ordnung der philosophischen Sprache durchaus als politische Arbeit zu werten sei. Dafür spreche auch, daß Irigaray eine radikale Evolution der politischen Praxis fordere, die bisher rein männlich bestimmt ist.

Zu Irigarays Verteidigung räumt Postl ein, daß das von ihr bestimmte Wesen der Frau eigentlich die Differenz selbst sei. Es ist ungeformt, inhomogen und ständig in Veränderung. So definiere Irigaray zwar ein weibliches Wesen, das inhaltlich aber undefinierbar bleibe.[58]

58 Vgl. Gertrude Postl: Weibliches Sprechen, S. 149f.

3. Julia Kristeva und ›Die Revolution der poetischen Sprache‹

Die bulgarische Linguistin Julia Kristeva gehört nicht zu den typischen Vertreterinnen der feministischen Philosophie. Bekannt wurde sie vor allem als Literaturtheoretikerin; heute lehrt sie am *Institut Sciences des textes et documents* in Paris und arbeitet außerdem als Psychoanalytikerin.

In ihren Arbeiten befaßt sich Kristeva mit den Bereichen Philosophie, Theologie, Linguistik, Literatur, Kunst, Politik und Psychoanalyse. Die allgemeinen Themen Weiblichkeit und Frausein werden meist implizit angesprochen, ausführlicher geht sie auf die Problematik der Mutterschaft ein. Außerdem entwickelt sie in ihrem Ansatz den Begriff des *Subjekts-im-Prozeß*, das sich durch den Dialog mit anderen konstituiert. Ihr Ziel ist es, die sprachliche Ordnung aufzusprengen, um einen neuen geschlechtsneutralen Subjektbegriff zu konzipieren, der für die unterschiedlichen Erfahrungen von Frauen und Männern gleichermaßen offen sein soll.[1]

Kristevas Ansatz weist inhaltlich einige Parallelen zur ›Ethik der sexuellen Differenz‹ von Luce Irigaray auf, die zum Teil ähnliche Themen diskutiert und auch auf mehreren Ebenen Bezug zur Psychoanalyse herstellt. Beide Philosophinnen werden, zusammen mit Hélène Cixous, häufig in einem Atemzug genannt, da sie den poststrukturalistischen französischen Feminismus repräsentieren.

Kristeva selbst hat ihr Geschlecht in mehreren Lebensstadien als problematisch wahrgenommen. Als Mitglied der *Tel Quel*-Gruppe, die ursprünglich nur aus Männern bestand und der sie sich kurz nach ihrer Emigration nach Frankreich anschloß, hat sie ihr Frausein ebenso wie ihr Fremdsein als Herausforderung empfunden. Später, so Kristeva, sei es für sie hilfreich gewesen, Frau zu sein, um das besondere Wagnis auf sich zu nehmen und die Grenzen des bedeutungsgebenden Subjekts zu überschreiten.[2]

1 Vgl. Toril Moi: Preface. In: Dies. (Hgin): The Kristeva Reader, S. VI.
2 Toril Moi: Introduction. In: Dies. (Hgin): The Kristeva Reader, S. 3.

In ihren Arbeiten plädiert Kristeva für eine neue Ethik, die aber nicht speziell an die weibliche Erfahrung gebunden ist. Den Begriff der Weiblichkeit versteht sie als rebellisches Moment in der phallozentrischen Sprache, das die sexuelle Differenzierung widerspiegelt. Mit ihrem Konzept zielt sie auf den Umsturz des patriarchalen Systems und will dadurch nicht nur die Ansätze von Gleichheit und Differenz hinterfragen, sondern auch den Feminismus selbst treffen.[3]

3.1. Das Semiotische und das Symbolische

In ihren Publikationen befaßt sich Kristeva vor allem mit Themen der Linguistik und Semiotik. Ihr linguistischer Ansatz ist stark von der russischen und marxistischen Tradition beeinflußt, woraus sich eine Bindung an den Marxismus sowie an den Formalismus ergibt. Dazu kommt der zunehmende strukturalistische Einfluß und Kristevas wachsendes Interesse an der Philosophie Hegels.[4]

In diesem Kontext steht ihre 1974 erschienene Dissertation ›Die Revolution der poetischen Sprache‹. Darin entwickelt Kristeva eine Theorie des sprachbildenden Prozesses, in dessen Mittelpunkt das sprechende Subjekt steht. Ihre linguistischen Arbeiten werden stark von der Psychoanalyse beeinflußt und beziehen sich in erster Linie auf das Subjekt im psycho-linguistischen Kontext. Dabei überschreitet Kristeva mit ihren Theorien von Subjektivität und Weiblichkeit die klassischen Ansätze Freuds und Lacans.

Erster Ansatzpunkt bleibt aber Lacans Begriff der symbolischen Ordnung, der stellvertretend für die patriarchale Gesellschaft steht. Das Symbolische gibt Verhaltensnormen, Sprachmuster und Rollenverteilungen vor, die das Gerüst der patriarchalen Gesellschaft darstellen. In der kindlichen Entwicklung wird die symbolische Ebene dann erreicht, wenn die vorsymbolische oder ödipale Phase abgeschlossen ist. Den Übergang markiert das Spiegelstadium; Lacan ver-

3 Vgl. Andrea Schröder: Rezension ›Denken der Geschlechterdifferenz‹. In: Die Philosophin 4 (1991), S. 9ff.

4 Vgl. Toril Moi: Introduction. In: Dies. (Hgin): The Kristeva Reader, S. 1f.

steht darunter den Prozeß der Trennung vom mütterlichen Leib und die Befreiung aus der ödipalen Phase. Erreicht das Kind die symbolische Ordnung, findet es eine bestehende Struktur vor, in die es sich integrieren muß.[5]

Signifikant für Lacans Haltung Frauen gegenüber ist, daß diese nach seiner Meinung die Ebene des Symbolischen nicht erreichen können. Sie bleiben störende Außenseiterinnen, da sie die ödipale Phase, also die völlige Loslösung von der Mutter, nie wirklich abschließen.[6]

Kristeva übernimmt in ihrer Arbeit grundsätzlich dieses Modell, wobei sie die vorsymbolische oder semiotische Ebene mit dem Weiblichen und die symbolische mit dem Phallozentrismus identifiziert. Daraus entwickelt sie die für ihre Untersuchungen grundlegende Spaltung von *semiotisch* und *symbolisch*.

Der Begriff des Semiotischen stammt aus dem Griechischen und bedeutet Unterscheidungsmerkmal, Spur, Kennzeichen, Beweis oder Zeichen. Kristeva definiert das *Semiotische* als den Ausdruck der Phantasien und Wünsche, die außerhalb der legitimen Grenzen des patriarchalen Systems liegen. Es ist die plötzliche Entäußerung des Leiblichen in der Sprache, durch die das Unbewußte ausgedrückt werden kann. Das Semiotische steht für Assoziation und Verschmelzung und für den spielerischen Umgang mit optischen und akustischen Eindrücken.

Durch die Verbindung mit dem Weiblichen und Mütterlichen kennzeichnet Kristeva damit auch die biologischen Eigenschaften. Sie stellt die These auf, daß die semiologischen Artikulationen über den biologischen Code transportiert werden und somit als Grundlage der Sprache, der Sinngebung und ebenso der symbolischen Funktion zu verstehen sind.[7]

Kristeva kennzeichnet das Semiotische als verdrängte, unbewußte Sprache, die sie auch mit dem Begriff *Chora* umschreibt. Die Chora

5 Vgl. Andrea Nye: Feminist Theory and the Philosophies of Man, S. 142f.
6 Vgl. ibid., S. 170.
7 Vgl. Julia Kristeva: Die Revolution der poetischen Sprache, S. 38ff.

wird aus dem Griechischen mit Raum oder Unterleib übersetzt und gilt bei Platon als etwas Unnennbares, Unerfahrbares und Flüssiges, das dem Einen, dem Vater, vorgängig ist. Unter Chora versteht Kristeva die menschlichen Triebe und ihre unbewußte Artikulation, die somit dem Bereich des Semiotischen zugeordnet werden. Sie ist weder ein Zeichen noch eine Position, sondern eine grundsätzliche bewegliche und extrem provisorische Artikulation.

Die Chora ist der Ort der Bedeutungen und Signifikanten, die nicht auf eine symbolische Ordnung reduziert werden können und deren rationale Subjektivität überschreiten. Kristeva sieht die Chora als Kennzeichen des *Subjekts-im-Prozeß*, das im Akt der Bedeutungsgebung mit archaischen, instinktiven und mütterlichen Aspekten konfrontiert wird. Sie entsteht durch den Eintritt des Subjekts in die symbolische Ordnung und die dabei aufkommenden Verdrängungen. Kristeva versteht die Chora auch als pulsierenden Druck auf oder in der symbolischen Sprache. Dabei ist sie keine neue Sprache, sondern konstituiert die heterogene, gespaltene Dimension der Sprache.

Die Chora ist einheits- und identitätslos, aber trotzdem bestimmten Regelungen unterworfen, die nicht dem Bereich des Symbolischen entstammen. Es sind provisorische Regeln, die auf die Chora einwirken und durch die sich stets neue Artikulationen bilden können.[8] Sie steht für prä-ödipale semiotische Funktionen, die Kristeva auch mit der Mutterbeziehung vergleicht. »Insofern kann man sagen, daß der mütterliche Körper das symbolische Gesetz vermittelt, welches die gesellschaftlichen Verhältnisse regelt, und daß dieser Mutterkörper im Zeichen von Destruktion, Aggression und Tod zum Fundament der Auflage wird.«[9]

Für Kristeva repräsentiert die Chora auch den Ort der Verneinung, der eine Bedrohung für die symbolische Ordnung darstellt. Sie wird am deutlichsten innerhalb von Lyrik, Kunst und Religion, die Aspekte der Sprache zeigen, die nicht dem rationalen Diskurs unterworfen sind. Durch sie wird die instabile Natur des Subjekts sicht-

8 Vgl. Julia Kristeva: Die Revolution der poetischen Sprache, S. 37.
9 ibid., S. 38f.

bar. Wichtigste Schauplätze dieser Prozesse sind für Kristeva die kindliche Sprache, die Renaissance-Malerei und die Avantgarde-Literatur.[10]

Dem Semiotischen entgegengesetzt ist das *Symbolische*, wobei Kristevas Begriff nicht mit Lacans symbolischer Ordnung identisch ist. Das Symbolische entsteht durch eine Spaltung des Semiotischen, die durch den Abschluß der ödipalen Phase und das Spiegelstadium verursacht wird. Diese Spaltung bezeichnet Kristeva als das *Thetische*. »Das Thetische erst ermöglicht die Konstituierung der symbolischen Ordnung, ihrer vertikalen Schichtung und der einzelnen Modalitäten, die sich aus dieser Schichtung ergeben.«[11] Durch die Setzung des Thetischen erwirbt das Subjekt die Fähigkeit zur Identifikation und zur Differenzierung. Es kann sich selbst als getrennt von seinem Bild und den Objekten wahrnehmen und ist in der Lage, sprachliche Bedeutungen zu schaffen und Urteile zu fällen. »Das Eindringen des Semiotischen ins Symbolische bleibt dennoch relativ. Das durchlässige Thetische sichert weiterhin die Setzung des Subjekts, das sich jetzt im Prozeß befindet.«[12]

Ebenso wie das Semiotische mit dem Biologischen, verbindet Kristeva das Symbolische mit dem Sozialen. Das Symbolische ist das Ergebnis der gesellschaftlichen Entwicklung, das sich durch die historische Familienstruktur herausbildet. Es bringt Zeichen und Bedeutung hervor und konstituiert die Sprache ebenso wie die soziale Praxis.

Kristeva versteht die Gegenüberstellung von Semiotischem und Symbolischem nicht als Parallele zu den patriarchalen Dualismen wie bewußt/unbewußt oder Kultur/Natur. Sie definiert die semiotische Ebene vielmehr als Bewegung oder Energie, die auch Einfluß auf das Symbolische ausübt. Beide Modalitäten konstituieren den Prozeß der Sinngebung, in dessen Mittelpunkt das Subjekt steht. »Da das Subjekt immer semiotisch und symbolisch ist, kann kein Zeichensy-

10 Vgl. Julia Kristeva: Die Revolution der poetischen Sprache, S. 80ff.
11 ibid., S. 71.
12 ibid., S. 72.

stem, das von ihm erzeugt wird, ausschließlich semiotisch oder symbolisch sein, sondern verdankt sich sowohl dem einen wie dem anderen.«[13] Damit bezieht Kristeva, im Gegensatz zur klassischen Psychoanalyse, die vorsymbolische oder semiotische Ebene in den Prozeß der Sinngebung ein, der nun im Zusammenspiel von Semiotischem und Symbolischem in der Person des Subjekts stattfindet. Allerdings wird dieser Prozeß niemals vollständig abgeschlossen und das Subjekt kann deshalb nicht zu einer fest definierten Einheit werden.

Das Semiotische erreicht die sinngebende Praxis, indem es das Symbolische durchläuft. Dabei vollzieht es eine Überschreitung der symbolischen Ordnung, die Kristeva als Explosion des Semiotischen im Symbolischen bezeichnet. Durch sie werden die Verdrängungen und Randbereiche des Symbolischen wieder aktiviert und in den Prozeß der Sinngebung integriert. Somit leitet das Semiotische, das eigentlich als Grundlage des Symbolischen gilt, die signifikante Praxis ein und überschreitet auch die symbolische Ordnung.[14]

Die Steuerung des Semiotischen innerhalb des Symbolischen erfolgt durch das Thetische, das Kristeva auch als Vermittlung zwischen dem Sozialen und dem Symbolischen kennzeichnet. Erst durch das Thetische ist die Konstituierung der symbolischen Ordnung möglich und ohne das Symbolische gibt es keine sinngebende Praxis.[15]

Durch den Einfluß des Semiotischen auf die symbolische Ebene, und damit auf die Sinnbildung, wird diese zu einem subjektiven Prozeß. »Was wir als Sinngebung kennzeichnen, ist eben jene unbegrenzte und nie abgeschlossene Erzeugung, jenes unaufhaltbare Funktionieren der Triebe auf die Sprache zu, in ihr und durch sie hindurch, auf den Austausch und die Protagonisten, das heißt auf das Subjekt und die Institutionen zu, in ihnen und durch sie hindurch. Dieser heterogene Prozeß ist weder anarchische Zerstückelung noch schizophrene Blockierung, sondern eine Praxis des Strukturierens

13 Julia Kristeva: Die Revolution der poetischen Sprache, S. 35.
14 Vgl. ibid., S. 77ff.
15 Vgl. ibid., S. 54.

und Destrukturierens, er ist Vorstoß hin zu den subjektiven und gesellschaftlichen Grenzen, und nur unter dieser Voraussetzung ist er Lusterleben und Revolution.«[16] Kristeva distanziert sich damit vom strukturalistischen Begriff der Sinngebung als willkürlich definierter Beziehung zwischen Signifikat und Signifikant, der die Bedeutungsmacht auf der Seite der größeren gesellschaftlichen Repräsentanz ansiedelt, das heißt im Patriarchat und in der symbolischen Ordnung. Diese Definition der Sinngebung geht von einem transzendentalen Subjekt aus, das in der Subjekt-Objekt-Spaltung verwurzelt ist. An diesem Ansatz kritisiert Kristeva, daß ihm eine dialektische Auffassung vom Prozeß der Sinngebung fehle. Damit werde auch die Rolle des Subjekts in der sinngebenden Praxis nicht adäquat erfaßt.[17]

In Abgrenzung dazu und zum philosophischen Begriff des transzendentalen Ego entwickelt Kristeva ihren Begriff des *Subjekts-im-Prozeß*, das labil in der Sprache verankert ist. Sie sieht das sprechende Subjekt als gespalten, da es keine Einheit bilden kann, nicht immer bei sich selbst ist und sich selbst nicht völlig kennt. Da ein Subjekt auch über unterschiedliche Wünsche verfügen könne, die nicht unbedingt zusammenpassen, existiere es im Zusammenspiel dieser Unterschiedlichkeiten. Es befinde sich in einem heterogenen Prozeß, wodurch es nicht in sich ruhen könne und weder sich selbst noch den anderen transparent werde. Kristeva definiert es als *Subjekt-im-Prozeß*, da es stark auf die dialektische Beziehung zu anderen angewiesen ist.[18]

Im Kontext ihrer psycho-linguistischen Theorie schafft Kristeva dem Subjekt den Raum, sich selbst durch den Einfluß des Semiotischen in Frage zu stellen. Auf diese Weise kann es sich von den starren Festlegungen des patriarchal definierten transzendentalen Subjekts befreien. Bedingt durch die Identifikation mit der semiotischen Disposition schreibt sie dem sprechenden Subjekt auch die Fähigkeit

16 Julia Kristeva: Die Revolution der poetischen Sprache, S. 31.
17 Vgl. ibid., S. 33f.
18 Vgl. ibid., S. 200ff.

zur Erneuerung der bestehenden Ordnung zu. Das Semiotische wird nicht mehr vom Symbolischen verdrängt, sondern behauptet sich, indem es sich in den Prozeß der Sinnbildung einbringt, durch Störung, Auslassung, Wiederholung und unbestimmte Bedeutungen.[19]

Zusammen konzipieren das Semiotische und das Symbolische auch die unterschiedlichen Diskursformen. Symbolisch geprägt ist der wissenschaftliche Diskurs, der nach dem Status einer Metasprache strebt und versucht, die semiotischen Komponenten zu reduzieren. Den Gegensatz dazu bildet die poetische Sprache. Sie ist in der Lage, das Symbolische zu stören, zu unterwandern und zu verändern.[20] Bei Kristeva gehört zur poetischen Sprache auch eine weibliche Sprachform, wobei sie den Begriff weiblich nicht nur auf Frauen bezieht, sondern auch für männliche AutorInnen offenhält. Sie entwickelt somit keine geschlechtsspezifische Differenz im sprachlichen Ausdruck, stellt aber fest, daß es unterschiedliche Themen und Stile im weiblichen Schreiben gibt.

Durch das Einfließen des Semiotischen in das Symbolische werden zwei Prozesse eingeleitet: Erstens bringt es ein Fließen in die Differenzen, welche die Bedeutung bilden, und verändert die binäre Logik der Metaphysik. Zweitens stört es den Dualismus und die Zwänge des transzendentalen Ego in der Illusion seiner einzigartigen Selbstidentität.

Mit dem Einbruch des Semiotischen in das Symbolische zielt Kristeva darauf ab, die geschlossenen und festgefügten Bedeutungen zu öffnen, die sich dann im freien Spiel der Negativität bewegen können. Dabei ist die Negativität ein Prozeß, der zwar zerstört, aber auch erneuert. Der negative Prozeß entsteht durch die semiotischen Operationen, deshalb ist er sprachlich strukturiert, unterscheidet sich aber von der dualen Ordnung des Symbolischen. Der Ort, an dem der Prozeß der Negativität zum Tragen kommt, ist die semioti-

19 Vgl. Julia Kristeva: The System and the Speaking Subject. In: Moi (Hgin): The Kristeva Reader, S. 29ff.

20 Vgl. Julia Kristeva: Desire in Language, S. 134.

sche Chora, die gegen die Dominanz der symbolischen Ordnung immun ist.

Kristeva sieht die Aufgabe der Negativität oder Verwerfung darin, die Dualität von öffentlich–privat, Subjekt–Objekt, bewußt–unbewußt, zwischen Leib und Seele aufzulösen. Diese Auflösung wird möglich durch die Fusion mit dem prä-ödipalen mütterlichen Leib.[21]

3.2. Das Semiotische und die prä-ödipale Mutter

Auf der Grundlage ihrer Unterscheidung zwischen dem Semiotischen und dem Symbolischen macht Kristeva auch die spezifische Unterdrückung der Frauen sichtbar. Sie identifiziert das Weibliche mit dem Semiotischen, das als spielerisches Moment der Sprache Ambiguitäten und Nuancen einbringt. Das semiotische Element werde, so Kristeva, im Sprachgebrauch meist unterdrückt, einzige Ausnahme sei die poetische Sprache. Zu dem spielerischen Element des Semiotischen gehört auch ein fürsorglicher Aspekt sowie widersprüchliche Existenzformen wie Unbeständigkeit oder Irrationalität, die meist den Frauen zugeschrieben werden.

Mit dieser Parallele wird die Unterdrückung des Semiotischen in der symbolischen Ordnung auf eine Ebene gestellt mit der Unterdrückung des Körpers durch Disziplin und Hierarchie, besonders der Unterdrückung der frühkindlichen Erfahrung. Das Kind befindet sich in einem vor-symbolischen Stadium, das es im Prozeß der Subjektwerdung verlassen muß, um seine Identität in der symbolischen Ordnung zu finden und Individuum zu werden. Kristeva versteht die Unterdrückung auch als Negation der Besonderheit und Differenz des weiblichen Körpers durch die patriarchale Kultur. Durch sie entstehen kulturelle Mechanismen wie Sexismus und Rassismus. Es ist die Aufgabe des sprechenden Subjekts, diese Schemata zu verändern, indem es die Sprache revolutioniert.

Beispiele für eine solche Revolution der Sprache, die auch als

21 Vgl. Julia Kristeva: Die Revolution der poetischen Sprache, S. 114ff.

Modell für das Sozialverhalten steht, findet Kristeva bei verschiedenen Avantgarde-SchriftstellerInnen wie Lautréamont oder Stéphane Mallarmé und in der Frauenbewegung.[22]

Das Potential dieser Revolution ist für Kristeva das unterdrückte Weibliche, die *prä-ödipale Mutter*. Sie ist die Grundlage der neuen Ethik Kristevas; sie steht als Modell für ein bestimmtes Sozialverhalten und ist die weibliche Form der Revolution in der poetischen Sprache.[23]

Angeregt durch die Psychoanalyse, so macht Kristeva deutlich, wird in letzter Zeit die Bedeutung der prä-ödipalen Phase innerhalb der Entwicklung eines Subjektes immer stärker betont. Sie wird gleichgesetzt mit der Mutter, an die das Kind seit der Geburt gebunden ist. Die Mutter wird nicht als Gegenüber erfahren, sondern steht in einer natürlichen Verbindung mit dem Körper des Kindes. Mit der Ausbildung der Sprache wird die prä-ödipale Phase verlassen und die ödipale Phase sowie die Symbolisierung eingeleitet. Durch die Trennung von der prä-ödipalen Mutter vollzieht der Mensch eine grundlegende Spaltung zwischen dem Gefühl und dem körperlichen Selbst. Sie hat das Verbot der Selbstbefriedigung und die Anerkennung des Vaters zur Folge. Er ist der Repräsentant der symbolischen Ordnung, deshalb wird ihr Beginn durch das Inzestverbot und die Erziehung zu logischer und wissenschaftlicher Kommunikation markiert.

Durch den Einfluß des Vaters geht das kindliche Subjekt über in den Prozeß der Symbolisierung. Es erlernt die symbolische Funktion, was für Kristeva die grundlegendste psychische Erfahrung darstellt. Der ursprüngliche körperliche Rhythmus wird in geordnete abstrakte Strukturen gepreßt. Das Ziel der symbolischen Ordnung ist die Unterdrückung der prä-ödipalen Lustempfindung. Kristeva bezeichnet die Symbolisierung als Dressur mit dem Ziel, Stimmbänder und Schließmuskeln zu trainieren.[24]

22 Vgl. Julia Kristeva: Die Revolution der poetischen Sprache, S. 211.
23 Vgl. Julia Kristeva: Die Chinesin, S. 256ff.
24 Vgl. ibid., S. 258.

Für das Kind entsteht mit dem Verlassen der prä-ödipalen Phase und dem Eintritt in die symbolische Ordnung die Möglichkeit, andere Gegenüber zu entdecken und sich von der Mutter zu distanzieren. Es kann sich nun dem Vater zuwenden, wodurch für das Mädchen ein grundlegendes Identifikationsproblem entsteht. Ein Ergebnis dieser Problematik ist für Kristeva die weibliche Homosexualität.

Auch für die erwachsene Frau stellt die symbolische Ordnung eine Schwierigkeit dar. Eigentlich kann sie darin nur existieren, wenn sie sich mit dem Vater identifiziert.[25] Die Angleichung an diese Strukturen führt zu einer weiblichen Perversion, die sich für Kristeva in dem Wunsch nach Reproduktion und Beständigkeit äußert. Durch sie wird der weibliche Masochismus zum Stabilisator des bestehenden Systems erhoben. Der Frau wird zugesichert, durch die Mutterschaft in eine Ordnung einzutreten, die jenseits des menschlichen Willens liegt und ihr Freude bringen wird. Auf diese Weise wird die weibliche Reproduktionsfähigkeit zum Unterdrückungsmoment und zur Anpassung an die Gesellschaft mißbraucht.

Kristeva macht deutlich, daß die Frauen sich von diesen Vorgaben lösen müssen, denn unabhängig davon, ob sie eine abstrakte symbolische Ordnung leben wollen oder eine andere Form wählen, dürfen Frauen auf keinen Fall zwischen Anspruch und Wirklichkeit gespalten sein.[26]

Als besondere Konfliktbereiche im Leben von Frauen sieht Kristeva Schwangerschaft und Mutterschaft. Beide gehören nicht zur symbolischen Ordnung, sondern werden an ihrem Rand angesiedelt. Kristeva bezeichnet sie als *Abjekt*. Sie liegen in einem Grenzbereich des Symbolischen, der auch Kontrolle über das Semiotische ausübt. Mit dem Begriff Abjekt werden das weibliche Sein, das Irrationale und der mütterliche Diskurs gekennzeichnet. Das Abjekt wird an der Unterseite des Symbolischen angesiedelt, es ist das, was durch das Symbolische verdeckt und verdrängt wird. Im Hinblick auf die Sub-

25 Vgl.Julia Kristeva: Die Chinesin, S. 252ff.
26 Vgl. Julia Kristeva: Stabat Mother. In: Moi (Hgin): The Kristeva Reader, S. 173ff.

jektivität ist das Abjekt der Grenzbereich zwischen Subjekt und Objekt, den der Mensch als etwas Fremdes wahrnimmt. Er wird vom rationalen Bewußtsein nicht akzeptiert und das Subjekt kann durch ihn gegen seine Leiblichkeit revoltieren.

Eines dieser Grenzphänomene, die Schwangerschaft, sieht Kristeva als problematisch an, da es einerseits die Reproduktion der eigenen Identität zur Folge hat und andererseits eine Teilung des Subjekts mit sich bringt. Kristeva bezeichnet die Schwangerschaft auch als eine institutionalisierte Psychose, da sie ein besonderes psychisches Moment darstellt und den Ausbruch des Instinkts markiert.

Ebenso ist die Geburt eine Grenzerfahrung und ein Übergangsbereich, durch den sich die Frau von der symbolischen Ordnung entfernt. Andererseits bildet die Erfahrung der Geburt eine Stufe auf dem Weg zu einem Subjektstatus, der innerhalb der symbolischen Ordnung liegt.[27]

Die Mutterschaft siedelt Kristeva zwischen Natur und Kultur an, wodurch die Mutter zur Garantin dieser Gemeinschaft wird. Problematisch ist die Mutterschaft innerhalb der patriarchalen Kultur, da die Frauen in einer Differenz zwischen dem historischen Zwang zur Unterordnung und dem Mythos von der Jungfräulichkeit leben müssen. Um diesen Gegensatz aufzulösen sei es notwendig, so Kristeva, der Mutter auch ein Lustempfinden zuzugestehen. Die mütterliche Lust dürfe nicht als primitiver Akt eingestuft werden, welcher der Mythisierung der Mutterschaft entgegensteht. Damit werde der Mutter ihre Geschlechtlichkeit aberkannt, zugunsten ihrer Stellung in der symbolischen Gesellschaft.[28]

Auf dem Hintergrund dieser Problematik entwickelt Kristeva einen ethischen Ansatz, mit dem sie ein neues Verständnis des mütterlichen Körpers, eine Erneuerung der Mutter-Tochter-Beziehung und den weiblichen Ausschluß der Männlichkeit fordert. Sie stellt fest, daß ein post-jungfräulicher Diskurs über die Mutterschaft notwendig sei,

27 Vgl. Julia Kristeva: The Powers of Horror, S. 3ff.
28 Vgl. Julia Kristeva: Die Chinesin, S. 251.

der Frauen und Männer zu einer neuen Ethik führen soll, eine *Herethik*, die semiotische Aspekte wie Geburt und Tod mit einschließt.[29]

Da die zeitgenössischen Ethiken nicht auf der gleichen Moral basieren, seien sie nicht in der Lage, die Probleme zu lösen, die durch den Körper, die Sprache und die Sinneslust gegeben sind. Eine Neuformulierung der Ethik sei nun die Sache der Frauen. »Of women who harbour the desire to reproduce. Of women who are available so that our speaking species, which knows it is moral, might withstand death. Of mothers.«[30] Die Frauen müssen sich für eine heretische Ethik einsetzen, indem sie sich von der gängigen Moralität distanzieren und auch Gedanken an den Tod zulassen. Die Herethik beschreibt Kristeva auch als eine *un-tote Liebe*.

Ein idealer Ort zur Verwirklichung dieser neuen Ethik ist für Kristeva das psychoanalytische Gespräch. Darin soll eine besondere Form der Liebe praktiziert werden, denn wenn die/der AnalytikerIn ihre/seine PatientIn nicht liebe, so Kristeva, könne sie/er diese auch nicht heilen. Es handelt sich um eine Art von übertragener Liebe, welche das weibliche oder männliche Subjekt bei seiner Selbstwerdung unterstützt. Die PatientInnnen können dadurch eine neue Form von Subjektivität aufbauen, um ein Subjekt-im-Prozeß innerhalb der symbolischen Ordnung zu werden.[31]

3.3. Die Frauen und die Zeit

Kristevas Haltung zum Feminismus kann als sehr kritisch bezeichnet werden. Sie distanziert sich ausdrücklich von populären feministischen Slogans, wie *das Private ist politisch*, und fordert ein umfassenderes Verstehen auch der unpolitischen Aspekte des Lebens. Nach ihrer Meinung können Liebe und Begehren in einem rein poli-

29 Vgl. Julia Kristeva: Stabat Mother. In: Moi (Hgin): The Kristeva Reader, S. 161.
30 ibid., S. 185.
31 Vgl. Julia Kristeva: Psychoanalysis and the Polis. In: Moi (Hgin): The Kristeva Reader, S. 310ff.

tischen Diskurs nicht adäquat erfaßt werden, dazu müßte erst der traditionelle Horizont der Linken erweitert werden.

In ihren eigenen Arbeiten formuliert Kristeva die Zielsetzung, die Subversion und Zerstörung der phallozentrischen Machtstrukturen herbeizuführen. Eine zentrale Kritik richtet sie auch gegen den radikalen französischen Feminismus, der in erster Linie die Differenz zwischen Frauen und Männern betont. Dabei wendet sie sich vor allem gegen Philosophinnen wie Cixous und Irigaray. Ihnen wirft Kristeva eine Idealisierung der Weiblichkeit beziehungsweise der prä-ödipalen Mutter vor.[32] Sie selbst fordert zwar auch die Anerkennung der sexuellen Differenz, wie die Psychoanalyse sie sieht, schreibt dem Frausein aber kein essentielles Wesen zu.

Frausein sieht Kristeva nicht als verdrängtes Ich, das wiederangeeignet werden sollte, sondern als politischen Begriff, der als Strategie im Kampf für die Interessen der Frauen verwendet wird. Deshalb sieht sie Weiblichkeit auch nicht als Eigenschaft der Frauen, sondern primär als sprachliches Phänomen.[33]

Innerhalb der Frauenbewegung unterscheidet Kristeva zwischen drei Generationen von Feministinnen: die erste Welle zu Beginn unseres Jahrhunderts waren privilegierte Frauen, die sich für die gleichen Rechte einsetzten. Sie kämpften in erster Linie für das Wahlrecht der Frauen und damit für die Teilhabe an der patriarchalen Macht.

Die zweite Generation, entstanden aus der studentischen Rebellion der sechziger Jahre, setzte sich dann nicht mehr für die Gleichheit mit den Männern ein, sondern sah die Frauen als radikal unterschiedlich an. Sie forderte eine eigene weibliche Identität und das Recht der Frauen, außerhalb von Geschichte und Politik zu stehen, um der phallozentrischen Gesellschaft keinen Vorschub zu leisten.

In der zweiten Frauenbewegung engagierten sich Frauen, die durch eine ästhetische oder psychoanalytische Erfahrung zum Femi-

32 Vgl. Toril Moi: Introduction. In: Dies. (Hgin): The Kristeva Reader, S. 8ff.
33 Vgl. Chris Weedon: Wissen und Erfahrung, S. 91.

nismus kamen. Diese Richtung der Frauenbewegung ist besonders eng verbunden mit der weiblichen Intersubjektivität und den körperlichen Erfahrungen.[34]

Diesen beiden Strömungen schreibt Kristeva auch unterschiedliche Zeitauffassungen zu. Die Frauen der ersten Generation kämpften für das Recht auf einen Platz in der *linearen Zeit*. Darunter versteht Kristeva den allgemeinen Zeitbegriff, in dem einzelne Momente aneinandergereiht werden. Sie läuft chronologisch ab und kann gemessen werden. Die lineare Zeit ist auch eine Zeit der patriarchalen Sprache.[35]

Im Gegensatz dazu waren die Frauen der zweiten Frauenbewegung besonders an weiblicher Psychologie und ihrer symbolischen Umsetzung interessiert. Diese Frauen suchten eine Sprache, mit der sie ihre subjektiven und körperlichen Erfahrungen ausdrücken konnten.[36] Sie hatten die lineare Zeitlichkeit grundsätzlich verworfen und dazu aufgefordert, sich außerhalb dieser Zeit zu stellen. Ihre Orientierung sind die *monumentale* und die *zyklische Zeit*. Monumentale Zeit definiert Kristeva in Anlehnung an Nietzsche als die Zeit der geschichtlichen Abläufe. Sie ist verbunden mit der linearen Zeit und erfaßt die Zusammenhänge aufgrund der historischen Ereignisse.

Daneben siedelt Kristeva die zyklische Zeit als eine spezifisch weibliche Zeitauffassung an. Sie ist geprägt von Wiederholung und Ewigkeit. Die zyklische Zeit ist orientiert an Schwangerschaft und am biologischen Rhythmus der Frau, der mit der Natur konform geht und der stereotypen Zeitlichkeit der Männer entgegensteht. Diesen Aspekt nennt Kristeva auch *kosmische Zeit*.[37]

Neben den beiden genannten Generationen der Frauenbewegung gibt es für Kristeva eine dritte Generation, die sich zur Zeit ent-

34 Vgl. Julia Kristeva: Women's Time. In: Moi (Hgin): The Kristeva Reader, S. 187.
35 Vgl. ibid., S. 191f.
36 Vgl. ibid., S. 194.
37 Vgl. ibid., S. 187.

wickelt und die sie als europäische Erscheinung kennzeichnet. Diese Frauen, zu denen sich auch Kristeva selbst zählt, situieren sich selbst außerhalb der linearen Zeit. Sie wollen zum einen die archaischen mythischen Erinnerungen und andererseits die monumentale Zeitlichkeit der Ereignisse wiederbeleben.[38] Kristeva kennzeichnet die Arbeit dieser Frauen als subversiv und schreibt ihnen die ideologische Funktion der Dissidentin zu.

Die besondere Qualität dieser neuen Frauenbewegung liegt darin, daß sie zum einen die Metaphysik attackiert und die patriarchalen Dichotomien dekonstruiert und zum anderen die psychoanalytische Vorstellung der sexuellen Differenz analysiert. Diese Aufgabe ist für Kristeva eng verbunden mit der Bewegung zwischen dem Semiotischen und dem Symbolischen.[39]

Für Kristeva geht der Kampf der modernen Frauenbewegung nicht länger um die Gleichheit, sondern um Unterschiedlichkeit und Individualität. Die Frauen engagieren sich in Politik und Sprache, um sie von innen zu untergraben. Sie wollen weder Anpassung noch Trennung, weder Gleichheit noch Differenz. Sie wollen die Überschreitung der sexuellen und persönlichen Identität. Die Geschlechterdifferenz wird übersetzt in eine Differenz in der Beziehung der Subjekte zum symbolischen Vertrag, der auch vergleichbar ist mit dem sozialen Kontrakt. Es ist eine Differenz von Kraft, Sprache und Bedeutung.

Diese neue Generation von Frauen ist nun konfrontiert mit der Aufgabe, die mütterliche und die lineare Zeit zu versöhnen, um eine Gleichzeitigkeit dieser verschiedenen Zeitkonzepte zu ermöglichen.

Mit dieser Zielsetzung geht es Kristeva um eine Differenz, die nicht nur zwischen den Geschlechtern, sondern auch zwischen den einzelnen Frauen besteht. Durch sie soll die Besonderheit des Weiblichen und die jeder einzelnen Frau aufgezeigt und die Einzigartigkeit jeder Person deutlich werden.[40]

38 Vgl. Julia Kristeva: Women's Time. In: Moi (Hgin): The Kristeva Reader, S. 194f.
39 Vgl. ibid., S. 199f.
40 Vgl. ibid., S. 196.

3.4. Fremde wie du und ich

Ein Thema, mit dem sich Kristeva vor allem auch aus ihrem persönlichen Hintergrund und ihrer eigenen Erfahrung heraus befaßt hat, ist das Thema Fremdsein. Für ihr 1988 erschienenes Buch ›Fremde sind wir uns selbst‹ erhielt sie den »Prix Henri Hertz«.

Kristeva analysiert darin das Fremdsein unter verschiedenen Aspekten. Sie betrachtet die Lebenssituation von entwurzelten Fremden, die aufgrund äußerer Umstände ihr Heimatland verlassen mußten. Sie befaßt sich weiterhin mit dem Bild der Fremden in Literatur, Philosophie und Religion. Als Beispiele für die unterschiedliche Einschätzung und den Umgang mit Fremden und dem Fremdsein führt Kristeva Beispiele aus der Antike, dem Judentum, dem Christentum, der Renaissance, der Aufklärung und der Neuzeit an.

In der Betrachtung der Geschichte des Fremdseins in Philosophie oder Religion stellt Kristeva fest, daß Fremde meistens als Feinde/Innen gesehen werden und nur selten in das Gesellschaftssystem integriert sind. Definiert wird Fremdsein immer negativ, Fremde sind Andere, das Negativbild der Einheimischen.

Problematisch ist auch der Rechtsstatus der Fremden. In der Rechtsordnung wird Fremdsein in doppelter Hinsicht relevant, bezogen auf die menschliche Abstammung und auf die nationale Zugehörigkeit. »Der Fremde ist derjenige, der nicht zu dem Staat gehört, in dem wir sind, ist der, der nicht die gleiche Nationalität wie wir hat.«[41] Fremden werden die BürgerInnenrechte abgesprochen. Im täglichen Leben haben Fremde zwar oft die privaten bürgerlichen Rechte, aber gleichzeitig werden ihnen die politischen aberkannt. Auch von der Ausübung öffentlicher Ämter sind Fremde meist ausgeschlossen. Fremde bleiben Fremdkörper innerhalb unserer Rechtsordnung. Dabei wirft Kristeva die Frage auf, ob fehlende BürgerInnenrechte auch zur Aberkennung der Menschenrechte führen müssen.

In ihrer Untersuchung stellt Kristeva fest, daß viele Aspekte des

41 Julia Kristeva: Fremde sind wir uns selbst, S. 104.

Menschseins unter dem Vorzeichen des Fremdseins ihre Bedeutung verlieren oder neue erhalten. So kann das fremdartige Glück kein bleibendes sein, es ist nur Übergang, Glücksmoment. Auch hat die/der Fremde ihren/seinen Ursprung verloren, sie/er ist nicht mehr verwurzelt, sondern immer in Bewegung. »Der Raum des Fremden ist ein fahrender Zug, ein fliegendes Flugzeug, der jedes Anhalten ausschließende Transit selbst. Anhaltspunkte, keine.«[42] Fremde als Entwurzelte haben keine Sicherheiten mehr. Sie sind in sich selbst angesiedelt, nicht in einem bestimmten Land, aber durch die Entwurzelung haben sie auch kein Selbst.

Ein auf den ersten Blick äußerer Effekt des Fremdseins ist der Verlust der Muttersprache. Man wird von ihr abgeschnitten und muß nicht nur mit fremden Menschen, sondern auch mit fremden Klängen leben. Die/Der Fremde gerät zwischen zwei Sprachen, was häufig zum Schweigen führt. »Schweigen nicht aus Zorn, der die Worte bis an den Rand der Vorstellung und der Lippen treibt; sondern Schweigen, das den Geist leer macht und den Kopf mit Niedergeschlagenheit erfüllt.«[43] Kristeva stellt fest, daß es zwei mögliche Reaktionen auf das Fremdsein, die Entwurzelung gibt: die eine Gruppe verhärtet sich, ist desillusioniert und neigt zur Ironie. Die andere transzendiert die Problematik des Fremdseins, indem sie sich an einem jenseitigen Leben orientiert, sie werden zu Gläubigen oder zu SkeptikerInnen.

Fremdsein heißt auch, frei zu sein von Bindungen, zur Familie, zu den Ursprüngen. Als Fremde fühlt man sich frei, aber die Absolutheit dieser Freiheit führt auch zur Einsamkeit.[44] Als Element dieser Einsamkeit beschreibt Kristeva die Wechselwirkung der Ausgrenzung, die gegen die Fremden gerichtet ist und von ihnen ausgeht: »...der Fremde schließt aus, noch bevor er selbst ausgeschlossen wird, und mehr noch, gerade wenn er nicht ausgeschlossen wird.«[45] Indiz dafür ist auch die Entwicklung fundamentalistischer Strömungen,

42 Julia Kristeva: Fremde sind wir uns selbst, S. 17.
43 ibid., S. 26.
44 Vgl. ibid., S. 20f.
45 ibid., S. 33f.

die vor allem in der Fremde entstehen, wo sie um so radikaler werden, je weniger materielle und substantielle Bindungen vorhanden sind.

In ›Fremde sind wir uns selbst‹ stellt Kristeva die These auf, daß Fremdsein keine Kategorie ist, die nur aufgrund einer lokalen Abwesenheit vom Heimatland gebildet wird, sondern daß Fremdsein ein Teil der menschlichen Identität ist und als solcher in uns selbst besteht. »Er [der Fremde] ist die verborgene Seite unserer Identität, der Raum, der unsere Bleibe zunichte macht, die Zeit, in der das Einverständnis und die Sympathie zugrunde gehen.«[46] Beispiel für das Fremdsein in sich selbst, das jeder Mensch als Teil seiner Identität akzeptieren muß, ist Mersault, der *Fremde* Albert Camus'. Er ist in einem inneren Exil, seine Landsleute, sogar seine eigene Mutter sind ihm ebenso fremd, wie der Araber, den er tötet.[47]

Kristeva kommt zu dem Schluß, daß sich jede/jeder Einheimische auch an ihrem/seinem eigenen Ort mehr oder weniger fremd fühlt. Dadurch wird letztlich die Frage aufgeworfen, ob das äußere Fremdsein der Entwurzelten nicht durch das innere Fremdsein bedingt ist. »Oder sollte man in einem andern Land deshalb Fremder werden, weil man bereits innerlich ein Fremder ist?«[48] Das Fremdsein in uns können wir nicht beseitigen. Es ist Teil des Unbewußten. Kristeva sieht es als Aufgabe der Psychoanalyse, die Fremde/den Fremden in uns aufzuspüren.

Dabei beschreibt sie den Individualismus unserer heutigen Zeit auch als Chance, die eigenen Abgründe und die eigene Fremdheit zu entdecken. »Nicht mehr nach Aufnahme des Fremden in ein System, das ihn auslöscht, sondern nach Zusammenleben dieser Fremden, von denen wir erkennen, daß wir alle es sind.«[49]

Wünschenswert wäre nach Kristevas Meinung eine Polyvalenz der Mentalitäten unter dem Gesichtspunkt der Harmonie. Den Fremden

46 Julia Kristeva: Fremde sind wir uns selbst, S. 11.
47 Vgl. ibid., S. 35.
48 ibid., S. 24.
49 ibid., S. 12.

muß mehr Respekt entgegengebracht werden, sowohl vor dem äußeren Fremdsein als auch vor der/dem Fremden in uns. Unterstützt werden könnte diese Entwicklung durch die Einführung doppelter StaatsbürgerInnenschaften und die Einräumung politischer Rechte. Eine gegenseitige Akzeptanz der Fremden untereinander und der Einheimischen wäre notwendig, um gegenseitigen Respekt und eine multikulturelle Gesellschaft zu schaffen.[50]

50 Julia Kristeva: Fremde sind wir uns selbst, S. 208ff.

Feministische Ethik

1. Einleitung

Die feministische Ethik stellt einen sehr früh entstandenen und sehr zentralen Bereich der feministischen Philosophie dar. Den Anstoß bildete der Protest der Frauen gegen Arroganz, Indifferenz, Feindseligkeit und die Zerstörung ihrer Persönlichkeit durch eine sexistische Umgebung. Daraus entstand die Zielsetzung, sich ein besseres Lebensumfeld zu schaffen, das sich reflexiv auf die eigenen Erfahrungen und Wahlmöglichkeiten der Frauen bezieht.

In Ihrem Artikel ›The Feistiness of Feminism‹ erläutert Claudia Card, daß die Entstehung der feministischen Ethik mit der von nichtfeministischen PhilosophInnen ausgelösten Diskussion zur bestehenden Ethik begann. Sie stellten als erste die kanonischen Theorien und Prinzipien in Frage. Feministinnen brachten dann die Ethikdiskussion auf eine allgemeinere Ebene und zeigten auch grundlegende Probleme der moralischen Erkenntnis auf.[1] Dadurch rückte das Thema einer weiblichen Ethik zuerst in die öffentliche Diskussion der Feministinnen und fand später auch Eingang in den akademischen Diskurs.

Die Resonanz der feministischen Ethik führt Herta Nagl-Docekal darauf zurück, daß die moderne Ethik-Debatte weitgehend auf metaethische Problemstellungen konzentriert seien. Diese Fragen nach der Bedeutung der ethischen Theorien seien später in den Hintergrund getreten und es entstand größeres Interesse an einer angewandten Ethik, das sich in der Schaffung von Disziplinen wie Umwelt- oder Wirtschaftsethik ausdrückte.[2]

1 Vgl. Claudia Card: The Feistiness of Feminism. In: Dies. (Hgin): Feminist Ethics, S. 4ff.

2 Vgl. Herta Nagl-Docekal und Herlinde Pauer-Studer: Einleitung. In: Dies. (Hginnen): Denken der Geschlechterdifferenz, S. 1.

In der Anfangsphase waren die Problempunkte der feministischen Ethik noch eng mit allgemein feministischen Fragestellungen und lebenspraktischen Erfahrungen der Frauen verbunden. Es ging um Abtreibung, um die Gleichberechtigung der Frauen in der Gesellschaft, um die Unterdrückung am Arbeitsplatz, den Ausschluß der Frauen aus den Medien, um Charakter, zwischenmenschliche Beziehungen und den Austausch von Gefühlen. Später entwickelten die Feministinnen dann eigene theoretische Standpunkte zu allen Themen der modernen Ethikdiskussion, befaßten sich auch mit den Problemen Pornographie, Reproduktionstechnologien, Leihmutterschaft, Militarismus, Umwelt und der Situation von Frauen in der Dritten Welt.[3]

Populär wurde der Begriff der feministischen Ethik auch in breiteren Kreisen durch die psychologische Arbeit von Carol Gilligan, die mit ihrer empirischen Untersuchung ›Die andere Stimme‹ das moralische Verhalten von Mädchen und Jungen analysiert hat. Ähnlich wie Sara Ruddick und Nel Noddings konzipiert sie eine weibliche Ethik auf der Grundlage von klassischen weiblichen Werten wie Fürsorge und Mütterlichkeit.

Die feministische Ethik der achtziger Jahre ist geprägt von zwei Richtungen: Die eine befaßt sich mit der Kritik der traditionellen Ethik. Sie basiert auf den von Feministinnen geäußerten Zweifeln an der Angemessenheit der patriarchalen Ethik hinsichtlich der speziellen Problematik der Frauen. Sie kritisiert, daß die traditionelle Ethik nicht mit der moralischen Erfahrung der Frauen vereinbar sei, da ihre Theorien vom freien und unabhängigen Subjekt nicht der Lebenssituation der meisten Frauen entspreche. Weiterhin richtet sich die feministische Kritik gegen die allgemeine Annahme einer moralischen Intuition der Frau.

Gegenstand der zweiten Richtung ist die Entwicklung alternativer Ansätze unter dem Stichwort feministische Ethik. Diese beschränkt sich nicht auf die Kritik der männlichen Moralgrundsätze und der

3 Vgl. Alison Jaggar: Feminist Ethics. In: Card (Hgin): Feminist Ethics, S. 80.

universalistischen Ethik, sondern etabliert Frauen, ebenso wie Männer, als eigene moralische Instanz. Die Arbeiten haben ihre Wurzeln in der politischen Erfahrung der Frauen und in den neuen Beziehungen, die durch die Frauenbewegung zwischen den Frauen und der Welt entstanden.

Einige Autorinnen zielen innerhalb der feministischen Ethik auf die Erneuerung des gesamten philosophischen Kanons ab. Die französische Philosophin Luce Irigaray sieht das Ziel der Ethik hauptsächlich in der Unterwanderung des westlichen Phallozentrismus. In diesem Kontext steht auch Kathryn Morgan, die es als Aufgabe der feministischen Ethik ansieht, die epistemologischen, metaphysischen, ethischen und politischen Paradigmen grundlegend in Frage zu stellen.

Inzwischen reicht die Palette der feministischen Moralkonzepte von der Rehabilitierung weiblicher Tugenden bis zur Entwicklung neuer Moraltheorien auf der Grundlage des Feminismus. Gemeinsamer Anspruch aller Moraltheorien ist es, die männlichen Vorurteile der herkömmlichen Ethikentwürfe zu überwinden. Dazu gehören auch zwei Grundannahmen: »... die Unterdrückung der Frau ist moralisch falsch, und die konkrete moralische Erfahrung von Frauen sollte respektiert werden.«[4] Damit liegt der Ausgangspunkt der feministischen Ethik in der Überzeugung von der moralischen Verwerflichkeit der Unterdrücker und in der Feststellung, daß die weibliche Erfahrung gleiches Gewicht wie die männliche verdient.

Insgesamt versteht sich die feministische Ethik als neuer Denkansatz. Sie ist nicht Teil einer allgemeinen Ethik, der die Frauenecke ausfüllt und deshalb auch nicht mit den modernen Disziplinen Umwelt-, Medizin oder Wirtschaftsethik zu vergleichen. Herlinde Pauer-Studer beschreibt die feministische Ethik als »den Versuch, die Perspektive der Geschlechterdifferenz auf moralphilosophische Fragen – theoretische Problemstellungen wie auch die philosophische Analyse konkreter moralischer Konfliktsituationen – anzuwen-

4 Herta Nagl-Docekal und Herlinde Pauer-Studer: Einleitung. In: Dies. (Hginnen): Denken der Geschlechterdifferenz, S. 16f.

den.«[5] Weiter konkretisiert sie: »Feministische Ethik ist eine bestimmte, an der Benachteiligung von Frauen und der Asymmetrie in den Lebensmöglichkeiten von Frauen und Männern orientierte Sicht auf die Ethik. Ihr Gegenstandsbereich ist koextensiv mit dem der Moralphilosophie – sie ist nicht auf bestimmte Problemstellungen eingeschränkt. Feministische Ethik steht in einem Diskussionszusammenhang mit den Voraussetzungen und Ansätzen der traditionellen Moralphilosophie, ihre genaueren Konturen müssen aber erst erarbeitet werden – in Auseinandersetzungen mit den Postulaten und Konsequenzen der gängigen Moraltheorien und auf der Basis deren sorgfältiger Prüfung im Lichte der wohlerwogenen moralischen Einzelurteile, die Frauen im Lichte ihrer konkreten Erfahrungen und gesellschaftlichen Situation treffen.«[6]

1.1. Die Inhalte der feministischen Ethik

Wie der feministischen Philosophie allgemein, liegt auch dem Begriff der feministischen Ethik kein einheitlicher allgemeingültiger Denkansatz zugrunde. Es gibt vielmehr eine Reihe verschiedener, zum Teil sich ergänzender oder konfligierender Entwürfe, mit denen das Feld der feministischen Ethik abgesteckt werden kann. Als kleinsten gemeinsamen Nenner dieser Ansätze zur feministischen Ethik formuliert Alison Jaggar folgende Punkte: Die Feministinnen sollen die Unterdrückungssituation sichtbar machen, in denen sich die Frauen befinden; ihr Ansatz soll praktisch anwendbar und nicht utopisch sein und er sollte auch die politischen Verhältnisse berücksichtigen; die feministische Ethik soll sich auf sogenannte öffentliche und private Fragen beziehen; außerdem sollten die Feministinnen auf die moralische Erfahrung aller Frauen eingehen und sich nicht auf den Typus der weißen Mittelschichtfrau beschränken.[7]

5 Herlinde Pauer-Studer: Moraltheorie und Geschlechterdifferenz. In: Nagl-Docekal und Pauer-Studer (Hginnen): Jenseits der Geschlechtermoral, S. 35.

6 ibid. S. 40.

7 Vgl. Kerstin Barndt: Wesentliche Unterschiede. In: Konnertz (Hgin): Grenzen der Moral, S. 60.

Daneben gibt es innerhalb der feministischen Philosophie die Forderung, daß eine Ethik, die in feministischen Aktivitäten und nicht im hierarchischen Denken verwurzelt ist, für alle Menschen, auch für Männer, gelten müsse. Jaggar sieht die feministische Ethik als Übergangslösung, die notwendig ist, solange wir in einer präfeministischen Zeit leben. Sollten die Ideen der Gleichheit und Differenz einmal durchgesetzt werden, wäre auch eine spezielle feministisch geprägte Ethik überflüssig.

Jean Grimshaw charakterisiert die feministische Ethik durch drei Hauptthemen: erstes Thema ist die Kritik der Abstraktion und des Universalismus sowie der Glaube, daß weibliches Denken konkreter und kontextbezogener sei; zweitens gehe es um die Betonung der Werte von Empathie und Fürsorge, die als weibliche Werte gelten; dritter Punkt ist die Kritik der freien Wahl sowie die Unterscheidung zwischen Faktum und Wertung.

Durch die Kritik der Abstraktion kommt die weibliche Ethik zu der Unterscheidung zwischen Regeln und Prinzipien. Die universalistische Ethik basiert auf Regeln, die meist einer Hierarchie unterliegen und eine Richtlinie für gutes Handeln bieten sollen. In der feministischen Ethik steht der Begriff der Prinzipien im Vordergrund. Sie schließen eine Betrachtung der Situation, in der entschieden wird, der beteiligten Personen und ihrer Bedürfnisse ein.[8]

Die Probleme der feministischen Ethik sieht Grimshaw darin, daß kein Konsens unter den Frauen besteht, was die Prioritäten und moralischen Fragestellungen angeht. Nach ihrer Meinung sollten die Unterschiede zwischen Frauen mehr im Vordergrund stehen als die Unterschiede zwischen den ethischen Prämissen beider Geschlechter. Außerdem hält Grimshaw die Fürsorge als weiblichen Wert für problematisch, da dieser Begriff auch Unterdrückungsmöglichkeiten enthält.[9] Deshalb macht Grimshaw diesen Ansätzen den Vorwurf, die speziell weiblichen Tugenden der klassischen Ethik zu überneh-

8 Vgl. Jean Grimshaw: Feminist Philosophers, S. 203ff.
9 Vgl. ibid. S. 224.

men, bei denen die Sorge um Beziehungen, vor allem für Männer und Kinder, im Mittelpunkt steht. Sie analysieren die moralische Entwicklung von Frauen und postulieren eine verdrängte weibliche Stimme oder Moral. In diesen Bereich gehören die sogenannten Objektbeziehungstheorien, wie sie Nancy Chodorow, Dorothy Dinnerstein und Carol Gilligan vertreten. Diese Modelle dominieren zur Zeit in der nordamerikanisch-feministischen Theorie.

Eine Grundvoraussetzung der feministischen Ethik ist die Annahme allgemeiner Unterschiede zwischen Frauen und Männern im Umgang mit moralischen Problemen. Daraus ergibt sich auch die Unterschiedlichkeit von weiblichen ethischen Prioritäten, die sich von den in unserer Gesellschaft vorherrschenden, männlichen unterscheiden. Diese sind nicht nur anders, sondern auch menschlicher, nicht zerstörend und werden als weniger gefährlich eingestuft.

Weiterer Ausgangspunkt ist ein neuer Subjektbegriff, der auf der Grundlage feministischer Vernunftkritik konzipiert wurde. Mona Singer beschreibt das moralische Subjekt als Individuum, das ein Geschlecht hat, über eigene Anlagen und Neigungen verfügt und in einem bestimmten politischen, ökonomischen und institutionellen Kontext steht. Es verfügt über individuelle moralische Möglichkeiten und steht immer im Spannungsfeld zwischen inneren und äußeren Zwängen. Es ist ein Individuum mit eigener Geschichte, Identität und emotionaler Verfassung. Da es über einen freien Willen verfügt, liegt es bei ihm, zwischen den gegebenen Möglichkeiten zu wählen und dadurch selbst Position zu beziehen.[10]

Ein Hauptthema der Ethik, wie auch der feministischen Philosophie allgemein, ist die Analyse der momentanen Lebensbedingungen der Frauen und der Unterdrückung der Frauen durch die männliche Herrschaft sowie die Auseinandersetzung mit sozialen Strukturen und Institutionen, die Männer unterstützen und Frauen ausschließen.

10 Vgl. Mona Singer: Weibliches Subjekt und Moral. In: Die Philosophin 4 (1991), S. 7ff.

Dabei ist es ein wichtiger Ausgangspunkt der feministischen Ethik, das Denken der Geschlechterdifferenz nicht nur als theoretische, sondern auch als moralische Kategorie aufzufassen. Die Geschlechtszugehörigkeit ist zweifach, zum einen angeboren, und zum anderen erworben. Diese zweite, geschlechtsbedingte Rollenzuschreibung engt auch den moralischen Handlungsspielraum der Frauen ein.[11]

Das Ziel der feministischen Ethik ist es, hinter dem idealtypischen männlichen Begriff von Menschsein und richtigem Handeln die Geschlechtlichkeit sichtbar zu machen und weibliche Ansätze und Komponenten einer Ethik aufzuzeigen. Damit soll das durch eine männliche Vernunft unterdrückte Sinnliche und Individuelle aufgewertet und als etwas Konkretes und Besonderes Teil der Ethik werden.[12]

Außerdem ist es ihr Ziel, die sozialen Machtverhältnisse und Unterschiede innerhalb des philosophischen Diskurses, die unausgesprochenen Voraussetzungen, das Schweigen, die Unterdrückung und andere diskursive Strategien aufzuzeigen. Die Feministinnen wollen eine Ethik entwickeln, die nicht auf den klassischen Machtbeziehungen basiert, sondern aktiv daran arbeitet, diese aufzudecken.[13] Das weibliche Subjekt wird darin aufgrund seiner Unterschiedlichkeit und seines Widerstandes gegen das patriarchale System definiert.

Weiterhin zielt die feministische Ethik darauf, die Ausgrenzung und Unterdrückung der Frau in allen Lebensbereichen zu überwinden. Daraus ergibt sich, so Herta Nagl-Docekal, die Fragestellung: »Welche moralphilosophischen Bestimmungen sind erforderlich, um Diskriminierung als ein nicht nur politisches, sondern auch moralisches Problem durchschaubar zu machen, beziehungsweise wie muß Moralphilosophie formuliert werden, damit sie ein Handeln begründen kann, das sich mit der vielfältigen Benachteiligung

11 Vgl. Annemarie Pieper: Aufstand des stillgelegten Geschlechts, S. 10f.
12 Vgl. ibid., S. 131.
13 Vgl. Elizabeth Frazer: Introduction. In: Dies. u. a. (Hginnen): Ethics, S. 8f.

von Frauen kritisch auseinandersetzt?«[14] Außerdem muß die moralische Erfahrung von Frauen als Ausgangspunkt philosophischer Reflexion eingesetzt werden können, wobei aber nicht nur weibliche Formen moralischen Urteilens vorgeschlagen werden dürfen.

Auch die praktischen Konsequenzen einer feministischen Ethik sind relevant, das heißt, sie kann konkrete Handlungsanweisungen bieten, die auf einem nicht-hierarchischen Geschlechtermodell basieren.[15]

Nagl-Docekal schlägt dazu eine Neuinterpretation des kategorischen Imperativs vor, die sich auf das Gebot bezieht, den Menschen niemals bloß als Mittel, sondern immer auch als Zweck an sich zu verstehen; das heißt die anderen als Individuen zu respektieren, die über eigene Kompetenz verfügen und ihre Zwecke selbst bestimmen. Dadurch sei es möglich, den Menschen nicht als *verallgemeinerten Anderen* zu sehen, sondern als Einzelwesen; sie bezeichnet den kategorischen Imperativ deshalb als formal, aber nicht abstrakt. Nagl-Docekal interpretiert Kants Äußerungen als Ethik der Fürsorglichkeit, die auch gegen den Universalismus der patriarchalen Ethik steht. Den Imperativ sieht sie als universalistisch, da er alle Menschen gleichermaßen betrifft, darin aber, aufgrund des gegenseitigen Respekts, auch persönlich und individuell.

In dieser Grundregel sieht Nagl-Docekal ein Moralkonzept, das für beide Geschlechter vertretbar und zugleich fürsorglich ist, was die wesentlichen Voraussetzungen einer feministischen Ethik erfüllen würde. Die formal-universalistische Grundforderung müßte nun auf die Stellung der Frau in der heutigen Lebenswelt bezogen werden. Themen sind dann: Untersuchen, wo Frauen aufgrund ihres Geschlechts nicht als vollwertige Menschen akzeptiert werden; versteckte Formen von Entmündigung von Frauen aufzeigen; Diskriminierung der Frau sichtbar machen und als moralisches Problem einordnen.[16]

14 Herta Nagl-Docekal: Jenseits der Geschlechtermoral, In: Dies. und Pauer-Studer (Hginnen): Jenseits der Geschlechtermoral, S. 7.
15 Vgl. ibid., S. 8.
16 Vgl. ibid. S. 25ff.

In der feministischen Philosophie geht es in erster Linie um Moralkritik, das heißt um die Kritik an Normen und Kodifizierungen, die das weibliche Subjekt aufgrund der Sexualität zum Objekt erklären und es von außen bestimmen. Gleichzeitig wird dadurch den Frauen die Möglichkeit zur Selbstbestimmung und damit ihr Subjektstatus entzogen.

Es ist das Ziel der feministischen Moralkritik, zu zeigen, daß die Normen der weiblichen Sittlichkeit und Tugend sexistische Verzerrungen sind, denen das männliche Interesse an der weiblichen Gehorsamkeit zugrundeliegt. Sie will auch deutlich machen, daß die universalistischen Ethikansätze des Patriarchats die Geschlechterdifferenz ausschalten und individuelle Unterschiede und Erfahrungen auf männliches Einheitsdenken reduzieren.[17]

1.2. Kritik der universalistischen Ethik

Die Auseinandersetzung mit der traditionellen Ethik bildet einen zentralen Aspekt der feministischen Ethik. Die feministische Kritik macht der Ethik in erster Linie den Vorwurf, die patriarchalen Herrschaftsstrategien zur Unterdrückung der Frauen zu legitimieren. Begriffe wie *Ich* oder *Mensch* sind nicht geschlechtsübergreifend, sondern universalisieren die Kriterien des Mannseins. Frauen sind nicht mitgemeint im angeblichen Neutrum Mensch, sondern ausgeschlossen.

Verdeutlicht werden die Kritikpunkte der feministischen Ethik an Seyla Benhabibs Auseinandersetzung mit den ethischen Theorien der traditionellen Philosophie und deren universalistischem Charakter. In ihrem Artikel ›Der verallgemeinerte und der konkrete Andere‹ stellt Benhabib fest, daß gerade die Definition der Moral nach dem universalistischen Ideal zur Privatisierung der weiblichen Erfahrung und zum Ausschluß der Frauen aus den moralischen Problemen

17 Vgl. Mona Singer: Weibliches Subjekt und Moral. In: Die Philosophin 4 (1991), S. 8f.

führt. Diese Tradition versteht das moralische Ich als bindungs- und körperlos, worin Benhabib eine männliche Konzeption des Selbst sieht.[18]

Innerhalb der traditionellen Ethik unterscheidet Benhabib zwischen einem stellvertretenden und einem interaktiven Universalismus. Die Stellvertretertheorien, wie sie John Rawls oder Thomas Hobbes entwickelten, werden getragen von der Identifikation der Erfahrungen bestimmter männlicher Subjekte mit dem allgemein Menschlichen.

Der interaktive Universalismus dagegen akzeptiert die verschiedenen Formen menschlichen Daseins, ohne diese als moralisch zu definieren. Die Andersartigkeit ist darin nur Ausgangspunkt für Reflexionen und Handlungen. Für beide Ansätze ist Universalität ein regulatives Ideal, das darauf abzielt, bestimmte moralische Einstellungen zu fördern. »Universalität ist nicht der ideale Konsens fiktiv definierter Individuen, sondern das konkrete Bemühen konkreter körperlicher Individuen um Autonomie in der Politik und Moral.«[19]

Die universalistischen Ansätze entwickeln eine Gerechtigkeitsmoral, die dazu geeignet ist, Belange, die das Kollektiv nicht betreffen, zu überhören. Sie setzen Rationalität mit dem allgemeinen Wohlergehen und dem bürgerlichen Frieden gleich. »Ein solcher Diskurs prolongiert die Unterdrückung der Frau durch die Privatisierung ihres Schicksals und durch den Ausschluß eines zentralen Bereichs ihrer Aktivitäten aus der Moraltheorie.«[20]

Das Prinzip des universalistischen Moralbegriffs vertreten Philosophen wie Kant, der nur Prinzipien zuläßt, die auch allgemeines Gesetz werden können, sowie John Rawls, bei dem Prinzipien von allen befürwortet werden müssen, und Jürgen Habermas, dessen moralische Grundsätze in einem herrschaftsfreien Diskurs frei gewählt werden müssen. Gemeinsam ist allen die Idee der Universa-

18 Mona Singer: Weibliches Subjekt und Moral. In: Die Philosophin 4 (1991), S. 15

19 Seyla Benhabib: Der verallgemeinerte und der konkrete Andere. In: List und Studer (Hginnen): Denkverhältnisse, S. 460.

20 ibid, S. 479.

lisierbarkeit und Unparteilichkeit, mit der sie ihre moralischen Regeln legitimieren.[21]

Im Gegenzug und als Ergänzung des autonomen und rationalen männlichen Ideals wurde während der Aufklärung ein Bild der Weiblichkeit entworfen, dem vor allem die Aspekte Fürsorge und Liebe zugeschrieben werden. Diese weiblichen Tugenden dienen dazu, die Frauen auf die Rolle der bürgerlichen Ehefrau und Mutter festzulegen und sie in der Privatheit des Hauses einzuschließen. Mit der Unterordnung der Frauen geht eine Idealisierung der privaten Sphäre und der weiblichen Tugenden einher, die radikal vom öffentlichen Bereich und dem darin agierenden selbständigen und gerechten Mann getrennt sind.[22]

Die Frau als Subjekt kommt in den Theorien der universalistischen Moral nicht vor, sie gilt als die Andere, sie ist Nicht-Mann. Sie ist nicht autonom, nicht unabhängig, nicht aggressiv, sie ist liebevoll und besorgt. Mit dieser Charakteristik wird sie dem männlichen Ideal von unabhängig und gerecht gegenübergestellt.

Die Philosophin Else M. Barth hat drei Strategien sichtbar gemacht, mit denen die traditionelle Ethik immer noch versucht, die Selbständigkeit von Frauen zu unterbinden. Dazu gehören die theologische Strategie, die Strategie im Interesse des Gemeinwohles und die marxistische Strategie.

Die theologische Strategie ist die des Altruismus. Durch sie werden den Frauen Normen aufgezwungen, die nur solche Handlungen zulassen, welche den Nächsten, meist der Familie, zugute kommen. Auf diese Weise muß die Frau durch ihre Lebensweise zum Erhalt der Männer-Privilegien beitragen. Tut sie das nicht, gilt sie als egoistisch oder als Rabenmutter.

Eine Abwandlung davon bildet die Strategie zum Gemeinwohl. Darin wird die Familie durch die Gesellschaft oder den Staat ersetzt, die Mechanismen sind dieselben.

21 Vgl. Gertrud Nunner-Winkler: Gibt es eine weibliche Moral? In: Dies. (Hgin): Weibliche Moral, S. 147.

22 Vgl. Jean Grimshaw: Feminist Philosophers, S. 198f.

Die marxistische Strategie beruft sich mit ähnlicher Zielsetzung auf das Interesse der Arbeiterklasse oder der Partei und schafft so eine Bevormundung der Frau.[23]

Alle drei Strategien basieren auf der Voraussetzung, daß die Frau davon überzeugt ist, daß die Qualität ihrer Handlung davon bestimmt wird, ob sie auf das Interesse einer Gruppe gerichtet ist. Ist sie das, kann durch die oben dargestellten Strategien ein schlechtes Gewissen erzeugt werden, falls die Frau den moralischen Normen nicht entspricht. Außerdem können mit Hilfe dieser patriarchalen Taktiken Frauen aus ethischen Gründen verurteilt werden, falls sie für ihre eigenen Interessen eintreten.[24]

1.3. Ansätze zur feministischen Ethik

Die konkrete Andere

Eine Alternative zur Verallgemeinerung und zum Universalismus der patriarchalen Ethik entwirft Seyla Benhabib in ihrem Artikel ›Der verallgemeinerte und der konkrete Andere‹. Darin entwickelt sie den Begriff der/des konkreten Anderen, die sie als Alternative zum neutralen Subjekt versteht. Die Position der/des konkreten Anderen wird von der Allgemeingültigkeit abstrahiert und hebt auf die Besonderheiten der Individuen ab. Mit dem Begriff der/des konkreten Anderen markiert Benhabib deshalb auch die ideologischen Grenzen des universalistischen Diskurses.

Benhabibs Ansatz basiert auf zwei zentralen Elementen der feministischen Theorie: Erstens geht sie davon aus, daß die Geschlechterordnung keine kontingente, sondern eine notwendige Ordnung ist, welche die unterschiedliche Organisation, Symbolik und soziale Realität erfaßt. »Die Geschlechterordnung bildet das Grundgerüst,

23 Vgl. Else M. Barth: Die Strategien der knechtenden Moral. In: Bendkowski und Weisshaupt (Hginnen): Was Philosophinnen denken, Band II, S. 97ff.

24 Vgl. ibid., S. 102.

demgemäß das Ich eine körperliche Identität, eine bestimmte Art körperlichen Seins und Lebens entwickelt.«[25] Zweitens sieht sie es als Aufgabe der feministischen Theorie, die bisherige Unterdrückung und Ausbeutung der Frauen aufzuzeigen und einen Ansatz zu entwickeln, der den Kampf dagegen unterstützt. Dazu kann entweder eine erklärende-diagnostische Analyse der Unterdrückung durchgeführt werden, die kulturelle und gesellschaftliche Aspekte einschließt, oder eine antizipatorisch-utopische Kritik geübt werden, die gegenwärtige gesellschaftliche Umgangsformen untersucht und neue Beziehungsformen entwickelt.[26]

Im Rahmen ihres Modells der/des konkreten Anderen stellt Benhabib fest, daß die zeitgenössischen ebenso wie die klassischen universalistischen Moraltheorien den Dualismus zwischen Autonomie/Fürsorge oder Unabhängigkeit/Bindung übernommen haben.[27] Dies äußert sich im Standpunkt einer/eines verallgemeinerten Anderen, der in den modernen universellen Moraltheorien dominiert. Er geht davon aus, daß jedes Individuum ein rationales Wesen ist, das die gleichen Rechte und Pflichten hat.

Mit dieser universalistischen Perspektive wird von der Individualität und konkreten Identität des Subjekts abstrahiert. Zwar werden ihr/ihm konkrete Wünsche und Bedürfnisse nicht abgesprochen, aber für ihre/seine Funktion als Handelnde werden sie theoretisch ausgeblendet. Die Beziehung zu anderen basiert auf dem Prinzip formaler Reziprozität: »Jeder ist berechtigt, von uns das anzunehmen und zu erwarten, was wir von ihm oder ihr annehmen und erwarten können.«[28]

Dieser Begriff hebt auf die ethischen Kategorien Recht, Verpflichtung und Anspruch ab. Die universalistische Perspektive nimmt nur allgemeine und verbindende Aspekte wahr und grenzt Unterschiede radikal aus. Um jedoch eine praktikable Moralvorstellung zu ent-

25 Seyla Benhabib: Der verallgemeinerte und der konkrete Andere. In: List und Studer (Hginnen): Denkverhältnisse, S. 459f.
26 Vgl. ibid., S. 459.
27 Vgl. ibid., S. 467.
28 Seyla Benhabib: Kritik, Norm, Utopie, S. 231.

wickeln, muß für Benhabib auch der Standpunkt einer/eines konkreten Anderen mit einbezogen werden. So könnte ein kohärentes Verfahren konzipiert werden, mit dem eine moralische Situation adäquat erfaßt werden kann.[29]

Der Standpunkt der/des konkreten Anderen sieht jeden Menschen als Individuum mit Geschichte, Identität und eigener emotionaler Konstitution. Die Beziehungen zwischen diesen Individuen unterliegen einer komplementären Reziprozität: »Jeder und jede ist berechtigt, von dem und der anderen Verhaltensweisen zu erwarten, durch die der/die andere sich als ein konkretes individuelles Wesen mit jeweils eigentümlichen Bedürfnissen, Talenten und Fähigkeiten anerkannt und bestätigt fühlt.«[30]

Die Interaktion der Subjekte unterliegt privaten Normen wie Solidarität, Freundschaft und Fürsorge. Sie verlangen mehr persönliches Engagement als rein rechtliche Beziehungen und respektieren die menschliche Individualität. Als konkrete Andere ist jede Frau und jeder Mann als Individuum mit eigener Geschichte und Identität sichtbar. In der Beziehung zu anderen kann das Subjekt erwarten, als konkretes individuelles Wesen anerkannt und behandelt zu werden.

Davon ausgehend entwirft Benhabib auf der Grundlage von Habermas' Modell des kommunikativen Handelns das *Modell der kommunikativen Bedürfnisinterpretation*. Es soll einen angemesseneren Bezugsrahmen bieten, »innerhalb dessen moralisch und politisch Handelnde ihre eigenen konkreten Identitäten auf der Basis der Anerkennung der gegenseitigen Würde als generalisierte Andere definieren können.«[31]

Die Konsequenz dieser kommunikativen Ethik ist eine Erweiterung des Anwendungsbereiches, da sie nicht nur Rechte, sondern auch Bedürfnisse berücksichtigen kann. Deshalb sieht Benhabib die-

29 Vgl. Seyla Benhabib: Der verallgemeinerte und der konkrete Andere. In: List und Studer (Hginnen): Denkverhältnisse, S. 474.
30 Seyla Benhabib: Kritik, Norm, Utopie, S. 232.
31 Seyla Benhabib: Der verallgemeinerte und der konkrete Andere. In: List und Studer (Hginnen): Denkverhältnisse, S. 477.

sen Ansatz als Möglichkeit, nicht nur universelle Normen zu entwickeln, sondern auch Anregungen für ein besseres Zusammenleben zu geben.

Das Ziel, einen neuen Begriff des weiblichen Subjekts zu entwickeln, verfolgt auch Caroline Whitbeck in ihrem Aufsatz ›A Different Reality‹. Darin entwirft sie ein Konzept der feministischen Ethik, in dem sie sich mit der Beziehung zwischen dem Selbst und den anderen beschäftigt und daraus einen reformierten Begriff der Person ableitet.

An der männlichen Ontologie kritisiert Whitbeck, daß diese von drei Grundprinzipien ausgehe: Die Frau ist ein unvollständiger Mann, es gibt zwei gegensätzliche Prinzipien, männlich/weiblich, die konstitutiv sind für die Realität, und die Fähigkeiten der Frau werden aufgrund der Bedürfnisse des Mannes definiert. Im Unterschied dazu distanziert sich Whitbeck mit ihrem Ansatz von den patriarchalen Vorgaben und Begrifflichkeiten und sieht die Beziehung zwischen dem Selbst und den anderen als eine Analogie und nicht als Gegensatz.

Die Person ist bei Whitbeck relativ und historisch konzipiert. Im Vordergrund stehen ihre Integrität und ihr Wohlbefinden. Sie wird Person durch ihre Beziehungen, sie hat eine eigene Geschichte und kann sich in der Realität nur aufgrund ihrer Beziehungen bewegen. In diesem Kontext formuliert Whitbeck den grundsätzlichen moralischen Anspruch, Interesse für das Wohlbefinden der anderen zu zeigen und sich dadurch selbst als Person zu konstituieren.[32]

32 Vgl. Caroline Whitbeck: A Different Reality. In: Garry und Pearsall (Hginnen): Women, Knowledge and Reality, S. 51ff.

Das Thema der freundschaftlichen Beziehungen zwischen Frauen untersucht Janice Raymond in ihrem Buch ›Frauenfreundschaft‹. Darin entwickelt sie eine Philosophie der Freundschaft, die speziell auf den Austausch der Frauen untereinander abhebt. Sie versteht darunter nicht nur lesbische Beziehungen im Sinne einer sexuellen Präferenz, sondern darüber hinaus frauenbezogene Erfahrungen, die eine spezifische, gesellschaftliche und politische Existenz unterstützen.

Ihre Philosophie der Frauenfreundschaft versteht Raymond als feministische Erkenntnis, die entstanden ist durch Frauen auf der Suche nach Sinn. Sie ordnet sie als »Teil der idealistischen und kritisch materialistischen feministischen Tradition der Philosophie« ein.[33] Durch die Frauenfreundschaft ergeben sich, so Raymond, Fragen letzter Gültigkeit und Bedeutung, sie bezeichnet es deshalb auch als religiöse Suche, die über patriarchale Religionen hinausgeht.[34]

Von seiten der Männer wurden und werden Frauenfreundschaften meist skeptisch beobachtet; entweder *mann* ignoriert sie, wertet sie ab oder bekämpft sie. Diese Ablehnung sieht Raymond als Ausdruck der männlichen Angst vor einer weiblichen Autorität, durch die sie besonders frauen-identifizierte Handlungen als Bedrohungen wahrnehmen.[35]

Raymond entwickelt eine Genealogie der Frauenfreundschaft, in der sie die kulturellen Eigenheiten von Frauen wiedergibt. Frauenfreundschaft wird dann praktiziert, wenn Frauen sich einander am wichtigsten sind und sich gegenseitig Aufmerksamkeit, Zuneigung und Aktivität schenken. Durch die Frauenfreundschaft wird die Vorrangigkeit der Frauen untereinander geschaffen und sie wird zu einem Ereignis erster Ordnung im Leben der Frauen. »Frauen-

33 Janice Raymond: Frauenfreundschaft, S. 31.
34 Vgl. ibid., S. 281.
35 Vgl. ibid., S. 25.

freundschaft bedeutet, daß das originäre oder wilde Selbst in jeder Frau geweckt wird.«[36]

Den Ursprung der Frauenfreundschaft bildet die Freiheit, für Frauen da zu sein und diese Freiheit auch primär für Frauen einzusetzen und nicht zuzulassen, daß Männer sich in diese Beziehungen einmischen.

In ihrem Buch ›Frauenfreundschaft‹ stellt Raymond einige besonders eindrückliche Beispiele dieser Beziehungsform dar: Dazu gehören die mittelalterlichen Nonnenklöster, die von selbständigen Äbtissinnen geleitet wurden und über sehr große Macht verfügten. Außerdem beschreibt sie die chinesischen Eheverweigerinnen, eine Bewegung von Arbeiterinnen der Seidenindustrie, die vor der Kulturrevolution ins Leben gerufen wurde. Diese Frauen lebten in einem eigenen sozialen Gefüge und gründeten sogar eigene Rentenkassen.

An diesen Beispielen macht Raymond auch die Prämissen ihrer Philosophie der Frauenfreundschaft fest. Dazu gehört der Separatismus, den sie positiv bewertet und nicht als Trennung, sondern aus der Perspektive neu gewonnener politischer Integrität sieht. Er schafft separate Räume, in denen Frauen ihre eigene Macht aufbauen können. Frauenfreundschaft braucht Zeit und Raum, da die Privatheit auch die Möglichkeit der Einmischung in die Welt fördert. Sie unterstützt die Reflexion und die Integrität.[37]

Allerdings dürfe, so Raymond, innerhalb der Frauenfreundschaft nicht übersehen werden, daß nicht alle Frauen auf die gleiche Weise Frauen sind. Die spezifischen Lebensumstände und die besondere Unterdrückungssituation müssen berücksichtigt werden.[38]

Ihren Entwurf der Frauenfreundschaft kennzeichnet Raymond als Vision. Um sie zu entwerfen, müssen sich Frauen nicht nur von den Männern befreien, sondern auch entsprechende Beziehungen untereinander aufbauen.

36 Janice Raymond: Frauenfreundschaft, S. 83.
37 Vgl. ibid., S. 192 ff.
38 Vgl. ibid., S. 253.

Der Prozeß der Frauenfreundschaft bewegt sich zwischen den ideellen Bedingungen, unter denen Frauen-Zuneigung entstehen kann, und den materiellen, unter denen sie existiert. »Frauenfreundschaft schafft ein Netzwerk von Sinnstiftung, das die Vergangenheit von Frauen, unser Alltagsleben und unsere Gegenwart transzendiert.«[39] Durch die Zuneigung entsteht eine neue Verbundenheit im Leben von Frauen, die ihre gesamte Existenz beeinflussen kann.

Erste Grundbedingung der Frauenfreundschaft ist für Raymond die *Achtsamkeit*. Sie geht davon aus, daß das Denken der Frauen von echter Rücksichtnahme und Respekt gegenüber anderen Frauen geprägt sein muß. Innerhalb der Frauenfreundschaft müsse eine Frau gleichzeitig sich selbst und der anderen Freundin sein und sie müsse Denken und Freundschaft verbinden.

Ein zweiter Bestandteil der Frauenfreundschaft ist die Leidenschaft, die Raymond als achtsame Leidenschaft versteht, da hinter ihr ein denkendes Herz steht. Das Vorbild dieser Freundschaft findet Raymond in der griechischen Antike, die Freundschaft als Urleidenschaft definiert, die auch das Denken einschließt.[40] Dieser leidenschaftlichen Freundschaft schreibt Raymond tiefe und starke Gefühle zu, die oft von physischer Zuneigung begleitet werden. »Die eigentliche Bedeutung von Frauen-Zuneigung ist, daß Frauen sich gegenseitig anrühren, bewegen, erregen und zu voller Kraftentfaltung bringen.«[41]

Ein weiterer Aspekt der Frauenfreundschaft ist die *Weltlichkeit*. Darin fordert Raymond die Frauen auf, die Sphäre öffentlicher Aktivität wieder in Besitz zu nehmen. Im Patriarchat seien die Frauen weltlos geworden, da es sie zu Anpassung, Abspaltung und Viktimisierung zwinge. Die Frauenfreundschaft biete einen wichtigen Ausgangspunkt, durch den die Frauen wieder in der normalen Welt leben können. Sie sei der Kristallisationspunkt, der die drinnenlebende feministische Außenseiterin bestärke, nach außen zu agieren.

Der letzte Aspekt der Frauenfreundschaft ist das *Glück*. Darunter

39 Janice Raymond: Frauenfreundschaft, S. 281.
40 Vgl. ibid., S. 293ff.
41 ibid., S. 301.

versteht Raymond Lebensglück, das Glücklichsein im Leben, über das Leben und mit dem Leben. Der Kontext der Frauenfreundschaft schaffe eine private und öffentliche Atmosphäre, die es den Frauen ermögliche, lebensglücklich zu sein.[42]

Das Ziel der Frauenfreundschaft sieht Raymond darin, die Integrität von Denken und Handeln, Theorie und Praxis und damit von Philosophie und Politik herzustellen. Sie soll eine *denkende Teilnahme an der Welt bewirken,* durch die Frauen als denkende Geschöpfe in die Welt eintreten können. Auf der Grundlage der Frauenfreundschaft soll eine Denklandschaft geschaffen werden, die Frauen für die Aktivitäten von Denken und Handeln ausrüsten kann.[43]

Ethik der Mütterlichkeit

Ein großer Bereich der Ansätze zur feministischen Ethik wird von Konzepten eingenommen, die sich mit den Themen Mütterlichkeit oder Fürsorge beschäftigen. Die bekanntesten Theorien in diesem Bereich wurden von Nancy Chodorow, Nel Noddings und Sara Ruddick entwickelt. Beispielhaft für diese sogenannten Objektbeziehungstheorien ist Chodorows Ansatz, auf den ich hier ausführlicher eingehe.

In ihrer Untersuchung ›Das Erbe der Mütter‹ führt Chodorow eine dreistufige Analyse durch: auf der ersten Ebene untersucht sie den Zusammenhang von Mütterlichkeit und der sozialen Organisation der Geschlechter; die zweite Stufe dient der Interpretation der psychoanalytischen Untersuchungen im Bereich der Individualgenese innerhalb der Familie; im dritten Schritt verbindet sie die Erkenntnisse aus den beiden vorherigen zu einem soziologisch-psychologischen Konzept von Geschlechterpolarität und Familie.[44]

42 Vgl. Janice Raymond: Frauenfreundschaft, S. 304ff.
43 Vgl. ibid., S. 283f.
44 Vgl. Ruth Großmaß: Feminismus im Schoß der Familie. In: Dies. und Schmerl (Hginnen): Feministischer Kompaß, patriarchales Gepäck, S. 180.

Chodorow sieht Mütterlichkeit als universelles und beständiges Element, das alle Frauen innerhalb der geschlechtsspezifischen Arbeitsteilung aufweisen. Vom herrschenden System wird die Tätigkeit der Mutter, das Aufziehen des Nachwuchses, als natürlich und selbstverständlich definiert.[45]

In ihrer Untersuchung über Mütter und deren Hauptbeschäftigung, das *Muttern*, befaßt sich Chodorow mit biologischen und rollentheoretischen Erklärungen der Mütterlichkeit. Die zentralen Fragen in Chodorows Konzept lauten: Wie kommt weibliches Muttern zustande? Wie wird es sich weiterentwickeln?

Bei dem Phänomen des Mutterns handelt es sich um keine transkulturelle und unveränderliche Tatsache. Chodorow stellt fest, daß es in anderen Gesellschaftsformen oder zu anderen Zeiten diese Form der Fürsorge nicht gab. Obwohl die Aufzucht des Nachwuchses in den meisten Kulturen die Aufgabe der Frau ist, sei die in der westlichen Welt daraus resultierende gesellschaftliche Organisation und Familienstruktur nicht allgemein üblich.[46]

Das weibliche Muttern führt Chodorow darauf zurück, daß Frauen ihre Geschlechtsidentität in einer Welt finden müssen, in der Frauen in erster Linie für die Kinder sorgen. Aus diesem Grund werden Mädchen sehr früh auf ihre Pflicht zur Reproduktion und Kinderbetreuung vorbereitet. Durch das Muttern der eigenen Mutter wird die Entwicklung des Mädchens anders beeinflußt als die des Jungen, und auf diese Weise kann sich die klassische Struktur der Elternschaft selbst reproduzieren.

Bedingt durch diese frühkindliche Determinierung wird den Mädchen das Bedürfnis Mutter zu sein bereits eingeprägt, bevor sie Frauen sind. Diese exklusive Rolle der Frauen als Mütter klassifiziert Chodorow als soziale und kulturelle Übertragung ihrer natürlichen Reproduktionsfähigkeit.[47]

Chodorow sieht das Ziel ihrer Untersuchung darin, diese ausschließliche Fixierung des Mutterns auf die Frau aufzubrechen.

45 Vgl. Nancy Chodorow: Das Erbe der Mütter, S. 10.
46 Vgl. ibid., S. 47.
47 Vgl. ibid., S. 45ff.

Eine Lösungsmöglichkeit wäre es, wenn Männer zu gleichen Teilen Erziehungspflichten übernehmen würden. Dadurch bekämen die Kinder unterschiedliche Lebensbedingungen und -formen mit und könnten sich freier für eine passende Rolle entscheiden.[48]

48 Vgl. Rosemarie Tong: Feminist Thought, S. 157.

2. *Carol Gilligan und ›Die andere Stimme‹*

Eine sehr populäre, aber auch umstrittene Arbeit innerhalb der feministischen Ethik hat die amerikanische Psychologin Carol Gilligan 1982 mit ihrer empirischen Untersuchung ›Die andere Stimme‹ verfaßt. Sie gehört zu den frühesten Forschungen, die dem Oberbegriff feministische Ethik zugeordnet werden können.

Gilligan analysiert darin den Zusammenhang von Moral und Urteil und deren geschlechtsspezifische Unterschiede. Aufgrund ihrer Ergebnisse entwickelt sie den Ansatz einer weiblichen Moral der Fürsorge und Verantwortung, die sie einer männlichen Gerechtigkeitsmoral gegenüberstellt.

Ihre Untersuchung basiert auf einer Kritik der traditionellen psychologischen Forschung, wobei Gilligan in erster Linie die Tatsache angreift, daß Frauen innerhalb der Theoriebildung ausgegrenzt werden. Sie wirft der Psychologie vor, in der Darstellung des herrschenden Menschenbildes implizit das Leben und die Erfahrungen des Mannes zur allgemeinen Norm erhoben zu haben. Die Frau wird dann unter mehr oder weniger großen Schwierigkeiten in Kategorien gezwängt, die eigentlich auf Männer zugeschnitten sind.

Zwar stellte bereits Freud fest, daß Frauen andere moralische Kriterien anwenden als Männer, definierte jedoch das unterschiedliche Rechtsgefühl als Unterwerfungsgeste der Frauen.[1]

Auch neuzeitlichen Studien zur moralischen Entwicklung des Menschen wirft Gilligan vor, das weibliche Moralverständnis völlig zu ignorieren. Als Beispiel dafür analysiert sie die Studien ihres langjährigen Kollegen Lawrence Kohlberg, der Untersuchungen auf der Grundlage von Jean Piagets Modell der moralischen Entwicklung durchgeführt hat. Gilligan wirft ihm vor, seine empirischen Daten nur aufgrund der Befragung männlicher Kinder und männlicher Menschen gewonnen zu haben. Deshalb habe seine Skala zur Entwicklung der moralischen Urteilsfähigkeit nur die Werte von

1 Vgl. Carol Gilligan: Die andere Stimme, S. 15.

Männern als Grundlage, aus denen er aber allgemeingültige Kategorien ableite.[2]

Die Auswirkungen dieser einseitigen Datenerhebung werden an den von Kohlberg durchgeführten empirischen Untersuchungen mit Frauen deutlich. Sie führten zu dem Ergebnis, daß die moralische Entwicklung der Frauen sichtbar hinter der der Männer zurückbleibt. Frauen erreichten am häufigsten die Stufe 3 (moralisch ist, was der eigenen Bezugsgruppe dient) seiner sechsstufigen Skala, Männer dagegen Stufe 4 (moralisch ist, was Recht und Ordnung nutzt). Für Kohlberg bedeuteten diese Ergebnisse, daß Frauen moralisch unterentwickelter sind als Männer, da er die Orientierung an menschlichen Beziehungen als niedere Stufe innerhalb der moralischen Urteilsfähigkeit definierte.[3]

In ›Die andere Stimme‹ kritisiert Gilligan, daß durch diese allgemein übliche Identifikation von Mensch und Mann die weiblichen Erfahrungen bei solchen Untersuchungen völlig ausgegrenzt werden. Das habe zur Folge, daß die weibliche Entwicklung nicht mit den allgemeingültigen Modellen des moralischen Wachstums übereinstimme. »Die Diskrepanz zwischen den Erfahrungen der Frauen und der Darstellung der menschlichen Entwicklung, wie sie in der gesamten psychologischen Literatur vorherrscht, wurde bisher im allgemeinen als Entwicklungsproblem der Frauen interpretiert.«[4]

Im Gegenzug zu den traditionellen und patriarchal geprägten Ansätzen konzipiert Gilligan auf der Grundlage eigener Untersuchungen und der Neuinterpretation vorhandener empirischer Daten eine weibliche Form des moralischen Urteils. Dabei betont sie bereits im Vorfeld, daß diese *weibliche Stimme* nicht in erster Linie geschlechtsgebunden sei, sondern durch ihre Inhalte bestimmt werde. Allerdings sei es empirisch nachweisbar, daß sie meist Frauen gehöre, was sie mit ihren Untersuchungen belegen könne. »Die

2 Vgl. Carol Gilligan: Die andere Stimme, S. 28f.
3 Vgl. Gertrud Nunner-Winkler: Zur Einführung: Die These von den zwei Moralen. In: Dies. (Hgin): Weibliche Moral, S. 10f.
4 Carol Gilligan: Die andere Stimme, S. 9.

Gegensätze zwischen männlichen und weiblichen Stimmen kommen hier zu Wort, um den Unterschied zwischen zwei Denkweisen zu beleuchten und das Augenmerk auf ein Interpretationsproblem zu richten, und nicht, um generalisierende Aussagen über die beiden Geschlechter zu machen. Bei der Beschreibung der psychischen Entwicklung weise ich auf das Wechselspiel dieser Stimmen bei beiden Geschlechtern hin und vertrete die Auffassung, daß ihre Konvergenz Zeiten der Krise und des Umbruchs in der Gesellschaft kennzeichnet. Ich stelle keine Thesen über den Ursprung der beschriebenen Unterschiede oder über ihre Verteilung in einem größeren sozialen Umfeld, in anderen Kulturen oder im Lauf der Geschichte auf.«[5]

In einem späteren Aufsatz betont Gilligan, daß es in ›Die andere Stimme‹ ihr Ziel gewesen sei, die männlich geprägte Gerechtigkeitsmoral zu relativieren, deren moralischer Imperativ darin besteht, die Rechte anderer nicht zu verletzen und die eigene Selbstverwirklichung zu schützen. Diese Moralauffassung, die allgemein mit moralischem Urteilen gleichgesetzt wird, bildet für Gilligan nur *eine* mögliche Form, moralische Dilemmas zu interpretieren.[6]

Die von Gilligan aufgezeigte Alternative zur Gerechtigkeitsmoral, die Moral der Fürsorge, ist von der Psychoanalyse bisher überhaupt nicht untersucht worden. Obwohl bei Frauen und Männern gleichermaßen festzustellen, gilt sie nicht als ernstzunehmende Handlungsform neben der männlichen Gerechtigkeitsethik.

2.1. Moral der Fürsorge

Die von Gilligan für ihre Arbeit ›Die andere Stimme‹ durchgeführten Untersuchungen bestehen aus verschiedenen Interviews, die alle denselben Fragenkatalog zu den Themen Selbstkonzept und Moral sowie Erfahrungen mit Konflikten und Entscheidungen enthalten. Sie übernimmt dabei den theoretischen Apparat von Kohlbergs

5 Carol Gilligan: Die andere Stimme, S. 10.

6 Vgl. Carol Gilligan: Moralische Orientierung und moralische Entwicklung. In: Nunner-Winkler (Hgin): Weibliche Moral, S. 80.

Ansatz und stellt auf dieser Grundlage seine Ergebnisse zur moralischen Entwicklung in Frage.

Allerdings hebt sich Gilligan methodologisch von der traditionellen Entwicklungspsychologie ab, da sie keine fertigen moralischen Dilemmas in ihren Interviews präsentiert, denn diese könnten das Urteil von vornherein einschränken. Im Gegensatz dazu befragt sie die Frauen in offenen Gesprächen zu ihren Erfahrungen mit bestimmten moralischen Problemen.

In ihren Untersuchungen interviewte Gilligan Studentinnen und Studenten, sowohl zu allgemeinen Themen wie Identität und moralische Entwicklung als auch zu persönlichen Fragen des Selbstkonzepts, der Moral, zu Erlebnissen moralischer Konflikt- und Entscheidungssituationen. Außerdem beziehen sich die Gespräche auf hypothetische moralische Dilemmas der frühen Erwachsenenjahre. Dabei geht es Gilligan darum, »Selbstkonzept und Moralvorstellungen mit Erfahrungen moralischer Konfliktsituationen und dem Treffen von Lebensentscheidungen in Beziehung« zu setzen.[7] Das Ziel ihrer Studie ist es, ein Bild vom Entwicklungsprozeß der weiblichen Persönlichkeit zu entwerfen, das die weibliche Erfahrung in den Mittelpunkt rückt.

Als beispielhaft für den Umgang von Frauen mit moralischen Konflikten sieht Gilligan die Abtreibungsentscheidung, in deren Kontext sie auch die Prämissen der Fürsorgemoral problematisiert. In dieser Untersuchung beschäftigt sie sich vor allem mit »der Beziehung zwischen persönlicher Erfahrung und moralischem Denken und der Rolle des Konflikts in der eigenen Persönlichkeitsentwicklung«.[8] Befragt wurden dazu Frauen, die vor der Entscheidung standen, eine Abtreibung durchzuführen oder den Fötus auszutragen. Dieselben Frauen wurden ein Jahr nach der Entscheidung nochmals interviewt.

Obwohl Frauen in den meisten Gesellschaftsordnungen offiziell das Recht haben, selbst zu entscheiden, ob sie einen Embryo austra-

7 Carol Gilligan: Die andere Stimme, S. 11.
8 ibid.

gen wollen oder nicht, entsteht durch die Ausübung dieses Rechts in den meisten Fällen ein persönlicher moralischer Konflikt. Im Widerstreit stehen die Interessen der individuellen Freiheit und eine konventionelle Auffassung von Weiblichkeit und Verantwortung. Deshalb bildete das Dilemma, zwischen den Interessen des Selbst und des Fötus zu entscheiden, ein zentrales moralisches Problem der befragten Frauen.[9]

In der Abtreibungsuntersuchung geht Gilligan von drei Perspektiven aus, die Kohlberg hinsichtlich von moralischen Konflikten und Entscheidungen entwickelt hat. Darin wird zwischen einer präkonventionellen, konventionellen und postkonventionellen Moral unterschieden, wobei die Entwicklung von einem individuellen über einen gesellschaftlichen zu einem universellen Zustand führt. Das präkonventionelle Urteil ist in erster Linie egoistisch und wird von individuellen Bedürfnissen geleitet. Das konventionelle Urteil wird von Werten und Normen der Gesellschaft bestimmt; das postkonventionelle Urteil beinhaltet eine reflektierte Sichtweise von gesellschaftlichen Wertvorstellungen und moralischen Prinzipien, die universell angewendet werden können.[10]

Gilligan setzt dieses Stufenmodell in Bezug zur Entwicklung der Frauen im Abtreibungsdilemma, das den Konflikt von Egoismus und Verantwortung widerspiegelt. Dabei ist es die Hauptforderung der Frauen an sich selbst, Rücksicht zu nehmen und die Verletzung anderer zu vermeiden. In der Auswertung der Untersuchung kommt Gilligan zu dem Schluß, daß die Frauen in diesem Dilemma eine *Ethik der Anteilnahme* entwickeln, die gekennzeichnet ist von einem Verständnis für die Strukturen menschlicher Beziehungen. »Diese Ethik, die von einer kumulativen Kenntnis menschlicher Beziehungen zeugt, entwickelt sich um eine zentrale Einsicht, nämlich, daß das Selbst und die anderen wechselseitig voneinander abhängig sind.«[11] Sie bewirkt eine zunehmende Differenzierung des Selbst und der anderen sowie das Verständnis sozialer Beziehungen. Motor dieser

9 Vgl. Carol Gilligan: Die andere Stimme, S. 90f.
10 Vgl. ibid., S. 93.
11 ibid, S. 95.

Veränderung ist die Krise, die für Gilligan ein wesentliches Element im moralischen Wachstumsprozeß darstellt.

In der Psychologie wird die Krise als Stadium erhöhter Verletzbarkeit definiert und ihr wird die Entstehung einer potentiellen Kraft zugeschrieben, die dann einen *Wendepunkt zum Besseren oder Schlechteren* markiert. Im Hinblick auf die Ethik der Anteilnahme bedeutet die Krise eine »Verlagerung des Schwerpunktes von der Selbsterhaltung zum Guten und vom Guten zum Wahren«.[12] Durch Weiterentwicklung in der Krise kann vom eigenen Überleben abgesehen und eine *gute* Handlungsweise erreicht werden. Gilligan beschreibt diesen Prozeß als Schritt vom Egoismus zur Verantwortung.

Die Frauen haben in der Krisensituation ihre Einstellung zu Verantwortung und zu Beziehungen verändert und neue Fähigkeiten der Zuwendung entwickelt. Diese veränderte Einsicht in die Dynamik von Beziehungen entsteht durch die »Wiederentdeckung der Verbundenheit, durch die Erkenntnis, daß das Selbst und die anderen wechselseitig voneinander abhängig sind und daß das Leben ... nur durch Zuwendung in Beziehungen genährt werden kann.«[13]

Die Abtreibungsuntersuchung hat gezeigt, so erläutert Gilligan, daß das moralische Dilemma der miteinander konfligierenden Verantwortlichkeiten in drei aufeinanderfolgenden Sichtweisen gelöst wurde. Anfänglich haben die Frauen die Sorge um die Selbsterhaltung verbalisiert. Diese stand dann im Widerstreit zu dem Wunsch, Gutes zu tun und niemanden zu verletzen. Letztlich hätten sie ein reflektiertes Verständnis »von Zuwendung und gegenseitiger Rücksichtnahme als dem tragfähigsten Grundprinzip für die Lösung menschlicher Beziehungsprobleme« erlangt.[14]

Auf der Grundlage dieser Untersuchungen entwickelt Gilligan das Konzept einer weiblichen *Fürsorgemoral*, bei dem das Gefühl der Verantwortung und die zwischenmenschlichen Beziehungen im Vor-

12 Carol Gilligan: Die andere Stimme, S. 135.
13 ibid., S. 157.
14 ibid., S. 131.

dergrund stehen. Dominant ist im Rahmen dieser Fürsorgeethik der Wunsch, andere nicht zu verletzen. Deshalb ist es das Ziel der darin gefällten moralischen Urteile, Konflikte so zu lösen, daß niemand zu Schaden kommt. »Ein moralischer Mensch ist jemand, der anderen hilft; gut sein heißt dienen, seine Pflichten und seine Verantwortung gegenüber anderen erfüllen, wenn möglich, ohne sich selbst aufzuopfern.«[15] Diesen weiblichen Moralbegriff sieht Gilligan nicht als eine Schwäche, eine Interpretation, die meist als Argument für die Unterdrückung der Frauen mißbraucht wird, sondern definiert ihn als eine *andere Stimme*, die im gesellschaftlichen Kontext als Stärke zu verstehen sei. Gilligan räumt ein, daß diese Moral nicht ausschließlich auf Frauen zutrifft, aber signifikant weiblich ist und führt die Ausbildung der Fürsorge auf die weibliche Sozialisation zurück.

Weiterhin stellt Gilligan fest, daß sich Frauen in ihren moralischen Urteilen stärker auf konkrete Ereignisse beziehen und versuchen, auch hypothetische Dilemmas in die Realität einzugliedern und danach zu bewerten. Dadurch distanzieren sie sich in ihrem Urteil von hierarchischen Prinzipien und formalen Verhaltensweisen, wie sie die männlichen Gerechtigkeitskategorien verlangen.[16]

Die Fürsorgemoral basiert nicht auf der Abwägung, welches Verhalten gerecht wäre, sondern primär auf einem Verantwortungsgefühl. Sie beinhaltet Sensibilität gegenüber den Bedürfnissen anderer, Bereitschaft zur Verantwortung für andere. Gilligan führt auch die häufig auftretende Konfusion von Frauen im moralischen Urteil nach dem Gerechtigkeitsprinzip darauf zurück, daß bei ihnen die Fürsorge und Rücksichtnahme überwiegen. Dadurch definieren Frauen sich selbst nicht aufgrund ihrer persönlichen Autonomie, sondern sehen sich eingebunden in den Kontext menschlicher Beziehungen und beurteilen sich nach ihrer Fähigkeit zur Anteilnahme.[17]

Weiterhin stellt Gilligan fest, daß das moralische Urteil von Frau-

15 Carol Gilligan: Die andere Stimme, S. 84.
16 Vgl. ibid., S. 125f.
17 Vgl. ibid., S. 27.

en mehr kontextgebunden ist und damit abhängiger von spezifischen Umständen und von Beziehungen. Frauen tendieren dazu, den Standpunkt der anderen einzunehmen, und sie sind deshalb besser in der Lage, die notwendige Sympathie für ihre Mitmenschen aufzubringen. Die Kontextgebundenheit ihrer Urteile ist der Ausdruck einer moralischen Reife, die das weibliche Selbst im Zusammenhang mit anderen Wesen begreift. Getragen wird die Entwicklung zu diesem moralischen Verständnis von der Achtung der gegenseitigen Bedürfnisse.[18]

Von der Gesellschaft wird die weibliche Moral normalerweise nicht als ernstzunehmende Entscheidungskategorie akzeptiert und meist dem gefühlsbetonten Wesen der Frauen zugeschrieben. Aus diesem Grund seien, so Gilligan, auch innerhalb der empirischen Forschung keine Untersuchungen zu diesem Thema durchgeführt worden.

Die moralische Unterdrückung der Frau besteht deshalb darin, daß ihr moralisches Urteil an den Kategorien der Männer gemessen wird, wodurch man die andere Stimme der Frauen zum Schweigen bringt. Aufgrund dieser Ignoranz bleibt die so gemessene weibliche Urteilsfähigkeit auf den unteren Stufen der Skalen stehen.[19]

Eine Befreiung der Frau verlangt es, die weiblichen Erfahrungen zu berücksichtigen, wodurch auch eine Neustrukturierung der sozialen Beziehungen eintreten muß.

2.2. Fürsorge und Gerechtigkeit – ein Gegensatz?

Die Entstehung der Fürsorgemoral führt Gilligan auf die unterschiedliche Entwicklung der moralischen Reife bei Frauen und bei Männern zurück. Ausschlaggebend sind die geschlechtsspezifischen Prägungen in der Adoleszenz und im frühen Erwachsenenalter. Grundsätzlich sind die Probleme in der Adoleszenz bei beiden

18 Vgl. Seyla Benhabib: Der verallgemeinerte und der konkrete Andere. In: List und Studer (Hginnen): Denkverhältnisse, S. 455f.

19 Vgl. Carol Gilligan: Die andere Stimme, S. 28f.

Geschlechtern gleich. Es besteht ein Konflikt zwischen Integrität und Zuwendung, mit dem Frauen allerdings anders umgehen.[20]

Ähnlich wie Nancy Chodorow in ihrer Sozialisationstheorie, interpretiert auch Gilligan die geschlechtsspezifischen Unterschiede im moralischen Urteil nicht biologistisch, sondern führt sie auf gesellschaftliche Determination zurück. Auf der Grundlage der geschlechtsspezifischen Prägung in der Entwicklung des Kindes wird Weiblichkeit durch Bindung definiert, und die Identität der Frau mit Beziehungen der Intimität und Fürsorge gleichgesetzt; dagegen wird Männlichkeit durch die Ablösung ausgedrückt. Im Gegenzug ist dann die weibliche Identität durch die Trennung bedroht, die männliche dagegen durch Bindung. Während bei Frauen die Stadien Ablösung und Bindung miteinander verschmelzen, wirkt die Trennung konstituierend für das männliche Selbst. Beim Mann wird die Intimität von der Identität abgelöst, und seine Identität konstituiert sich durch Macht und Trennung, sowie durch die Distanz zu anderen.[21]

Daraus leitet Gilligan auch die Entwicklung der zwei Moralen ab: »Der Kontrapunkt von Identität und Intimität, der die Zeit zwischen der Kindheit und den Erwachsenenjahren kennzeichnet, artikuliert sich somit durch zwei verschiedene Moralvorstellungen: Daß diese sich gegenseitig ergänzen, wird in den Jahren der Reife entdeckt.«[22] Die Moral der Rechte basiert auf Gleichberechtigung und einem bestimmten Verständnis von Fairneß. Sie ist eine Manifestation gleichen Respekts und der Ausgewogenheit der Ansprüche des Selbst und der anderen. Die Moral der Verantwortung dagegen basiert auf der Anerkennung von unterschiedlichen Bedürfnissen und auf dem Verständnis, dem Mitgefühl und der Fürsorge für andere.

In ihrem 1987 erschienenen Artikel ›Moralische Orientierung und moralische Entwicklung‹ beschreibt Gilligan eine weitere Untersuchung, mit der sie ihre Ergebnisse aus ›Die andere Stimme‹ belegt. Sie

20 Vgl. Carol Gilligan: Die andere Stimme, S. 200f.
21 Vgl. ibid., S. 16f.
22 ibid., S. 200f.

hat darin Frauen und Männer hinsichtlich der Möglichkeit befragt, in einem moralischen Dilemma Gerechtigkeit oder Fürsorge zu artikulieren. Ihr Ziel ist, festzustellen, ob es eine geschlechtsspezifische Tendenz zu einer der beiden Richtungen gibt, das heißt, ob ein Zusammenhang zwischen der moralischen Orientierung und dem Geschlecht besteht.

Aufgrund ihrer Ergebnisse unterscheidet Gilligan zwischen Frauen und Männern, die eine Tendenz zu einer bestimmten Form der Moral (Fürsorge oder Gerechtigkeit) aufweisen, und denjenigen, die je nach Situation die eine oder andere Form wählen. Dabei stellt sie fest, daß sich fast alle Männer mit einer bestimmten Tendenz auf Gerechtigkeit konzentrierten, während sich Frauen gleichmäßig auf beide Moralformen bezogen. Zwar sei generell keine Dominanz der Fürsorgeperspektive bei den Frauen erkennbar gewesen, dennoch sei sie ein fast ausschließlich weibliches Phänomen, da fast nur Frauen fürsorgedominierte Urteile fällen. Da durch die Präferenz für eine der beiden Perspektiven in der Entscheidung die andere Sichtweise ausgeblendet wird, ist bei fürsorgedominierten Urteilen der Gerechtigkeitsaspekt von geringer Bedeutung. Letztlich sieht Gilligan ihre Untersuchung als Indiz dafür, daß Frauen und Männer unterschiedliche Perspektiven ausblenden, da fürsorgedominierte Urteile bei Männern völlig fehlten.[23]

Auf der Grundlage eines Vergleichs der beiden Moralformen stellt Gilligan fest, daß beide Urteilsweisen bestimmte Fehlerrisiken enthalten: Die Gerechtigkeitsperspektive könne leicht dazu führen, die eigene Sichtweise als objektiv einzustufen und mit Wahrheit zu verwechseln. Die Fürsorgeperspektive dagegen enthalte implizit die Neigung, sich zu weit auf die Sichtweise anderer einzulassen und sich dadurch als selbstlos darzustellen. Beide Fehlerquellen gehen auf bestimmte gesellschaftliche Deformationen zurück, die zum einen Mensch mit Mann gleichsetzen und zum anderen Fürsorge mit weiblicher Selbstaufopferung identifizieren.

23 Vgl. Carol Gilligan: Moralische Orientierung und moralische Entwicklung. In: Nunner-Winkler (Hgin): Weibliche Moral, S. 88f.

Dabei räumt Gilligan jedoch ein, daß die Fürsorgeperspektive im Gegensatz zur Gerechtigkeit weniger ausgearbeitet sei und es deshalb kein geeignetes Vokabular gebe, um sie zu beschreiben.[24] Gilligan stellt weiterhin fest, daß aufgrund des bestehenden Verständnisproblems gegenseitige Verzerrungen auftreten.

Fürsorge und Gerechtigkeit beschreiben unterschiedliche Formen der Selbstbehauptung: Es gibt Menschen, die den Wunsch haben, allein an der Spitze zu stehen, und andere sind lieber Mittelpunkt eines Beziehungsnetzes. Die weiblichen Erfahrungen der Ungleichheit und der wechselseitigen Verbundenheit führen nach Gilligan zur *Ethik der Fürsorge und der Verantwortung*, deren Ideal das gleichberechtigte menschliche Zusammenleben ist: »daß jeder gehört und einbezogen werden wird, daß niemand allein gelassen oder verletzt werden wird.«[25]

Auf dieser Grundlage fordert Gilligan eine neue Interpretationsweise, welche auch die weibliche Erfahrungswelt miteinschließen und so moralische Entwicklungen verdeutlichen kann, die in traditionellen Untersuchungen, wie der Kohlbergs, nicht gesehen werden. Es müsse eine neue Sprache innerhalb der Psychologie entwickelt werden, die in der Lage ist, die »Werte der Fürsorge und Verbundenheit dem Vokabular der Ungleichheit und Unterdrückung« entgegenzustellen.[26] Diese Sprache soll es ermöglichen, die besondere Einstellung von Frauen zu Beziehungen auszudrücken, denn das vorhandene Interpretationsproblem habe seine Ursache in den unterschiedlichen Vorstellungen von Hierarchie oder Beziehungsnetzen in den moralischen Urteilen von Frauen und Männern.

Durch die weibliche Stimme innerhalb des moralischen Urteils ist es möglich, so Gilligan, eine Erweiterung der moralischen Entwicklungstheorie herbeizuführen, die auch geeignet ist, die bisher als andersartig eingestufte weibliche Erfahrung zu berücksichtigen. Die Einbeziehung der weiblichen Erfahrungen sei notwendig, um eine

24 Vgl. Carol Gilligan: Moralische Orientierung und moralische Entwicklung. In: Nunner-Winkler (Hgin): Weibliche Moral S. 97.

25 Carol Gilligan: Die andere Stimme, S. 82.

26 ibid., S. 66.

veränderte Sichtweise von Beziehungen zu erlangen. Nur dadurch kann der Identitätsbegriff so erweitert werden, daß er das weibliche Subjekt integriert und von einer wechselseitigen Verbundenheit zwischen beiden Geschlechtern ausgeht.[27] In ähnlicher Weise plädiert Gilligan auch für eine Erweiterung des gängigen Moralbegriffs durch die Verbindung von Verantwortung und Fürsorge.

Zwar sprechen Frauen und Männer im Hinblick auf die Moral unterschiedliche Sprachen, aber beide überlappen sich und stehen in Wechselbeziehung zueinander. »So wie die Sprache der Verantwortung die Vorstellung eines Beziehungsgeflechts an die Stelle einer hierarchischen Ordnung setzt, die sich mit der Einführung der Gleichberechtigung auflöst, so unterstreicht die Sprache der Rechte die Wichtigkeit, nicht nur den anderen, sondern auch das Selbst in das Netz der gegenseitigen Fürsorge einzubeziehen.«[28] Damit situiert Gilligan die andere Stimme der Frauen in der von ihnen praktizierten *Ethik der Anteilnahme*.

2.3. Die andere Stimme in der Kritik

Die Veröffentlichung von Gilligans Ansatz einer weiblichen Fürsorgemoral hat massive Kritik aus den unterschiedlichsten Richtungen ausgelöst. Sowohl von seiten der etablierten Wissenschaften als auch von feministischer Seite werden ihre Untersuchungen, ihre Ergebnisse und ihre Schlußfolgerungen in Frage gestellt. Die Kritik an Gilligans Ansatz der Fürsorgemoral ist in weiten Teilen exemplarisch für die feministische Kritik an einem essentialistischen Ansatz, der auf das Wesen der Frau und die klassischen weiblichen Tugenden abhebt. In der Folge von Gilligans Arbeit entwickelten sich langwierige Diskussionen zwischen verschiedenen Kritikerinnen, deren Auseinandersetzungen zur immer noch andauernden Gilligan-Debatte führten.

27 Vgl. Carol Gilligan: Die andere Stimme, S. 131.
28 ibid., S. 211f.

Kathy Davis beleuchtet in ihrem Artikel ›Die Rhetorik des Feminismus‹ einige zentrale Kritikpunkte, die aus sehr unterschiedlichen Blickwinkeln an Gilligans Ansatz gestellt werden. So gebe es feministische Wissenschaftlerinnen, die Gilligans Arbeit als *inspirativ* ansehen, sowohl im Bereich der Fürsorge als auch für die Kritik des Militarismus und in der Anti-Porno-Debatte. Andere kritisierten wechselweise ihren bürgerlichen Standpunkt, ihren Männerhaß oder ihren Anti-Feminismus, ihren theoretischen Eklektizismus, ihren Essentialismus und werfen ihr methodische Fehler vor.

Gegen diese Kritikerinnen räumt Davis ein, daß Gilligan selbst ihre Untersuchung als vorläufig und spekulativ bezeichnet habe und es in erster Linie ihr Ziel gewesen sei, die Arbeiten Kohlbergs zu hinterfragen und eine umfangreichere Perspektive des moralischen Urteils zu schaffen. Die meisten Kontroversen um Gilligan würden darin bestehen, auf Schwachstellen ihrer Methodik und ihrer theoretischen Begründung hinzuweisen, Bereiche, die Gilligan selbst nie als absolut angesehen habe.[29]

Einen häufig vorgebrachten Kritikpunkt verbalisiert Lynne Segal, die Gilligans Theorie vorwirft, ihre weibliche Moral auf wenig konkrete Kategorien zu stützen. Gilligans Methodologie hebe zu stark auf die Unterschiede zwischen Frauen und Männern ab und ignoriere die Gemeinsamkeiten. Außerdem übernehme sie trotz ihrer Kritik an Kohlberg zu viele seiner Schwächen.[30]

Auch Gertrud Nunner-Winkler stellt fest, daß Gilligans These differenzierungsbedürftig sei, da es mehr als zwei kontrastierende Positionen geben müsse, außerdem sei ihre geschlechtsspezifische Zuordnung nicht haltbar.

Auf der Grundlage eigener Untersuchungen stellt Nunner-Winkler fest, daß die Fürsorgemoral nur von denjenigen Frauen angeeignet werde, die auch die traditionelle weibliche Identität übernehmen; Frauen, die nach Autonomie und Unabhängigkeit streben, tendier-

29 Vgl. Kathy Davis: Die Rhetorik des Feminismus. In: Feministische Studien 2 (1991), S. 79ff.

30 Vgl. Lynne Segal: Ist die Zukunft weiblich?, S. 190ff.

ten mehr zur Gerechtigkeitsethik. Für Nunner-Winkler ist die Fürsorgeperspektive nicht an die Reproduktionsfähigkeit der Frau oder ihre frühkindliche Mutteridentifikation gekoppelt, vielmehr hängt sie von der Tatsache ab, daß Frauen primär diffuse, nicht definierte Rollen übernehmen. Dabei sind die Frauen in unserer Gesellschaft nicht Akteurinnen, sondern die Beziehung zu anderen hat Priorität. Männer dagegen werden in spezifische Rollen sozialisiert.[31]

Als Ergänzung zu Gilligans Ansatz schlägt Carol Gould vor, die Dichotomie von Fürsorge- und Gerechtigkeitsmoral aufzulösen und eine Synthese von beiden zu entwickeln. Diese sollte aber keine Kombination aus beiden darstellen, sondern verdeutlichen, daß sich beide gegenseitig implizieren.[32]

Einen ähnlichen Vorschlag macht auch Marilyn Friedman, indem sie die positiven Aspekte der Gerechtigkeit betont, die auch in persönlichen Beziehungen wirksam werden. Es bestehe eine Verpflichtung, sich gegenseitig gerecht zu behandeln, also ein Recht auf bestimmte Behandlung im Sinne von Fairneß und wechselseitiger Anerkennung. Gerechtigkeit besteht dann darin, anderen das zu geben, was ihnen gebührt und sie korrekt zu behandeln. Damit hat Gerechtigkeit auch ihre Relevanz für Fürsorglichkeit und muß auf persönliche und familiäre Beziehungen angewandt werden. Fürsorgliches Verhalten anderen Personen gegenüber besteht auch darin, ihre Rechte zu respektieren und ihnen zu geben, was ihnen zusteht.

Friedman kritisiert, daß Gilligan den Gerechtigkeitsbegriff zu eingeschränkt sehe. Sie unterschlage die positiven Aspekte und auch die Rechte, die davon abgeleitet werden können. Außerdem habe sie nicht wahrgenommen, daß Gerechtigkeit für zwischenmenschliche Beziehungen wesentlich ist, um der Ungleichbehandlung der Menschen untereinander vorzubeugen.[33]

31 Vgl. Gertrud Nunner-Winkler: Gibt es eine weibliche Moral? In: Dies. (Hgin): Weibliche Moral, S. 152ff.

32 Vgl. Carol Gould: Philosophical Dichotomies and Feminist Thought. In: Nagl-Docekal (Hgin): Feministische Philosophie, S. 188.

33 Vgl. Marilyn Friedman: Jenseits von Fürsorglichkeit. In: Nagl-Docekal und Pauer-Studer (Hginnen): Jenseits der Geschlechtermoral, S. 249ff.

3. *Sarah Hoagland und ›Die Revolution der Moral‹*

Einen Ansatz zur weiblichen Ethik, der speziell vom lesbischen Lebenszusammenhang ausgeht, hat Sarah Hoagland in ihrem 1988 erschienenen Buch ›Die Revolution der Moral‹ entwickelt. Sie konzipiert darin eine Ethik im Kontext der Interaktionen zwischen Lesben, wobei sie der lesbisch-feministischen Praxis eine spezifische moralische Weisheit zugrundelegt. Allerdings beschränkt Hoagland die Anwendung ihres Modells nicht ausschließlich auf lesbische Lebenszusammenhänge. Vielmehr ist es offen für alle Frauen, die sich von der Pflicht befreit haben, die Männer und ihr System zu unterstützen.

Infolgedessen definiert Hoagland Heterosexualität nicht nur aufgrund sexueller Präferenz, sondern sieht sie vor allem als Form der Orientierung und Aufmerksamkeit, die von Frauen auf die Männer gerichtet ist. Es ist eine Lebensform, die auf der Unterdrückung von Frauen durch Männer basiert. Als Lesben bezeichnet sie in diesem Zusammenhang Frauen, die ihre Aufmerksamkeit und Zuneigung auf Frauen richten und sich damit illoyal gegenüber der phallokratischen Realität verhalten.

Der Lesbengemeinschaft schreibt Hoagland kein spezielles Wesen zu, sie bildet vielmehr die Basis für das In-der-Welt-Sein von homosexuellen Frauen, die darin agieren und interagieren.[1] Es ist die Aufgabe der lesbischen Ethik, innerhalb dieser Lesbengemeinschaft zu wirken und darin Zusammenhänge herzustellen, die nicht nach dem alten Muster der Unterdrückung funktionieren.

Die Idee einer lesbischen Ethik basiert bei Hoagland auf der Feststellung, daß Ethik ein zentraler Bereich des feministischen Denkens ist. Im Mittelpunkt steht nicht die Forderung nach gleichen Rechten für Frauen oder die Suche nach angemesseneren Handlungsnormen, als sie die traditionelle Ethik bietet. Hoagland zielt mit der lesbischen Ethik nicht darauf, einen Wertewandel herbeizuführen, indem sie gut

1 Vgl. Sarah Hoagland: Die Revolution der Moral, S. 16.

und böse neu festlegt. Sie will vielmehr versuchen, die bestehenden Werte sinnlos zu machen, indem sie eine Veränderung der Wahrnehmung auslöst. Dadurch sollen die Grenzen des patriarchalen Denkgebäudes sichtbar und ein neues Begriffssystem möglich werden, das die geltenden Werte unglaubwürdig macht und ihren Sinn in Frage stellt.[2]

Das eigentliche Ziel der lesbischen Ethik liegt für Hoagland in einer Revolution der Moral, die eine Transformation des Bewußtseins zur Folge haben soll. Diese Veränderung sei notwendig geworden, da die lesbischen Überlebenstechniken sich nicht mehr nur gegen das Hetero-Patriarchat richten, sondern auch unter den Lesben wirksam würden. Das führe letztlich dazu, so Hoagland, die lesbische Lebensgemeinschaft zu untergraben.[3]

Die einzelne Frau soll durch die lesbische Ethik zur Entwicklung eines eigenen, vom Patriarchat unabhängigen Selbst angeregt werden. Sie soll eine eigenständige moralische Handlungsfähigkeit ausbilden, durch die sie in der Lage ist, ihre persönliche Integrität zu bewahren und sich durch eigene Entscheidungen neue Werte zu schaffen. Dabei ist es Hoaglands Ziel, eine lesbische Lebensweise zu prägen, auf deren Grundlage sich Frauen gegenseitig als Lesben verstehen und zugleich die unterschiedlichen Aspekte der jeweiligen Person wahrnehmen. Nur auf diese Weise könnten die Lesben miteinander umgehen und eigene Werte festlegen.

Als Metapher für diese neue Form des Umgangs zwischen Lesben wählt Hoagland den Begriff des *Webens*. Wie beim handwerklichen Weben geht es bei der lesbischen Ethik darum, bestehende (Handlungs-) Muster zu kennen und neue zu erfinden. Das lesbische Weben soll die bestehenden Energien und Muster der eigenen Lebenswelt verändern und neue Schwerpunkte schaffen.[4]

2 Vgl. Sarah Hoagland: Die Revolution der Moral, S. 23ff.
3 Vgl. ibid., S. 15f.
4 Vgl. ibid, S. 248.

3.1. Kritik des Heterosexualismus

Ansatzpunkt für Hoaglands Arbeit ist der Standpunkt der Lesbe, die sich innerhalb des Hetero-Patriarchats bewegt. Ihre Position in unserer Gesellschaft ist nicht gleichbedeutend mit der von anderen AußenseiterInnen, vielmehr ist sie geprägt von subtilen Unterdrückungsmechanismen. Hoagland stellt fest, daß diese ganz andere Formen haben als Rassismus oder die Unterdrückung von Frauen allgemein. Die Gesellschaft unterdrückt die Lesbengemeinschaft, indem sie ihre Existenz völlig leugnet. Lesben als Gruppe existieren nicht, sie gelten als heterosexuelle Frauen, die entweder keinen Mann abbekommen haben oder Männer hassen. Betroffen macht die Gesellschaft vor allem die Tatsache, daß Lesben ihre Energien nicht für das Wohlbefinden und Überleben von Männern einsetzen und ihre Reproduktionsfähigkeiten dem System entziehen.[5]

Den ersten Schritt zur Entwicklung einer lesbischen Ethik sieht Hoagland in der Separation vom Heterosexualismus, einem System, das auf dem männlichen Recht basiert, Frauen physisch, ökonomisch und emotional auszubeuten. »Heterosexualismus bedeutet, daß Männer dominieren und Frauen in vielen Formen ent-fähigen und entmachten, vom offenen Angriff bis hin zur paternalistischen Fürsorge, und daß Frauen die Bindung an Frauen abwehren. Heterosexualismus beinhaltet immanente Widersprüche zwischen Verpflichtung und Autonomie, so daß folgerichtig eine Ethik der Abhängigkeit gilt. Heterosexualismus ist eine Lebensform, die in einer Beziehung die Herrschaft einer Person und die Unterordnung der anderen zur Normalität erklärt.«[6]

Im Heterosexualismus, so konstatiert Hoagland, wird den Frauen eine untergeordnete Rolle zugeschrieben, mit der sie das System stützen und erhalten sollen. Sie besteht darin, den Mann in seiner Funktion als Beschützer zu bestätigen, indem sie sich als Opfer darstellen.

5 Vgl. Sarah Hoagland: Die Revolution der Moral, S. 16ff.
6 ibid., S. 37.

Gleichzeitig soll die Frau verführerisch sein, um den Mann in seiner Rolle als Räuber zu unterstützen und ihre eigene Vergewaltigung zu legitimieren. Diese Funktion der Frau als Verführerin und Opfer zugleich ist für das Hetero-Patriarchat notwendig, um die männliche Position zu bestätigen und weiterhin zu ermöglichen, da beide komplementär sind. Die Wechselwirkung dieser beiden Funktionen dient dazu, die Integrität und Handlungsfähigkeit der Frau zu untergraben und ihre Abhängigkeit vom Mann zu manifestieren. Diese vorgegebene Rollenstruktur darf von den Frauen nicht verlassen werden, da sie sonst ihren Schutz verlieren und das Opfer massiver physischer Gewalt werden.

Mit solchen Strategien schließt der patriarchale Begriff von Weiblichkeit andere Lebensformen, wie die Ausübung weiblicher Macht, die Analyse patriarchaler Strukturen und des weiblichen Opferstatus sowie den Widerstand gegen die männliche Gewalt und die lesbische Lebensgemeinschaft von vornherein aus.[7]

Als Formen des weiblichen Widerstandes gegen diese patriarchalen Fixierungen kennzeichnet Hoagland Spontaneität, Flexibilität und Dezentralisierung. »Verrücktsein vor Zorn und Verrücktsein als Wahnsinn bedeuten beide den Verlust der männlichen Kontrolle. Wenn Frauen als verrückt bezeichnet werden, sind sie für Männer nicht mehr nützlich, bedrohen sie die männliche Überlegenheit.«[8] Die Stigmatisierung als Wahnsinnige macht es dem Patriarchat möglich, den weiblichen Widerstand zu ignorieren. Als verrückt oder wahnsinnig werden Frauen eingestuft, die ihren Unterdrückern, prügelnden Ehemännern und ähnlichen entfliehen und ihre Energien somit dem Patriarchat entziehen. Grundsätzlich wird bereits die Möglichkeit des Widerstandes durch den patriarchalen Begriff der Weiblichkeit verdeckt, der nur Wesenszüge aufnimmt, welche die männliche Rolle unterstützen.

Der traditionellen Ethik macht Hoagland den Vorwurf, die Prä-

7 Vgl. Sarah Hoagland: Die Revolution der Moral, S. 38ff.
8 ibid., S. 48.

missen des Hetero-Patriarchats methodisch umzusetzen. Diese Ethik ist ebenso patriarchal strukturiert wie die Gesellschaft. Sie basiert wie die Gesellschaft auf dem Prinzip von Herrschaft und Unterordnung. Ihr Ziel ist die Kontrolle der gesellschaftlichen Organisation, wodurch sie die Unterdrückung als natürliche Organisationsform legitimieren kann.

Das Patriarchat fordert spezifische weibliche Handlungsmuster; »Tugenden«, wie Altruismus, Selbstaufopferung, Gehorsam und Unterwerfung gelten als zentrale Werte des Verhaltens von Frauen. Sie werden mit Unterstützung der bestehenden ethischen Prämissen legitimiert, auf natürliche Bedürfnisse zurückgeführt und finden so Eingang in die patriarchale Vorstellung von einer weiblichen Natur. Auf diese Weise ermöglichen sie auch, jedes abweichende Verhalten als unweiblich zu erkennen und als unnatürlich zu stigmatisieren.[9]

Unterstützt werden diese Kategorisierungen, so kritisiert Hoagland, sogar durch einige weibliche Ethiken, wie sie Nel Noddings und Carol Gilligan entwickelten. Ihnen wirft sie vor, patriarchale weibliche Tugenden wie die Fürsorge als weibliche Werte zu übernehmen und sie lediglich innerhalb einer Hierarchie der ethischen Werte über die männlich besetzten Tugenden zu stellen.

3.2. Lesbische Ethik

Dem traditionellen Verständnis von Ethik und weiblicher Tugend stellt Hoagland die lesbische Ethik entgegen. Ihr Schwerpunkt liegt in der persönlichen Integrität und Handlungsfähigkeit sowie der moralischen Kompetenz der Frauen.

Im Kontext der lesbischen Ethik zielt Hoagland darauf, die Frauen nicht mehr auf der Grundlage der Weiblichkeit wahrzunehmen, sondern als moralisch handelnde Personen, die zwar im Kontext des Systems stehen, aber eigenständig agieren und persönliche Entscheidungen treffen.

9 Vgl. Sarah Hoagland: Die Revolution der Moral, S. 67ff.

Mit Hilfe einer *Revolution der Moral* sollen sich die Lesben neu orientieren und auf ihre eigenen Belange, ihr Verhältnis zu anderen und auf die Schaffung neuer Werte im lesbischen Kontext konzentrieren. »Ich propagiere eine Ethik, in der Separation oder Rückzug auf welcher Ebene auch immer eine moralische Option ist; deren Voraussetzung nicht der Altruismus ist, sondern die Selbsterkenntnis, die Entscheiden nicht als Opfern, sondern als etwas Kreatives auffaßt, und nicht Verwundbarkeit, sondern Intimität fördert; die Macht nicht im Sinne von Beherrschung, sondern im Sinne von Befähigung versteht, die weder Verschmelzung noch Entfremdung fördert, sondern Interaktion, und daher auch nicht Bindung, sondern Engagement; die Verstand und Gefühl ebenso integriert und politisiert wie Träume, spirituelle Fähigkeiten, Intuition, Humor und Phantasie; in der moralische Handlungsfähigkeit nicht bedeutet, sich über unsere Grenzen zu erheben oder Situationen zu beherrschen, sondern als eine unter vielen zu handeln und in Situationen Entscheidungen zu treffen; deren zentraler Schwerpunkt nicht auf der Durchsetzung von Regeln und sozialer Kontrolle, sondern auf der Förderung von Integrität und Handlungsfähigkeit liegt – eine Ethik, deren Achse nicht der Antagonismus von Herrschaft und Unterordnung, sondern eine auf Autokoinonie gestützte Form der Kooperation bildet.«[10]

Hoagland fordert die Frauen auf, im Rahmen der lesbischen Ethik neue Interaktionsformen zu entwickeln, die sich von den klassischen ethischen Mustern abheben. Anstelle von Altruismus und Aufopferung situiert sie den Wert der Selbsterkenntnis als Ausgangspunkt für ethisches Verhalten.[11] Auf dieser Grundlage sollen sich die Frauen eigene Handlungsmuster aneignen, die von Intimität geprägt sind und die als tiefes Verständnis für andere beziehungsweise der anderen für uns definiert werden.

Eine wichtige Handlungsmöglichkeit in der Unterdrückungssituation liegt für Hoagland im Rückzug oder der Separation vom

10 Sarah Hoagland: Die Revolution der Moral, S. 244. S. auch S. 249.
11 Vgl. ibid., S. 76.

Hetero-Patriarchat. Sie versteht die Separation als politische Strategie und als Wahlmöglichkeit in der Einzelsituation. Der Rückzug aus der unterdrückten Situation ist dabei ein legitimes Mittel, um dem System die Teilhabe und damit die Unterstützung zu entziehen. »Separatismus ist die Demontage und Neubewertung bestehender Wahrnehmungen und Urteile.«[12] Für die lesbische Gemeinschaft, so Hoagland, bedeutet Separation erstens, eine Distanz zum bestehenden System einzunehmen, um dadurch seine typischen Muster und deren Funktion besser untersuchen zu können; zweitens sei Separatismus eine Möglichkeit, die heterosexuellen Muster zu unterwandern, und drittens sei der lesbische Separatismus der endgültige Rückzug vom Heterosexualismus. Im Rahmen der Handlungsfähigkeit ist die Separation eine moralische und legitime politische Entscheidungsform, mit der die Frau sich weigert, sich mit dem System der Unterdrücker zu arrangieren.[13]

Als zentrales Element des Heterosexualismus kennzeichnet Hoagland die Macht, die im heterosexuellen Patriarchat als Beherrschung und Unterdrückung die Beziehungen zwischen den Geschlechtern prägt. Sie äußert sich in Dominanzbestrebungen und dem Zwang zur Unterordnung unter eine andere, meist männliche Person. Macht wird verstanden als die Fähigkeit, andere zu führen oder zu beherrschen und schafft so das System des Paternalismus. Es ist geprägt von der Idee, eine Instanz sei mehr in der Lage zu entscheiden, was für eine Person besser ist, als diese selbst.

Hoagland definiert den Paternalismus als System, das erstens die Einschränkung und Aufhebung der Integrität einer Person befürwortet, zweitens die Beherrschung eines anderen Menschen als Recht bezeichnet und drittens davon überzeugt ist, diese Abhängigkeiten seien zum Wohl der vom System Unterdrückten.[14] Kritisch merkt Hoagland an, daß auch Lesben dieses Verständnis von Macht verinnerlicht hätten und innerhalb ihrer Beziehungen ausüben wür-

12 Sarah Hoagland: Die Revolution der Moral, S. 60.
13 Vgl. ibid., S. 60f.
14 Vgl. ibid. S. 104f.

den. Solange sie aber diese Denkmuster übernehmen, verstärkten sie auch ihre eigene Unterdrückung und seien nicht in der Lage, das System zu unterwandern.

Dieser patriarchal geprägten Macht in Form von Beherrschung und Unterdrückung setzt Hoagland die weibliche *Macht als innere Stärke* entgegen. Sie beruht auf einem Gleichgewicht zwischen der Frau und ihrer Umgebung. »Macht als innere Stärke ist die Macht der Fähigkeit/des Vermögens, der Entscheidung und des Engagements.«[15] Dadurch kann Macht die Kreativität fördern und die Frau in die Lage versetzen, ihr Leben zu verändern. Im Begriff der Macht als innerer Stärke sieht Hoagland die Möglichkeit zu einer grundlegenden Erneuerung. Sie besteht aus gegenseitiger Förderung und Zuwendung, durch welche sich die Frauen auf ihre eigene Stärke konzentrieren können.

Zuwendung ist dabei ein Vermögen, das erlernt werden kann und durch das die Frauen ihre Energien in die Situation einbringen, neue Vorschläge machen und ihre Erfahrungen, Urteile, Bedürfnisse oder auch Grenzen verdeutlichen. Aus diesem Grund ist die Zuwendung für Hoagland auch nicht passiv, sie ist vielmehr eine Fähigkeit, mit der wir anderen helfen können, in einer Situation leichter zu handeln. Allerdings, so räumt Hoagland ein, dürfe dieser Begriff der Zuwendung nicht mit einer Philosophie der permanenten Zuwendung verwechselt werden, die ja auch ein typisch weibliches Verhaltensmuster ist. Im Gegensatz dazu habe die Zuwendung innerhalb der lesbischen Ethik auch Grenzen, durch die sich die Frau vor zuviel Betroffenheit von den Problemen der anderen abgrenzen kann, und sich dagegen wehrt, den Schmerz der anderen zu übernehmen.[16]

Ein weiteres Element der traditionellen Ethik, das Hoagland auf eine Ebene mit der Beherrschung und Unterordnung stellt, ist die Autonomie. Das Patriarchat versteht darunter in erster Linie Selbstbestimmung. Autonomie wird als Gegensatz zur Fremdbestimmung

15 Sarah Hoagland: Die Revolution der Moral, S. 103.
16 ibid., S. 110ff.

verstanden, die eine eigenständige Handlung verhindert. Somit sind Autonomie und Handlungsfähigkeit in der unterdrückten Situation generell nicht möglich.[17]

Hoagland lehnt die Autonomie als Bestandteil der lesbischen Ethik grundsätzlich ab und entwickelt in Abgrenzung zur patriarchalen Autonomie den Begriff der *Autokoinonie*. Er ist zusammengesetzt aus dem griechischen *auto* (selbst) und *koinonia* (Gemeinschaft) und wird übersetzt mit *das Selbst in der Gemeinschaft*. Darunter versteht Hoagland, daß sich jede Lesbe als Selbst unter anderen begreifen soll, ein Selbst, »das getrennt und verbunden zugleich ist, ein Selbst, das weder autonom noch aufgelöst ist: ein Selbst in der Gemeinschaft, das eins unter vielen ist.«[18] Jede trifft ihre eigenen Entscheidungen, aber im Bewußtsein, in einer Gemeinschaft zu stehen. Das bedeutet nicht, das Umfeld zu beherrschen, sondern sich selbst als ein Teil dessen zu verstehen und danach zu handeln. Durch die Autokoinonie soll keine Isolation entstehen, aber auch kein völlig losgelöstes Handeln. »Eine autokoinone Frau ist sich ihrer selbst als eine unter vielen in einer Gemeinschaft bewußt, die ihren Seinsgrund bildet; sie trifft ihre Entscheidungen im Bewußtsein ihrer Grenzen wie auch im Bewußtsein der Pläne und Wahrnehmungen anderer. Sie verschmilzt nicht mit anderen und entfremdet sich nicht; sie kommuniziert mit anderen in bestimmten Situationen.«[19] Innerhalb der autokoinonen Struktur sollen sich die Frauen als getrennt und verbunden zugleich wahrnehmen, sie sollen sich aufeinander einlassen, miteinander kommunizieren, ohne sich aufgrund der äußeren Bedrohung gegenseitig zu unterdrücken. Durch diese neue weibliche Subjektivität können dann, so Hoaglands Ziel, paternalistische oder typisch weibliche Werte unnütz werden. Denn die Interaktionen der Frauen sollen auf Zuwendung und nicht auf Machtstreben basieren und die Frauen in die Lage versetzen, gemeinsam patriarchale Werte zu untergraben.[20]

17 Vgl. Sarah Hoagland: Die Revolution der Moral, S. 123f.
18 ibid., S. 24.
19 ibid., S. 124f.
20 Vgl. ibid., S. 133.

Ein weiterer Grundpfeiler der traditionellen patriarchalen Ethik sind Dualismen wie Verstand/Gefühl, gut/böse, männlich/weiblich, Subjekt/Objekt oder politisch/privat, die der Stabilisierung der Herrschaftsethik dienen. Als Folge dieser Spaltungen kennzeichnet Hoagland die Untergrabung der Energie der moralischen Handlungsfähigkeit von Frauen. Damit werde auch die Möglichkeit, Macht als innere Stärke zu verstehen und der autonomen Vereinzelung entgegenzuwirken, genommen. Hoagland kritisiert, daß die Dualismen die Entpolitisierung der weiblichen Entscheidungen und Werte fördern, indem sie dazu führen, die persönlichen Gefühle als etwas Privates zu sehen und sich damit selbst zu isolieren. Auf diese Weise unterstützen sie den atomistischen Individualismus, die Vereinzelung, und machen die Frauen empfänglicher für die Werte der herrschenden Gesellschaft.[21]

Es ist ein zentraler Anspruch der lesbischen Ethik, diese patriarchalen Dualismen und Spaltungen aufzuheben und die dadurch getrennten Aspekte in den Begriff der moralischen Handlungsfähigkeit zu integrieren. Darin sieht Hoagland eine Möglichkeit, die weiblichen Energien für die Gemeinschaft der Frauen zu nutzen.

Mit dem Ziel der Aufhebung der Dichotomie von Verstand und Gefühl entwickelt Hoagland den Begriff des Gefühls als *E-motion*. Sie versteht darunter eine Energie, welche die Frauen dazu bewegt und es ihnen ermöglicht aufeinander zuzugehen, sich zu engagieren und zu kommunizieren.[22]

Das Patriarchat lehrt uns, Gefühle als etwas Privates zu verstecken, werden sie trotzdem geäußert, gelten sie als individuelle Befindlichkeiten. Im Rahmen der lesbischen Ethik sieht Hoagland die Gefühle als Urteile und Bewertungen, die Auswirkungen auf das eigene Selbstverständnis haben. Durch die Wertung von Gefühlen können sie innerhalb der Handlung besser verstanden werden und durch den Bezug zum Kontext gewinnen sie mehr Komplexität. Dadurch bestehe, so Hoagland, auch die Möglichkeit, die Bedeutung von

21 Vgl. Sarah Hoagland: Die Revolution der Moral, S. 165.
22 ibid., S. 138.

Emotionen, Überzeugungen, Absichten und Intuitionen im gesellschaftlichen Zusammenhang zu erfassen. Sie könnten dann in Frage gestellt oder erweitert werden. Auf dieser Grundlage sind die Gefühle nichts Privates oder Isoliertes mehr, denn sie stehen im Kontext einer Situation und sind als Wertung oder Urteil legitim.[23]

Der patriarchale Gegenpol der Emotion, der Verstand, stellt bei Hoagland keinen Ersatz für das Gefühl dar. Sie sieht ihn zwar als Teil der Substanz, der Richtung und der Perspektive von Gefühlen, aber umgekehrt sind die Gefühle Teil der Struktur des Denkens. Deshalb geht Hoagland davon aus, daß eine Handlung die Interaktion beider Elemente benötigt. Sie fordert eine Verknüpfung von Gefühl und Verstand, die auch eine verstärkte Kommunikation unter den Frauen notwendig machen würde; Frauen müssen fragen, analysieren und werten. Um diesen Prozeß zu unterstützen, sollen sie Widerstand gegen patriarchale Kritik leisten. Die Frauen sollen sich auch untereinander nicht angreifen, denn das hat Sicherheitsbestrebungen zur Folge, die wiederum zu gegenseitiger Kontrolle und Beherrschung führen können. Anstelle der Sicherheit setzt Hoagland das gegenseitige *Sich-Ernstnehmen*. Durch die lesbische Gemeinschaft können sich die Frauen Räume schaffen, um jeder ihre Zuwendung zukommen zu lassen, sie ernst zu nehmen und sie als Person zu akzeptieren.[24]

3.3. Moralische Handlungsfähigkeit

Die Schaffung und Erhaltung der moralischen Handlungsfähigkeit ist der wichtigste Bestandteil und das Ziel von Hoaglands lesbischer Ethik. Ihr Ansatzpunkt ist die Unterdrückungssituation, in der sich Frauen immer befinden und deshalb lernen müssen, auch in diesem Kontext eigene Entscheidungen zu treffen, ohne sich die Haltung ihrer Unterdrücker anzueignen.[25] Zur moralischen Handlungsfähig-

23 Vgl. Sarah Hoagland: Die Revolution der Moral, S. 162.
24 ibid., S. 157ff.
25 Vgl. ibid., S. 167.

keit gehört es, »innerhalb einer Situation Kompetenz zu entwickeln, ohne die Verantwortung für die Situation zu beanspruchen ... sich gegen die Demoralisierung in der Unterdrückung zu wehren ... sich gegen die Ansicht zu wehren, daß unsere Handlungen nichts bewirken und wir machtlos sind, wenn wir eine Situation nicht beherrschen können ... die Kompetenz, auch in der Unterdrückung zu agieren: weiterhin Entscheidungen zu treffen, weiterhin innerhalb der unterdrückerischen Struktur unserer Gesellschaft zu handeln und die Unterdrückung zu bekämpfen«.[26]

Für die lesbische Gemeinschaft bedeutet die moralische Handlungsfähigkeit, auch im eingeschränkten Handlungsrahmen des Patriarchats moralisch entscheiden zu können. Ihre Bedeutung hängt somit wesentlich von den Entscheidungen ab, die wir treffen. Auf diese Weise dient die lesbische Ethik auch als Überlebensmoral im Patriarchat. »Meine These lautet, daß die moralische Handlungsfähigkeit einfach die Fähigkeit ist, in eingeschränkten Situationen Entscheidungen zu treffen, der einen Möglichkeit nachzugehen und nicht der anderen, durch das, was wir wählen, Werte zu schaffen und uns als Wesen wahrzunehmen, die Entscheidungen treffen können und dies auch tun und damit als Wesen in der Lage sind, für sich selbst und andere in diesem Leben etwas zu bewirken. Moralisch Handlungsfähige sind autokoinone Wesen.«[27]

Hoagland verbindet hier, in Anlehnung an Beauvoir, die Wahlfreiheit mit der Bildung von Werten. Diese werden durch die Entscheidung einer moralisch handelnden Person geschaffen. Um ethisches Verhalten zu praktizieren, müssen Frauen Entscheidungen treffen, durch die sie ihre eigene Freiheit ausleben können und auch die Freiheit der anderen wählen.[28] Das moralische Wesen der Entscheidung entsteht somit nicht aufgrund der Freiheit einer Handlung, sondern durch die Entscheidung selbst, deren Relevanz darin besteht, zwischen mehreren Alternativen zu wählen.

26 Sarah Hoagland: Die Revolution der Moral, S. 25.
27 ibid., S. 193.
28 Vgl. ibid., S. 171ff.

Der moralischen Handlungsfähigkeit schreibt Hoagland verschiedene Aspekte zu, die ihre Bedeutung sichtbar machen. Ein Element ist die *Nachvollziehbarkeit*, die im Gegensatz zum Begriff der Verantwortung in der traditionellen Ethik steht. Im Patriarchat bedeutet Verantwortung, andere nach den eigenen Kriterien zu beurteilen und auch zu verurteilen. Die darin liegende Arroganz schafft eine Machtposition, die andere nur im eigenen Kontext wahrnimmt.

Als Gegensatz zu diesem eingleisigen Vorgang kennzeichnet Hoagland die Nachvollziehbarkeit als Zweiweg-Prozeß. Sie bildet das Fundament der Gemeinschaft und setzt Kooperation und nicht Feindschaft voraus. Die Nachvollziehbarkeit beinhaltet das Erklären als die Fähigkeit, die eigenen Entscheidungen transparent zu machen. Sie beinhaltet auch die Selbsterkenntnis und die Fähigkeit, das eigene Leben wahrzunehmen.

Im Umgang mit der anderen hat die Nachvollziehbarkeit den Zweck, ihre Fähigkeiten, Abwehrmechanismen, Absichten, Ziele und Bedürfnisse einzuschätzen, und die in den Interaktionen wirksamen Energien zu verstehen. Dabei geht es auch um das Verständnis für die Entscheidungen anderer Frauen, auch Entscheidungen, die wir nicht billigen, ebenso um Zuwendung und Verständnis für die Art und das Wesen der anderen.[29]

Hoagland bewertet damit die patriarchalen Einschränkungen des weiblichen Handlungsrahmens neu, mit dem Ziel einer tieferen Einsicht. Eine Frau, die sich als *autokoinon*, als eine unter vielen begreift, kann sich durch die anderen gestärkt fühlen. Sie kann ein Gefühl für ihre Grenzen entwickeln und überprüfen, wo sie offen sind und wo sie blockieren. Sie ist in der Lage, ihre moralische Handlungsfähigkeit adäquat wahrzunehmen, und nicht als Kontrolle über die Situationen zu verstehen. Als Selbst unter vielen kann sie leichter mit den eingeschränkten Bedingungen leben, unter denen sie als Lesbe im Patriarchat steht. Deshalb kann sie mit der bestehenden Demoralisierung und Unterdrückung besser umgehen und gleichzeitig eine Vernetzung der lesbischen Gemeinschaft bewirken. Innerhalb der

29 Vgl. Sarah Hoagland: Die Revolution der Moral, S. 185ff.

Gemeinschaft kann sie auch die Grenzen der anderen erkennen und akzeptieren.

Hoagland bezeichnet auf dieser Grundlage den gegenseitigen Umgang mit den Grenzen als spielerisch, da er auch die Fähigkeit einschließt, die Lebenswelten der anderen Frauen zu verstehen, sich in ihnen zu bewegen – zu reisen. Die Metapher der *spielerischen Reise* bedeutet bei Hoagland, die Welt der anderen zu betreten und sich einander zuzuwenden, ohne sich zu zerstören und Macht auszuüben.[30]

Ein weiterer Aspekt der moralischen Handlungsfähigkeit ist die *Anteilnahme*, die Hoagland dem Pflichtbegriff der traditionellen Ethik entgegenstellt. Die Pflicht basiert auf der Spaltung von Verstand und Gefühl, wobei sie nur auf die Verstandesseite bezogen ist, der Gefühlsanteil fehlt.

Im Gegensatz dazu ist die Anteilnahme innerhalb der lesbischen Ethik an der Interaktion beider orientiert. Anteilnehmen definiert Hoagland als die Entscheidung einer Frau darüber, wem sie sich zuwendet, worüber sie urteilt und auch darüber, woran sie nicht Anteil nimmt. Mit der Anteilnahme kann auch die Verbindung unter den Frauen gefördert werden. Sie richtet sich auf Menschen, die wir respektieren und deren Integrität wir stärken wollen, und hat deshalb nichts mit paternalistischer Fürsorge zu tun.[31]

3.4. Die Revolution der Moral

Die moralische Handlungsfähigkeit bildet den Mittelpunkt der lesbischen Ethik, deren Ziel es ist, die Integrität der lesbischen Gemeinschaft zu entwickeln und zu fördern und die Verbindung der Lesben untereinander zu stärken. »Die Ethik, die ich mir vorstelle, geht von denen aus, die sich auf irgendeiner Ebene gegen diese ›Kooperation‹

30 Vgl. Sarah Hoagland: Die Revolution der Moral, S. 198ff.
31 Vgl. ibid., S. 228ff.

gewehrt und einen neuen Schwerpunkt gesetzt haben. Sie geht von denen aus, die in Unterdrückungsverhältnissen leben. Sie geht von denen aus, die den Wunsch nach Verbindung haben und aufeinander zugehen. Sie geht von denen aus, die sehr unterschiedlich sind und zugleich aus diesen Unterschieden lernen«.[32]

Mit der lesbischen Ethik richtet sich Hoagland an die einzelne Frau. Sie stellt keine moralischen Ideen oder Leitbilder auf, sondern betont, daß die Lesben/Frauen sich mit dem beschäftigen sollen, was ihnen persönlich für die Entwicklung ihrer moralischen Handlungsfähigkeit dient. Konzentration auf die eigene Identität bedeutet, sich selbst zu erkennen, ohne das eigene Selbst als unveränderlich und statisch aufzufassen. Ausgehend von der Selbsterkenntnis sollen die Frauen sich weiterentwickeln und das Bild wahrnehmen, das andere von ihnen haben. Dazu sei es auch wichtig, sich bewußt zu machen, welche Aspekte des Selbst verändert werden sollen, welche weiterentwickelt werden müssen und welche bestehen bleiben können.

Weiterhin gehöre dazu, sich Klarheit über die herrschende Gesellschaft und ihre Werte zu verschaffen, die ethnischen, religiösen und klassenbedingten Hintergründe zu erforschen und über Werte nachzudenken, welche den lesbischen Lebenszusammenhang bereichern können. Letztlich bedeute die Beschäftigung mit der Integrität auch, sich über die Handlungsfähigkeit und die Möglichkeiten in den Situationen bewußt zu werden und die eigene Person als ein Selbst unter vielen wahrzunehmen.

Hoagland betont auch die Bedeutung der Interaktion zwischen Lesben. Sie soll gefördert werden, indem die Frauen ihre Fähigkeiten gegenseitig anerkennen und schätzen. Das Bewußtsein dieser Fähigkeiten, der der anderen und auch der eigenen, ist auch Teil der moralischen Handlungsfähigkeit.[33]

Zur Interaktion zwischen Lesben gehört außerdem eine spezifische Form der sozialen Gerechtigkeit, die bei Hoagland durch die

32 Sarah Hoagland: Die Revolution der Moral, S. 234.
33 Vgl. ibid., S. 235f.

Funktion der *Clownin* ausgeübt wird. Ihre Aufgabe ist es, der anderen Frau ihr Verhalten in überspitzter Form vorzuhalten und so Kritik zu üben. Die Clownin könne, so Hoagland, die Frauen dazu ermutigen, ihre Fähigkeiten zur Zuwendung, zum Nachvollziehen und zum spielerischen Umgang mit der Lebenswelt der anderen auszubilden. Die Folge dieser Form der Erziehung soll es sein, Entscheidungen nicht zu vermeiden, sondern in jeder Situation die Möglichkeit zur Entscheidung zu ergreifen.[34] »Mit einer solchen Ethik können wir mehr Selbstbewußtsein, Intimität, die Fähigkeit zur Zuwendung, die Fähigkeit zum Rückzug, Kooperation aufgrund von Nachvollziehbarkeit, die Fähigkeit, Entscheidungen zu treffen und weiterzumachen, spielerische Weltreisen, Urteilsfähigkeit, Aufeinander-Eingehen und Anteilnahme entwickeln – kurz, unsere Integrität und moralische Handlungsfähigkeit als Lesben.«[35]

Die Revolution der Moral besteht für Hoagland nicht darin, andere Gesetze und Festlegungen zu entwickeln, Entscheidungshilfen zu geben oder den Frauen die Möglichkeit zu bieten, sich Entscheidungen abnehmen zu lassen. Im Gegensatz zur patriarchalen soll die lesbische Ethik kreativ sein, denn sie braucht Veränderung. Lesbische Werte entstehen aus den Entscheidungen und Handlungen, die auf der Grundlage der eigenen Integrität und Handlungsfähigkeit gefaßt werden.[36]

Hoagland sieht die lesbische Existenz auch als Möglichkeit, eine Veränderung des allgemeinen Bewußtseins zu bewirken. Durch sie soll ein Ansatzpunkt geschaffen werden, das Weibliche nicht nur als anderes zu definieren, sondern neue ethische Strukturen auszubilden. Allein die Existenz von Lesben bedeutet einen Durchbruch durch die Grenzen der patriarchalen Denk-und Wahrnehmungsmuster. Aus diesem Grund liegt darin der Ausgangspunkt für die In-Frage-Stellung einer Weltsicht, welche die Existenz von Lesben leugnet.

34 Vgl. Sarah Hoagland: Die Revolution der Moral, S. 223f.
35 ibid., S. 244.
36 Vgl. ibid., S. 239.

Literatur

Alcott, Linda und Elizabeth Poller (Hginnen): Feminist Epistemologies. New York 1993.

Allen, Jeffner und Iris MarionYoung (Hginnen): The Thinking Muse. Feminism and Modern French Philosophy. Bloomington 1989.

Allen, Jeffner: Lesbian Philosophy. Explorations. Palo Alto 1986.

Annerl, Charlotte: Das neuzeitliche Geschlechterverhältnis. Frankfurt a. M. 1991.

Arbeitsgemeinschaft Frauenforschung der Universität Bonn (Hgin): Studium feminale 84-85. Bonn 1985.

Dies.: Studium feminale, Band 3. Bonn 1989.

Arbeitsgemeinschaft interdisziplinäre Frauenforschung und -studien (Hgin): Feministische Erneuerung von Wissenschaft und Kunst. Pfaffenweiler 1990.

Autorinnengruppe der Universität Wien: Das ewige Klischee. Wien 1981.

Bachinger, Katrina, Ingrid Bennewitz, Gabriele Blaikner-Hohenwart und Gertraud Steiner (Hginnen): Feministische Wissenschaft. Methoden und Perspektiven. Beiträge zur 2. Salzburger Frauenringvorlesung. Stuttgart 1990.

Bagdadi, Nadia und Irene Bazinger (Hginnen): Ewig lockt das Weib? Weingarten 1986.

Baker Miller, Jean: Die Stärke weiblicher Schwäche. Zu einem neuen Verständnis der Frau. Frankfurt a. M. 1982.

Barrett, Michelle: Das unterstellte Geschlecht. Umrisse eines materialistischen Feminismus. Berlin 1983.

Baureithel, Ulrike: Rezension »Sandra Harding: Feministische Wissenschaftstheorie«. In: Die Philosophin 4 (1991), S. 68-72.

Beauvoir, Simone de: Das andere Geschlecht. Reinbek 1983.

Dies.: Soll man de Sade verbrennen? Reinbek 1991.

Becker-Schmidt, Regina: Identitätslogik und Gewalt. In: Beiträge zur feministischen Theorie und Praxis 24 (1989), S. 51-63.

Beer, Ursula (Hgin): Klasse Geschlecht. Feministische Gesellschaftsanalyse und Wissenschaftskritik. Bielefeld 1987.

Dies.: Geschlecht, Struktur, Geschichte. Soziale Konstituierung des Geschlechterverhältnisses. Frankfurt a. M. 1990.

Bendkowski, Halina und Brigitte Weisshaupt (Hginnen): Was Philosophinnen denken. Band I. Zürich 1983.

Benhabib, Seyla und Drucilla Cornell (Hginnen): Feminism as Critique. Oxford 1987.

Benhabib, Seyla: Kritik, Norm, Utopie. Frankfurt a. M. 1992.
Dies. u. a. (Hginnen): Der Streit um Differenz. Feminismus und Postmoderne in der Gegenwart. Frankfurt a. M. 1993.
Benjamin, Jessica: Die Antinomien des patriarchalen Denkens. In: Wolfgang Bonß und Axel Honneth (Hg.): Sozialforschung als Kritik. Frankfurt a. M. 1982.
Bennent, Heidemarie: Galanterie und Verachtung. Frankfurt a. M. 1985.
Bishop, Sharon und Marjorie Weinzweig (Hginnen): Philosophy and Women. Belmont 1979.
Bleich, Anette, Ulla Jansz und Selma Leydesdorff: Lob der Vernunft. In: Beiträge zur feministischen Theorie und Praxis 11 (1984), S. 26-34.
Bovenschen, Silvia: Die imaginierte Weiblichkeit. Frankfurt a. M. 1979.
Bordo, Susan: Feminist Scepticism and the »Maleness« of Philosophy. In: The Journal of Philosophy (1988), S. 619-629.
Braidotti, Rosi: The Ethics of Sexual Difference. The Case of Foucault and Irigaray. In: Australian Feminist Studies 3, S. 1-13.
Brander, Stephanie: Philosophinnen im Gespräch. In: Die Philosophin 1 (1990), S. 57-74.
Brauer, Angelika: Rezension »Was Philosophinnen denken«. In: Beiträge zur feministischen Theorie und Praxis 11 (1984). S. 160f.
Braun, Christina von: Strategien des Verschwindens. In: Die Philosophin 4 (1991), S. 24-34.
Breitling, Gisela: Feministisches Manifest. In: Feministische Studien extra (1991), S. 102-106.
Briody Mahowald, Mary (Hgin): Philosophy for Women. Classical to Current Concepts. Indianapolis 1978.
Brown, Lyn M.: Carol Gilligan: Die verlorene Stimme. Frankfurt a. M. 1994.
Browning Cole, Eve und Susan Coultrap-McQuin: Explorations in Feminist Ethics. Theory and Practice. Bloomington 1992.
Butler, Judith: Das Unbehagen der Geschlechter. Frankfurt a. M. 1991.
Dies.: Geschlechterverwirrung. Frankfurt a. M. 1991.

Card, Claudia (Hgin): Feminist Ethics. Lawrence 1991.
Chodorow, Nancy: Das Erbe der Mütter. München 1985.
Cixous, Hélène: Schreiben, Feminität, Veränderung. In: Alternative Zeitschrift für Literatur und Diskussion 8/9 (1976), S. 134-147.
Dies.: Schreiben und Begehren. In: Alternative Zeitschrift für Literatur und Diskussion 8/9 (1976), S. 155-159.
Dies. und Catherine Clément: Die Frau als Herrin? In: Alternative Zeitschrift für Literatur und Diskussion 8/9 (1976), S. 127-133.
Dies.: Die unendliche Zirkulation des Begehrens. Berlin 1977
Dies.: Weiblichkeit in der Schrift. Berlin 1980.

Dies. und Catherine Clément: The Newly Born Woman. Minneapolis 1986.
Dies.: Geschlechterverhältnis. Utopie & Destruktion. In: Konkursbuch 20 (1987).
Dies.: Die schreckliche, aber unvollendete Geschichte von Norodom Sihanouk, König von Kambodscha. Köln 1988.
Dies.: Von der Szene des Unbewußten zur Szene der Geschichte. Wege einer Schrift. In: Das Sexuelle, die Frauen und die Kunst. Konkursbuch 24 (1989).
Dies.: Das Buch von Prometheus. Wien 1990.

Code, Lorraine, Sheila Mullett und Christine Overall (Hginnen): Feminist Perspectives. Philosophical Essays on Methods and Morals. Toronto 1988.
Conrad, Judith und Ursula Konnertz (Hginnen): Weiblichkeit in der Moderne. Ansätze feministischer Vernunftkritik. Tübingen 1986.
Crowley, Helen und Susan Himmelweit: Knowing Women. Cambridge 1992.

Daly, Mary: Gyn/Ökologie. Die Metaethik des radikalen Feminismus. München 1981, 2. erw. Aufl. 1991.
Dies.: Jenseits von Gottvater, Sohn & Co. Aufbruch zu einer Philosophie der Frauenbefreiung. 4. erw. Aufl. München 1986.
Dies.: Reine Lust. Elemental-feministische Philosophie. München 1986.
Dies.: Webster's First New Intergalactic Wickedary of the English Language. Boston 1987.
Davis, Kathy: Die Rhetorik des Feminismus. Ein neuer Blick auf die Gilligan-Debatte. In: Feministische Studien 2 (1991), S. 79-97.
Deuber-Mankowski, Astrid, Ulrike Ramming und Walesca E. Tielsch (Hginnen): 1789-1989 – Die Revolution hat nicht stattgefunden. Dokumentation des V. Symposiums der IAPh. Tübingen 1989.
Deuber-Mankowski, Astrid: Ist »Feministische Philosophie« ein brauchbarer Begriff? In: Die Philosophin 2 (1990), S. 33-51.
Dietzen, Agnes: Universitäre Sozialisation. In: Die Philosophin 1 (1990), S. 18-41.
Diotima: Der Mensch ist zwei. Wien 1989.

Eisenstein, Hester und Alice Jardine (Hginnen): The Future of Difference. New York 1980.
Eisenstein, Hester: Contemporary Feminist Thought. London 1984.
Erdle, Birgit R.: Rezension »Sarah Kofmann: Die lachenden Dritten«. In: Die Philosophin 4 (1991), S. 78-84.
Evans, Mary: Simone de Beauvoir. A Feminist Mandarin. New York 1985.

Feder Kittay, Eva und Diana T. Meyers (Hginnen): Woman and Moral Theory. Totowa 1987.
Feder Kittay, Eva: In Whose Different Voice. In: The Journal of Philosophy 11 (1991), S. 656f.
Field Belenky, Mary u. a.: Das andere Denken. Frankfurt a. M. 1989.
Firestone, Shulamith: Frauenbefreiung und sexuelle Revolution. Frankfurt a. M. 1987.
Fischer, K.-R. und F. Wimmer (Hginnen): Philosophie und Politik an der Universität Wien 1930-50.
Fletscher, John und Andrew Benjamin (Hg.): Abjection, Melancholia, and Love. London 1990.
Fox Keller, Evelyn: Liebe, Macht und Erkenntnis. Männliche oder weibliche Wissenschaft. München 1986.
Fraisse, Genevieve: Zwiefacher Verstand und die eine Natur. In: Die Philosophin 2 (1990), S. 7-17.
Frazer, Elisabeth, Jennifer Hornsby und Sabina Lovibond (Hginnen): Ethics. A Feminist Reader. Oxford 1992.
Friedan, Betty: Der Weiblichkeitswahn oder die Selbstbefreiung der Frau. Ein Emanzipationskonzept. Reinbek 1991.
Fröse, Marlies: Utopos – Kein Ort. Bielefeld 1988.

Garry, Ann und Marilyn Pearsall (Hginnen): Women, Knowledge, and Reality. Explorations in Feminist Philosophy. Boston 1989.
Gatens, Moira: Feminism and Philosophy. Perspectives on Differences and Equality. Cambrigde 1991.
Gespräch mit Cornelia Klinger. In: Die Philosophin 5 (1992), S. 68-77.
Gerhardt, Ute (Hgin): Differenz und Gleichheit. Menschenrechte haben kein Geschlecht. Frankfurt a. M. 1990.
Giese, Cornelia: Gleichheit und Differenz. Vom dualistischen Denken zur polaren Weltsicht. München 1989.
Gilligan, Carol: Die andere Stimme. München 1988.
Gössmann, Elisabeth (Hgin): Archiv für philosophische und theologische Frauenforschung. München 1984ff.
Band I: Das wohlgelahrte Frauenzimmer.
Band II: Eva, Gottes Meisterwerk.
Band III: J. C. Eberti: Eröffnetes Cabinet Deß gelehrten Frauenzimmers.
Band IV: Ob die Weiber Menschen seyn oder nicht?
Göttner-Abendroth, Heide: Die tanzende Göttin. München 1984.
Gould, Carol C. (Hgin): Woman and Philosophy. The Philosophical Forum V, Nr. 1-2. Boston 1973/74.
Griffin, Susan: Frau und Natur. Das Brüllen in ihr. Frankfurt a. M. 1987.
Griffith, Morwenna und Margaret Whitford (Hginnen): Feminist Perspectives in Philosophy. 2. Aufl. London 1989.

Grimshaw, Jean: Feminist Philosophers. Women's Perspectives on Philosophical Traditions. Brighton 1986.
Großmaß, Ruth und Christiane Schmerl (Hginnen): Philosophische Beiträge zur Frauenforschung. Bochum 1981.
Dies. (Hginnen): Feministischer Kompaß, patriarchales Gepäck. Frankfurt a. M. 1989.
Groult, Benoîte: Ödipus' Schwester. München 1985.
Gunew, Sneja (Hgin): Feminist Knowledge. Critique and Construct. London 1990.
Dies. (Hgin): A Reader in Feminist Knowledge. London 1991.
Guzzoni, Ute: Identität oder nicht. Freiburg 1981.

Hanen, Marsha und Kai Nielsen (Hginnen): Science, Morality & Feminist Theory. Calgary 1987.
Harding, Sandra (Hgin): Feminism and Methodology. Bloomington 1987.
Dies.: Feministische Wissenschaftstheorie. 2. Aufl. Hamburg 1991.
Dies.: Das Geschlecht des Wissens. Frankfurt a. M. 1994.
Harding, Sandra und Merrill B. Hintikka (Hginnen): Discovering Reality. Dordrecht 1983.
Hartsock, Nancy: Money, Sex and Power. New York 1983.
Hassauer, Friederike: Flache Feminismen. In: Die Philosophin 2 (1990), S. 51-58.
Hausen, Karin und Helga Nowotny (Hginnen): Wie männlich ist die Wissenschaft? Frankfurt a. M. 1986.
Helmer, Ulrike: Wohin treibt die feministische Theorie? In: Feministische Studien 1 (1986), S. 141-149.
Heymann, Brigitte: Textform und weibliches Selbstverständnis. Die Romane von Hélène Cixous und Chantal Chawaf. Weinheim 1991.
Hoagland, Sarah Lucia: Die Revolution der Moral. Berlin 1991.
Hohm, Birgit: Die Entzauberung des Weibes. Pfaffenweiler 1985.
Holland, Nancy J.: Is Woman's Philosophy Possible? Savage 1990.
Holland-Cunz, Barbara (Hgin): Feministische Utopien – Aufbruch in die postpatriarchale Gesellschaft. Meitingen 1986.
Hollstein u. a. (HgInnen): Freiheit – Gleichheit – Differenz. Tutzinger Materialien 67. Dokumentation der gleichnamigen Tagung der F.A.M. in Kooperation mit der Evangelischen Akademie. Tutzing 1990.
Honegger, Claudia: Die Ordnung der Geschlechter. Frankfurt a. M. 1991.
Hunt, Margaret, Margaret Jacob, Phyllis Mack und Ruth Perry (Hginnen): Women and the Enlightenment. New York 1984.

Irigaray, Luce: Spekulum. Spiegel des anderen Geschlechts. Frankfurt a. M. 1980.
Dies.: Das Geschlecht, das nicht eins ist. Berlin 1979.

Dies.: Ethik der sexuellen Differenz. Frankfurt a. M. 1991.
Dies.: Zur Geschlechterdifferenz. Wien 1987.
Dies.: Die Zeit der Differenz. Frankfurt a. M. 1991.
Dies.: Neuer Körper, neue Imagination. In: Alternative Zeitschrift für Literatur und Diskussion 8/9 (1976), S. 123-126.
Jaggar, Alison M.: Feminist Politics and Human Nature. Totowa 1983.
Jain, Elenor: Schwachsinniges Geschlecht oder Symbolon? Sankt Augustin 1989.
Janssen-Jurreit, Marielouise: Sexismus. 3. Aufl. Frankfurt a. M. 1984.
Jauch, Ursula Pia: Immanuel Kant zur Geschlechterdifferenz. Wien 1988.
Dies.: Damenphilosophie & Männermoral. Wien 1990.
Johnson, Sonia: Going Out of our Mind. The Metaphysics of Liberation. Freedom 1987.

Keefe, Terry: Simone de Beauvoir. A Study of her Writings. London 1983.
Keohane, Nannerl O., Michelle Z. Rosalda und Barbara C. Gelpi (Hginnen): Feminist Theory. A Critique of Ideology. Chicago 1982.
Kersey, Ethel M.: Woman Philosophers. New York 1989.
Knapp, Gudrun-Axeli und Angelika Wetterer (Hginnen): Traditionen – Brüche. Entwicklungen feministischer Theorie. Freiburg 1992.
Kofmann, Sarah: Derrida lesen. Wien 1988.
Dies.: Erstickte Worte. Wien 1988.
Dies.: Rousseau und die Frauen. Tübingen 1986.
Dies.: Schreiben wie eine Katze. Wien 1985.
Dies.: The Enigma of Woman. Ithaca 1985.
Konnertz, Ursula: Die Philosophin. In: Die Philosophin 2 (1990), S. 17-33.
Dies. (Hgin): Zeiten der Keuschheit. Ansätze feministischer Vernunftkritik. Band II. Tübingen 1988.
Dies. (Hgin): Weibliche Ängste. Ansätze feministischer Vernunftkritik. Band III. Tübingen 1989.
Dies. (Hgin): Grenzen der Moral. Ansätze feministischer Vernunftkritik. Band IV. Tübingen 1991.
Kristeva, Julia: Die Revolution der poetischen Sprache. Frankfurt a. M. 1978.
Dies.: Die Chinesin. München 1976.
Dies.: Desire in Language. Oxford 1980.
Dies.: Fremde sind wir uns selbst. Frankfurt a. M. 1990.
Krüll, Marianne (Hgin): Wege aus der männlichen Wissenschaft. Pfaffenweiler 1990.
Kulke, Christine (Hgin): Rationalität und sinnliche Vernunft. Pfaffenweiler 1988.

Langer, Susanne K.: Philosophie auf neuem Wege. Frankfurt a. M. 1984.
Libreria delle donne di Milano: Wie weibliche Freiheit entsteht. Berlin 1988.
Lissner, Anneliese, Rita Süssmuth und Karin Walter (Hginnen): Frauenlexikon. Freiburg 1988.
List, Elisabeth und Herlinde Studer (Hginnen): Denkverhältnisse. Frankfurt a. M. 1989.
List, Elisabeth: Vortrag beim XV. Deutschen Kongreß für Philosophie. In: Die Philosophin 3 (1991) S. 144.
Lloyd, Genevieve: Das Patriarchat der Vernunft. Bielefeld 1985.
Lorey, Isabell A.: Frau-Sein im männlichen Denken. In: Feministische Studien 1 (1991), S. 128-135.

Maren-Grisebach, Manon und Ursula Menzer (Hginnen): Jahrbuch 1. Philosophinnen. Mainz 1982.
Maren-Grisebach, Manon und Brigitte Weisshaupt (Hginnen): Was Philosophinnen denken, Band II. Zürich 1986.
Mazanek, Claudia: Frau und Philosophie. Die Frau als Subjekt und als Objekt des Philosophierens. Wien 1979.
Menschik, Jutta: Feminismus. Geschichte. Theorie. Praxis. Köln 1977.
Meyer, Eva: Zählen und Erzählen. Für eine Semiotik des Weiblichen. Wien 1983.
Meyer, Ursula I. und Heidemarie Bennent-Vahle (Hginnen): Philosophinnen-Lexikon. Aachen 1994.
Meyer, Ursula I. (Hgin): Die Welt der Philosophin. 4 Teilbände. Aachen 1995 ff.
Midgley, Mary und Judith Hughes: Women's Choices. Philosophical Problems Facing Feminism. London 1983.
Mies, Maria: Methodische Postulate zur Frauenforschung. In: Beiträge zur feministischen Theorie und Praxis 11 (1984), S. 7-25.
Dies.: Frauenforschung oder feministische Forschung. In: Beiträge zur feministischen Theorie und Praxis 11 (1984), S. 40-60.
Ministerium für Wissenschaft und Forschung NRW (Hg.): Frauenforschung – Dokumentation. Düsseldorf 1988.
Mitchell, Juliet: Psychoanalyse und Feminismus. Frankfurt a. M. 1984.
Dies.: Frauen – die längste Revolution. Frankfurt a. M. 1987.
Modelmog, Ilse (Hgin): Weibliche Wissenschaft, männliche Wissenschaft. Oldenburg 1983.
Moeller, Christa: Simone de Beauvoir und die Situation der Frau. Dortmunder Vorträge 23, 1960.
Mohr, Wilma: Frauen in der Wissenschaft. Freiburg 1987.
Moi, Toril (Hgin): The Kristeva Reader. New York 1986.
Dies. (Hgin): French Feminist Thought. A Reader. Oxford 1987.

Dies.: Sexus – Text – Herrschaft. Feministische Literaturtheorie. Bremen 1989.
Dies.: Feminist Theory & Simone de Beauvoir. Cambridge 1990.
Mulak, Christa: Natürlich weiblich. Die Heimatlosigkeit der Frau im Patriarchat. Stuttgart 1990.
Muraro, Luisa: Die symbolische Ordnung der Mutter. Frankfurt a. M. 1994.

Nagl-Docekal, Herta und Herlinde Pauer-Studer (Hginnen): Denken der Geschlechterdifferenz. Wien 1990.
Nagl-Docekal, Herta (Hgin): Feministische Philosophie. München 1990.
Dies.: Zwischen Institutionalisierung und Ausgrenzung. In: Die Philosophin 1 (1990), S. 7-18.
Dies.: Weibliche Ästhetik oder »Utopie des Besonderen«? In: Die Philosophin 5 (1992), S. 30-44.
Dies. und Herlinde Pauer-Studer (Hginnen): Jenseits der Geschlechtermoral. Frankfurt a. M. 1993.
Nicholson, Linda J. (Hgin): Feminism/Postmodernism. New York 1989.
Noddings, Nel: Caring. A Feminine Approach to Ethics & Moral Education. Berkeley 1984.
Nolz, Gisela: Seiltanzen – oder die Verhältnisse zum Tanzen bringen. In: Beiträge zur feministischen Theorie und Praxis 24 (1989), S. 65-74.
Nunner-Winkler, Gertrud (Hgin): Weibliche Moral. Frankfurt a. M. 1991.
Nye, Andrea: Feminist Theory and the Philosophies of Man. London 1988.

Opitz, Claudia: Weiblichkeit oder Feminismus? Weingarten 1984.
Ostner, Ilona und Klaus Lichtblau: (HgInnen): Feministische Vernunftkritik. Frankfurt a. M. 1992.

Pauer-Studer, Herlinde: Rezension »Chris Weedon: Wissen und Erfahrung« und »Linda Nicholson: Feminism/Postmodernism«. In: Die Philosophin 4 (1991), S. 62-67.
Dies.: Interview mit Sandra Harding. In: Die Philosophin 4 (1991), S. 47-50.
Pellikaan-Engel, Maja: Against Patriarchal Thinking. Amsterdam 1992.
Philosophinnen. Von wegen ins 3. Jahrtausend. Jahrbuch 1 der IAPh. Mainz 1982.
Pieper, Annemarie: Aufstand des stillgelegten Geschlechts. Freiburg 1993.
Postl, Gertrude: Weibliches Sprechen. Feministische Entwürfe zu Sprache & Geschlecht. Wien 1991.
Prokop, Ulrike: Die Konstruktion der idealen Frau. In: Feministische Studien 1 (1989), S. 89-96.
Pusch, Luise (Hgin): Feminismus. Inspektion der Herrenkultur. Frankfurt a. M. 1983.

Pyne Addelson, Kathryn: Impure Thoughts. Essays on Philosophy, Feminism and Ethics. Philadelphia 1991.

Radcliffe Richards, Janet: The Sceptical Feminist. A Philosophical Enquiry. London 1980.

Ramming, Ulrike: Rezension »Diotima: Der Mensch ist zwei«. In: Feministische Studien 1 (1991), S. 173ff.

Raymond, Janice: Frauenfreundschaft. Philosophie der Zuneigung. München 1987.

Rich, Adrienne: Um die Freiheit schreiben. Beiträge zur Frauenbewegung. Frankfurt a. M. 1990.

Rödig, Andrea: Geschlecht als Kategorie – Überlegungen zum philosophisch-feministischen Diskurs. In: Feministische Studien 1 (1992), S. 105-113.

Rossanda, Rossana: Zur Frage einer weiblichen Kultur. In: Feministische Studien 1 (1989), S. 71-86.

Ruddinck, Sara: Maternal Thinking. In: Feminist Studies 612 (1980), S. 342-367.

Dies.: Mütterliches Denken. Frankfurt a. M. 1993.

Rumpf, Mechthild: Ein Erbe der Aufklärung. In: Feministische Studien 2 (1989), S. 55-68.

Schaeffer-Hegel, Barbara und Brigitte Wartmann (Hginnen): Mythos Frau. Projektionen und Inszenierungen. Berlin 1984.

Schaeffer-Hegel, Barbara und Barbara Watson-Franke (Hginnen): Männer, Mythos, Wissenschaft. Pfaffenweiler 1989.

Schlüter, Anne und Annette Kuhn (Hginnen): Lila Schwarzbuch – Zur Diskriminierung der Frauen in der Wissenschaft. Düsseldorf 1986.

Schlüter, Anne und Ingeborg Stahr (Hginnen): Wohin geht die Frauenforschung? Köln 1990.

Schmidt, Uta C.: Zwischen Abscheu vor dem Paradies und Suche nach dem Absoluten. In: Beiträge zur feministischen Theorie und Praxis 24 (1989), S. 15-25.

Schmitz, Bettina: Rezension »Claudia Honegger: Die Ordnung der Geschlechter«. In: Die Philosophin 4 (1991), S. 73-77.

Schröder, Andrea: Rezension »Herta Nagl-Docekal/Herlinde Pauer-Studer: Denken der Geschlechterdifferenz«. In: Die Philosophin 4 (1991), S. 85-94.

Schwarzer, Alice: Simone de Beauvoir heute. 2. Aufl. Reinbek 1991.

Schüber, Susanne: Mitleid und Mitlust. In: Die Philosophin 4 (1991), S. 35-46.

Schuller, Marianne: Weibliche Intellektualität und Macht. In: Bagdadi und Bazinger (Hginnen): Ewig lockt das Weib, S. 19-28.

Segal, Lynne: Ist die Zukunft weiblich? Frankfurt a. M. 1989.
Shiach, Morag: Hélène Cixous. A Politics of Writing. London 1991.
Showalter, Elaine (Hgin): The New Feminist Criticism. Essays on Women, Literature and Theory. New York 1985.
Sichtermann, Barbara: Wer ist wie? Über den Unterschied der Geschlechter. Berlin 1987.
Singer, Mona: Weibliches Subjekt und Moral. In: Die Philosophin 4 (1991), S. 7-23.
Soden, Kristina von (Hgin): Zeitmontage: Simone de Beauvoir. Berlin 1989.
Stanley, Liz und Sue Wise (Hginnen): Breaking Out. Feminist Consciousness and Feminist Research. Boston 1983.
Stopczyk, Annegret: Was Philosophen über Frauen denken. München 1980.

Tong, Rosemarie: Feminist Thought. A Comprehensive Introduction. Boulder/Col. 1989.

Ulmi, Marianne: Frauenfragen – Männergedanken. Dortmund 1988.

Vetterling-Braggin, Mary, F. A. Elliston und Jane English (Hginnen): Feminism and Philosophy. Totowa 1977.
Vetterling-Braggin, Mary (Hgin): Feminity, Masculinity and Androgynity. Totowa 1982.

Wagner, Cornelia: Simone de Beauvoirs Weg zum Feminismus. 2. Aufl. Rheinfelden 1985.
Waithe, Mary Ellen (Hgin): A History of Women Philosophers. Band I-III. Dordrecht 1991.
Waniek, Eva: (K)ein weibliches Schreiben. In: Die Philosophin 5 (1992), S. 45-59.
Weedon, Chris: Wissen und Erfahrung. Feministische Praxis und poststrukturalistische Theorie. Zürich 1990.
Werlhof, Claudia von: Männliche Natur und künstliches Geschlecht. Wien 1991.
Whitbeck, Caroline: A Different Reality. In: Garry und Pearsall (Hginnen): Women, Knowledge and Reality, S. 82.
Whitford, Margaret (Hgin): The Irigaray Reader. Oxford 1991.
Dies.: Luce Irigaray. Philosophy in the Feminine. London 1991.
Wilson Schaef, Anne: Weibliche Wirklichkeit. Frauen in der Männerwelt. München 1985.
Wisselinck, Erika: Frauen denken anders. 6. Aufl. Straßlach 1988.

Zehl Romero, Christiane: Simone de Beauvoir. 2. Aufl. Reinbek 1990.
Zöhrer-Ernst, Ulla: Die Philosophin als »feministisch interessierte Intellektuelle«. In: Die Philosophin 4 (1991), S. 51-56.

Register

Abjekt 195f.
Abtreibung 13, 169, 206, 229f.
affidamento 136, 153–158
Aggression 77, 94
Allgemeingültigkeit 37, 108, 143, 216,
Althusser, Louis 141
Ambivalenz 72
Andere, die 31, 38, 60, 78, 83, 131, 138, 146, 167, 178, 212-218
Anderssein 102f., 154
Androgynie 83f.
androzentrisch 46, 49, 106, 108, 114f.
Androzentrismus 26, 48, 112, 116, 119f.
Aneignung 59
Annerl, Charlotte 149ff.
Anthropologie 111
Arbeitsteilung 47, 61, 77, 108, 224
Archesphären 96
Aristoteles 166
Assimilation 77
Aufklärung 31, 33, 39, 201, 215
Austen, Jane 158
Autokoinonie 248
Autonomie 53, 214, 217, 238, 247f.

Bachmann, Ingeborg 158
Baker Miller, Jean 136
Barth, Else M. 215
be-ing 78
Beauvoir, Simone de 11, 14, 17f., 56-74
Benhabib, Seyla 213f., 216-219
Bennent-Vahle, Heidemarie 40, 67
Benveniste, Emile 141
Berufspolitik 46
Bewußtsein 13, 20, 29, 32, 73, 81, 92, 103, 124, 128, 164, 172, 179, 196, 241, 255
Bewußtseinserweiterung 20
Bewußtseinsveränderung 85
Bewußtwerdung 85, 88
Biologie 61, 83, 109f., 135
Biologismus 15, 103, 122, 183
biologistisch 38, 61, 150
Bonsai-Leidenschaft 97
Bonsai-Tugend 97
Brontë, Emily und Charlotte 158
Bürgerinnenstatus 179, 181, 201
Busch, Alexandra 168

Camus, Albert 203
Card, Claudia 205
Cavarero, Adriana 138f.
Chodorow, Nancy 210, 223f., 234
Chora 187f.
Christentum 75f., 82, 84, 94, 201
Cixous, Hélène 15, 153, 185, 198
Clownin 255
Code, Lorraine 20
Compton-Burnett, Ivy 158
Crone 78, 91

Daly, Mary 15, 19, 75-105
Dasein 72ff., 214
Davis, Kathy 238
Dekonstruktion 22, 118, 144
Delphy, Christine 135
Denken 23f., 27, 37, 40.f, 65, 85, 116, 123, 134, 139, 142f., 146, 148, 151, 162, 172, 211, 222f., 250
– feministisches 14, 16, 23f., 143, 240

Denken, geschlechtsspezifisches 110, 134
- hierarchisches 43f., 209
- logisch-rationales 160
- männliches 22, 41, 167
- patriarchales 79, 146, 148
- philosophisches 35, 139
- weibliches 39-42, 49
Derrida, Jacques 141
Descartes, René 159f., 167
Dichotomie 23, 25, 27, 43, 67, 91, 106, 116, 122, 146, 150, 200, 249
Dichotomisierung 54
difference 141
Differenz 26f., 35f., 39, 50, 54, 59, 61, 104, 127, 133f., 136, 138, 147, 151, 154f., 171, 178, 182, 184, 186, 192f., 196, 198, 209
- sexuelle 136, 145, 158, 159-185, 198, 200
Dinnerstein, Dorothy 15, 210
Diotima 152f.
Diskriminierung 14, 25
Diskurs 22, 28, 114, 118, 140, 143f., 153, 159f., 162f., 170f., 176ff., 188, 192, 195f., 198, 205, 211, 214ff.
- philosophischer 137, 145, 148, 166
- wissenschaftlicher 51, 140
Diskurssystem 168
Dissidentin 51, 200
Doppelsinnigkeit 71-74, 79
Dualismus 23, 27, 43, 52, 65, 71f., 106, 120, 122f., 128, 133, 136, 146, 167, 183, 189, 217, 249
Dualität 27, 43, 173, 175

E-motion 96, 98, 249
Ehe 13, 62, 68, 97
Einzelwissenschaften 42, 110
elemental 93ff., 100f.
Eliminierung 77
Elshtain, Jean 67
Emanzipation 13, 49, 57, 64f., 67, 122
Emotion 45, 52, 110, 250
empirisch 109, 227
Empirismus 117, 120, 125
- feministischer 117-126
Engels, Friedrich 121
Entwicklungsgeschichte 14, 105
Entwicklungspsychologie 229
Epistemologie 42, 118
epistemologisch 22, 115, 207
Erfahrung 25, 28, 110f., 140, 151, 175, 186, 193f., 198, 206-209, 213, 233, 247
- weibliche 22, 24, 26, 37, 44, 62, 108, 120, 122, 140, 152, 186, 207, 227, 229, 236
Erkennen 35, 110
Erkenntnis 34, 54, 120, 220
Erkenntnisinteresse 52
Erkenntnisobjekt 107
Erkenntnisprozeß 118
Erkenntnissubjekt 52
Erkenntnistheorie 23, 107, 110, 124
- feministische 46, 117, 119, 125
Erklären 115, 124
Essenz 15, 67, 183
Essentialismus 15, 104, 183, 238
Ethik 57, 130, 136, 159-186, 194, 197, 205-255
- der Anteilnahme 230, 237
- existentialistische 57, 71
- feministische 15, 24, 80, 133, 205-255
- lesbische 240-255
- traditionelle 15, 85, 206, 213ff., 240-255
- weibliche 206, 240, 244
- universalistische 207, 209, 213-216
Evidenz 115
Existentialismus 17, 58f., 71

existentialistisch 58, 68
Existenz 23, 58, 63, 67, 72f., 81, 109, 124, 142, 152, 220, 222, 242, 255
Existenzphilosophie 58
Extase 80, 85

Fee, Elizabeth 122
Fembot 86
Feminismus 24, 49, 52, 69, 81, 114, 118, 124, 127, 144, 186, 198, 207, 238
- amerikanischer 14
- egalitärer 17
- französischer 198
- humanistischer 15, 56
- liberaler 16f., 56, 95, 114, 161
- marxistischer 16f.
- postmoderner 114
- radikaler 16, 18, 80, 84, 114
- reformistischer 126f.
- sozialistischer 16f.
Firestone, Shulamith 17
Flax, Jane 43, 122f.
Foucault, Michel 124, 141
Fox Keller, Evelyn 45, 49, 52ff., 122
Fragmentierung 77
Fraisse, Genevieve 137
frauen-identifiziert 80f., 103
Frauenbefreiung 21, 102f.
Frauenbewegung 11, 19f., 29, 49, 80, 85, 154, 169, 194, 200, 207
- erste 14, 16, 61
- moderne 13, 56f., 68, 70, 134, 162, 200
- zweite 199
Frauenbewußtsein 83
Frauenfeindlichkeit 81, 145
Frauenfrage 147
Frauenfreundschaft 80f., 91, 136, 220-223
Frauenpartei 70
Frauenunterdrückung 12, 24f., 69, 83
frauenzentriert 84
Frausein 38, 66, 138, 141, 155, 185, 198
Freiheit 72ff., 154, 157f., 202, 251
- existentielle 58, 68
- persönliche 74, 154
Freiheitsanspruch 58
Fremde, die/der 201-204
Freud, Sigmund 101, 159f., 163, 186, 226
Friedan, Betty 17
Fürsorge 140, 206, 209, 215, 217f., 223, 226-239
Fürsorgemoral 226-239
Funkenschlagen 90f.

Gatens, Moira 19
Geburt 194f.
Gefühl 25, 27, 40, 43, 66, 79, 107, 142, 151, 167, 222, 231, 249f., 253
Geist 43, 84, 107, 155
Geisteswissenschaften 42, 107, 112, 139
gender 14, 44f.
Genealogie 154, 158, 161f., 168, 173ff., 220
Gerechtigkeit 233-237, 254
Gerechtigkeitsmoral 214, 226, 228
Geschichte 23, 26, 28, 52, 61, 78, 84, 88, 109, 113, 142f., 147, 170, 198, 201, 210, 218
Geschichtswissenschaft 111
Geschlecht 13ff., 17, 19, 21f., 25f., 36ff., 44f., 59, 63f., 68, 83, 108, 112f., 119, 123f., 134, 136, 138f., 146, 153, 160, 162, 171f., 181f., 185, 209-212, 223, 237, 246
- biologisches 14, 44, 61, 111
- männliches 24, 37, 139, 157, 166

Geschlecht, soziales 14, 44, 61, 110, 112f., 118
– weibliches 22, 32, 41, 59, 62, 93, 133, 137, 157f., 166, 171
Geschlechterbeziehung 59
Geschlechterdifferenz 14f., 22, 24, 56, 133-160, 166f., 172, 179f., 182f., 200, 211, 213
Geschlechterorganisation 14
Geschlechterphilosophie 22
Geschlechterrollen 12, 29
Geschlechtersymbolismus 108
Geschlechterverhältnis 23, 57, 149
Geschlechtlichkeit 19, 37f., 40, 44, 49, 55, 137f., 171, 176, 183, 196, 211
Geschlechtsidentität 113, 224
Geschlechtsunterschied 17, 33, 68, 113, 134, 137, 157, 161
Gesellschaft 12ff., 16ff., 29, 33, 36ff., 40, 47, 49f., 60, 62, 64, 71f., 75, 81, 84f., 109, 118, 122, 125ff., 141-147, 149, 157, 161, 167ff., 171, 174, 180, 182, 186, 195f., 198, 204, 206, 210, 215, 230, 233, 239, 242, 244, 249, 254
Giese, Cornelia 134ff.
Gilligan, Carol 15, 48, 136, 206, 210, 226-239, 244
Gleichberechtigung 11, 13, 17, 50, 69f., 109, 116, 158, 206, 234
Gleichheit 15, 19, 64, 67f., 70, 84, 105, 119, 134, 137, 154, 186, 198, 200, 209
Gleichstellung 11, 16, 18, 43, 56, 64
Glück 80, 202, 222
Glücklichsein 102f.
Göttin 83, 88, 175
Gould, Carol C. 147, 239
Greer, Germaine 17
Griffin, Susan 15
Grimshaw, Jean 209f.
Grosz, Elizabeth 25f.
Gynästhesie 88
Gynergie 79
gynozentrisch 83, 85
Gynozid 93

Habermas, Jürgen 214, 218
hag/häxe 78, 80f., 86, 91, 94,
Handeln 57, 65, 73, 89, 101, 110f., 123, 149, 151, 218, 223, 248,
Handlung 41, 71, 101, 111, 113, 128, 144, 150, 214, 220, 248f., 252, 255
Handlungsfähigkeit 241, 243f., 246, 248-253
Harding, Sandra 48, 106-131
Hartsock, Nancy 43, 67, 122f.
Hauptwiderspruch 12
Hegel, Georg Wilhelm Friedrich 58, 73, 159f.
Heidegger, Martin 58
Helmer, Ursula 50
Herethik 197
Hermeneutik des Verdachts 14
Heterosexualismus 242ff., 246
Heterosexualität 240
Hierarchie 83, 165, 193, 236, 244
Hoagland, Sarah Lucia 240-255
Hobbes, Thomas 214
homo politicus 139
Homosexualität 83f., 161, 195
Horkheimer, Max 40
Husserl, Edmund 58
Hysterie 177f.

IAPh 30
Ich 54, 68, 116, 129, 198, 213f.
Idealismus 122
Identität 37, 60, 62, 100, 106, 116, 120, 125, 143, 149, 156, 161, 167ff., 172, 175, 180, 182f., 193, 196, 200, 203, 210, 218, 234
– weibliche 75, 80, 84, 86, 89, 162, 167, 170-173, 179f., 198, 234

Ideologie 20, 82
ideologiekritisch 85
Imaginäre, das 164
Immanenz 59f., 65, 67
Imperativ, kategorischer 222
In-der-Welt-Sein 73, 240
Individualität 37, 140, 168, 200, 218
Individuum 35, 42, 58, 72, 120, 129, 142f.,193, 211, 216ff.
Integrität 84, 89, 101, 103, 221, 223, 234, 243f., 246, 253, 255
Interpretation 28, 64, 112-115, 118, 121ff., 144, 165, 223, 232
Intersubjektivitätstheorie 58
Intuition 85, 89, 102, 250
Irigaray, Luce 15, 19, 135f., 141, 153, 159-185, 198, 207
irrational 31f.
Irrationalität 28, 37, 183, 193

Jaggar, Alison 208f.
Jauch, Ursula Pia 145
Jay, Nancy 145
Jouissance 171, 178

Kant, Immanuel 145, 212, 215
Kapitalismus 69
Katholizismus 76
Kaste 69, 82, 98
Kavan, Anna 158
Kierkegaard, Sören 58
Kirche 82
Klasse 44, 108, 119ff.,
Klassenkampf 20, 70
Klinger, Cornelia 22, 48
Körper 36, 43, 59f., 64, 67, 84, 107, 138, 155, 161, 163, 167, 177, 179f., 183, 193f.
Kofmann, Sarah 145
Kohlberg, Lawrence 48, 226ff., 230, 236, 238
Kommunikation 80, 91, 102, 148, 250
Konkurrenzsubjekt 150
Konnertz, Ursula 22
Kreativität 76f., 85, 89
Kristeva, Julia 15, 135, 141, 185-204
Kritische Theorie 12
Kultur 19, 24, 36, 44, 75f., 78, 108, 112f., 119f., 129, 140, 142, 163, 170, 180, 189, 193, 196
Kultur des Gefühls 40
Kunst 185, 188

Labrys 79
Lacan, Jacques 124, 141, 159, 163f., 186, 189
Lautréamont 194
Le Doeff, Michele 19
Lebenssituation 58, 64, 80
Lebenswelt 51, 65, 120, 136, 160, 163, 212
Leib 36, 72, 167, 187
Leib-Seele-Spaltung 161f.
Leiblichkeit 36, 164, 196
Leidenschaft 27, 41, 94, 96, 100, 103, 222
Lesbe 240-255
Levinas, Claude 167
Liebe 96, 99, 162, 168, 173, 179, 197, 215
Linguistik 185f.
literarisch 61, 66
Literatur 14, 185, 201
– philosophische 56
Literaturkritik 84, 109
Lloyd, Genevieve 19, 31f., 35, 64, 67
Logik 145, 192
Logos 41, 152
Lukács, Georg 121
Lust 75, 80, 82, 92ff., 100, 102, 166, 171f., 179, 196

Macht 17, 25, 41, 45, 53, 59, 75, 86,

92, 125, 136, 141, 144, 155, 162, 174, 180f., 198, 234, 242, 246f., 253
Machtkritik 51
Männliche, das 13, 25, 36, 43, 110, 166
Männlichkeit 24, 26, 45, 52, 67, 196
Mallarmé, Stephane 194
Mannsein 38, 67, 138, 156, 168, 213
Marcuse, Herbert 17
Marx, Karl 121
Marxismus 42
Materialismus 122
McClintok, Barbara 54
Mead, Margaret 135
Mensch 27, 74, 138
Menschsein 34, 59, 67, 71, 131, 138, 141, 144, 155, 167, 202, 211
Merleau-Ponty, Maurice 167
Meta-Ethik 85
Meta-Sein 81, 95
Metamorphose 101ff.
Metamorphosphären 94, 99ff.
metapatriarchal 79, 81f., 84f., 92, 102, 105
Metaphysik 23, 43, 81, 110, 142f., 200
Millett, Kate 17
Mimesis 165, 170, 178
Mindermenschen 74
Misogynie 87
Mitchell, Juliet 18
Modelmog, Ilse 39
Moi, Toril 56, 66
Moral 34, 210, 215, 226, 228-233, 240-255
– existentialistische 71
– männliche 128
– weibliche 15, 232
Moral der Doppelsinnigkeit 71-74
moralisch 31, 42, 81, 226f., 229, 232f., 236, 238
Moralkritik 213
Moraltheorie 15, 207, 217
Morante, Elsa 158
Morgan, Kathryn 207
Mütterlichkeit 223f.
Mulak, Christa 135
Mullett, Sheila 20
Mutter 62, 89, 157, 165, 174f., 178, 187, 193-197, 203, 215, 224
– symbolische 157f.
Mutter-Tochter-Beziehung 162, 170, 174f., 196
Muttern 224
Mutterrolle 63, 68, 169, 174
Mutterschaft 13, 62f., 89, 163, 165, 180, 185, 195f.
Muttersprache 139, 202
Mythologie 53, 75, 87
Mythologisierung 67
Mythos 64, 84ff., 88, 94

Nachfolgewissenschaft 118f., 122-125
Nagl-Docekal, Herta 12, 20, 205, 211f.
Natürliche, das 32, 35f.
Natur 15, 21, 32ff., 35f., 45, 53ff., 61, 68, 72, 93, 99, 107, 122f., 125, 127, 129f., 135f., 150, 167, 170, 175, 183, 189, 196, 199
– weibliche 15, 26, 36, 135, 244
Naturbeherrschung 46
Naturgesetze 53, 112
Naturwissenschaften 43, 54, 106, 112, 115
Nebenwiderspruch 12, 69
Negation 146, 193
Negativität 32
Neutrum 38, 138
Nicht-Mann 38, 138
Nietzsche, Friedrich 199
Noddings, Nel 15, 206, 223, 244
Nunner-Winkler, Gertrud 238f.

O'Brien, Mary 19
Objekt 27, 36, 45, 52, 55, 58, 72f., 97, 121, 124, 150f., 167, 170, 173, 177, 189, 196, 213, 249
Objektbeziehungstheorien 42, 210, 223
Objektivität 16, 26f., 33, 41, 43, 48, 53, 112, 115, 119, 123, 141
Objektstatus 35, 60, 68, 123
Obsession 77
Ontologie 71, 92, 167, 219
Ontologisierung 22
Oppositionstheorie 49
Overall, Christine 20

Pädagogik 154
Panafieu, Christine Woeseler de 46f.
Passivität 59, 65
Paternalismus 246
Patriarchat 15, 18, 20, 42, 69, 76ff., 80f., 85, 88, 92f., 96, 98, 102, 105, 133, 156, 160, 166, 174, 176, 180, 191, 213, 222, 241, 243f., 246f., 251f.
Patriarchatskritik 75f., 78, 133
Pauer-Studer, Herlinde 207
Penisneidtheorie 62
Person 34, 52, 56, 148, 154, 200, 209, 219f., 244, 246, 251f., 254
Phänomenologie 167
Phänotypus 135
Phallokratie 96, 176
phallokratisch 84, 163
Phallozentrismus 25, 187, 207
Philosophie 11-30, 76f., 84, 92, 137, 140ff., 145-148, 159, 163, 166f., 185, 201, 220f., 223
- abendländische 38
- elemental-feministische 92
- feministische 11-30, 32f., 36-40, 107, 113, 133, 143, 148, 150, 185, 205, 208-211, 213

Philosophie
- frauenzentrierte 24
- gynozentrische 24
- kantische 145
- literarische 56
- mittelalterliche 92
- neuzeitliche 34, 137
- patriarchale 12, 16, 24, 32, 37, 136, 150
- phallozentrische 25
- postmoderne 141f., 144f.
- sexistische 19, 25
- traditionelle 19, 23f., 26, 33, 38f., 42, 145, 167, 213
- weibliche 24, 30
Philosophiegeschichte 14, 39, 137, 139
Physik 112
Piaget, Jean 226
Plastik-Leidenschaft 97
Plastik-Tugend 97
Plath, Silvia 158
Platon 159f., 166, 188
Poesie 84, 162
Poetik 167
Politik 12, 66, 115, 123ff., 158, 179-183, 185, 198, 200, 223
Pornographie 13, 20, 109, 206
Possession 77
Postl, Gertrude 183
Postmoderne 49, 117-126, 141-145, 148
Postmodernismus 124f., 144
Poststrukturalismus 12, 43, 141, 144, 148, 159
Profession 77
Prostitution 20
Prozession 77
Pseudoleidenschaft 96
Pseudotugend 97f.
psych et po 154
Psyche, weibliche 18, 99
Psychoanalyse 42, 109, 148, 159,

163-167, 174, 185f., 190, 194, 203, 228
– feministische 18
Psychologie 61, 75, 111, 199, 227, 231, 236
Pusch, Luise 105
Pyrosphären 96f.

Radikalfeminismus 82
radikalfeministisch 84
Rationalität 17, 22, 28, 31, 34, 36f., 39ff., 113f., 125, 141, 161, 167, 214
Rawls, John 214f.
Raymond, Janice 136, 220-223
Realität 20, 77, 91, 104, 121f., 135, 138, 149, 178, 183, 216, 219, 232
Recht 158, 162, 180ff., 204, 218, 227f., 235, 239, 242, 247
Reflexion 13, 25, 52, 78, 112
Reformismus 126
Rekonstruktion 22
Religion 82f., 86, 161, 181, 188, 201, 220
Reproduktionsfähigkeit 12, 224
Reproduktionsfunktion 68
Reproduktionstechnologie 20
Revolution 126ff., 162, 185f., 193, 240-255
Rorty, Richard 124
Rose, Hilary 43, 122
Rossanda, Rossana 40
Rousseau, Jean-Jacques 145
Ruddick, Sara 206, 223

Sartre, Jean-Paul 56, 58, 71f.
Saussure, Ferdinand de 141
Schicksal 58, 61
Schneider, Christa 151f.
Schuldgefühl 88
Schwangerschaft 63, 180, 196, 199
Schwarzer, Alice 69
Seele 36, 72, 84, 89, 101, 166f.
Segal, Lynne 238
Sei-en 79, 81, 83, 85f., 90, 95f., 102
Sein 34, 59, 72, 78, 84, 100, 110, 148, 195,
Sein an sich 67
Sein für sich 67
Seinsmangel 72
Selbst 34, 53, 72, 79, 87, 89f., 93, 96, 102, 144, 148, 150, 152, 178, 194, 202, 214, 219, 234, 242, 248, 252, 254
– weibliches 75, 78f., 85, 89f.
Selbstsein 148
Selbstbewußtsein 149, 152
Selbsterfahrung 75
Selbsterkenntnis 151f., 245, 252, 254
Selbstliebe 98, 173
Selbstlosigkeit 34, 148
Selbstreflexion 20, 22
Selbstsicherheit 58
Selbstverständnis 37, 102
Selbstwerdung 150, 197
Selbstzerstörung 95
Semiotik 186
Semiotische, das 186-197, 200
Separatismus 81, 84, 104, 221, 246
Sex 14, 44
Sexismus 12, 25, 29, 45, 70, 81, 120, 193
sexistisch 75ff., 107, 109, 114, 117, 120
Sexualität 46, 60, 162ff., 170, 172, 179, 183, 213
– weibliche 15, 168, 170-173
Singer, Mona 210
Sinn 72, 76, 177, 220
Singebung 96, 187, 189ff.
Sinnlichkeit 34, 37, 45, 51, 73
Sittlichkeit 73, 213
Smith, Dorothy 43, 122
Sozialforschung 110

Sozialisation 14, 232
Sozialismus 17, 69
sozialistisch 58, 69, 81
Sozialwissenschaften 13, 106, 109-112
Soziologie 61, 111
Spiegelstadium 164, 186, 189
Spinoza, Baruch de 167
Spinster 78, 90
Sprache 27, 76f., 79, 84, 125, 139, 141, 144, 152f., 159f., 161f., 167
Sprechen 15, 23, 159-162, 166, 168, 170, 173, 175-179, 184-204, 237
– weibliches 160, 175-179
Spuken 88, 94
Standpunkttheorie 117-126
Stein, Gertrude 158
Subjekt 26f., 33, 36, 39, 44, 50, 52, 65, 68, 72ff., 120f., 123ff., 138, 140, 142-146, 148-152, 162, 166f., 168, 173, 175ff., 178, 185, 188f., 191, 193f., 196, 210, 215, 217f., 249
– abstraktes 52
– androgynes 150
– männliches 60, 137, 143, 147
– neutrales 34, 141, 216
– philosophisches 138, 148
– rationales 33
– transzendentales 27, 148, 191
– unabhängiges 60
– weibliches 34, 137, 147-153, 168, 174f., 178, 183, 211, 213, 219, 237
Subjekt-im-Prozeß 185, 188, 191, 197
Subjekt-Objekt-Spaltung 27, 91, 150, 191
Subjektsein 36, 144, 150
Subjektbegriff 21, 34, 38, 51, 143, 149, 151, 186, 210
Subjektivität 15, 43, 126, 142, 144, 147, 154, 162, 167, 169, 173, 186, 188, 248
Subjektstatus 38, 65, 78, 129, 148, 150f., 196, 213
Subjektwerdung 150, 193
Substanz 166
Sullerot, Evelyne 135
Symbol 88, 176, 179
Symbolik 44, 75, 157, 166, 173, 178, 216,
symbolisch 75, 109, 112, 141, 156, 186
Symbolische, das 157, 164, 186-193, 200
symbolische Ordnung 15, 160f., 164, 186-191, 193-197
Symbolismus 82

Tel Quel 185
Theologie 77, 185
Theorie, feministische 12, 20, 23, 27f., 108, 117f., 145ff., 216
Theoriebildung 12, 19, 107
– feministische 12f., 16, 19, 56, 133
Thetische, das 189f.
Tochter 89, 174f.
Todesliebe 76
Totalitarimus 49
transzendental 60, 116, 142f., 191
transzendentales Ego 191
Transzendenz 59f., 64f., 67, 74ff., 83, 92
Tugend 23, 99f., 213, 244
– weibliche 15, 24, 207, 209, 215, 237, 244

Über-Ich 164
Umweltethik 205, 207
Unabhängigkeit 64
Unbewußte, das 165, 167, 187-203
Unendlichkeit 73
Ungeschlechtlichkeit 38, 137
Universalisierung 25f., 139

Universalismus 37, 146, 209, 212, 214, 216
universalistisch 26, 37, 213-215, 217
Universalität 27, 31, 37, 39, 48f., 113, 147, 214
Universalitätsanspruch 49, 108
Unschuld 92f., 99
Unterdrückung 29, 32, 58f., 61, 64, 73ff., 81, 93, 97, 106, 108, 134, 193f., 206, 210f., 213, 217, 231ff., 240, 242, 244, 246f.
Unterdrückungsfunktion 25
Unterdrückungsmechanismen 57
Unvernunft 31f.
Unwissenschaftliche, das 52
Urteil 226f., 230, 232, 236, 238, 247, 249

Verantwortung 57, 74, 130, 226, 230ff., 234, 236f., 252f.,
Verb 78, 177
Verbizid 93
Vergeschlechtlichung 45, 115
Vergewaltigung 20, 96, 110
Verhalten 20, 48
Verhaltensmuster 49, 59, 64, 77, 98f., 102, 247
Verneinung 141
Vernunft 23f., 28, 31-55, 72, 100, 107, 124, 143, 167
– männliche 31f., 39, 211
– objektive 40
– offene 40
– patriarchale 35, 39-55
– rationale 31f., 34, 37, 39f.
– sinnliche 40
– subjektive 40
– vorbegriffliche 40
– weibliche 32f.
Vernunftbegriff 21, 31f., 35, 37-40, 42
Vernunftkritik 31-42, 52, 133, 210
Vernunftphilosophie 36
Verstand 25, 27, 43, 55, 99, 249f.
Verstehen 115, 124
Virago 99
vorsymbolisch 186, 193

Wahl 58, 74
Wahrheit 16, 23, 27, 37, 39, 51, 57, 76
Wahrheitsbegriff 21
Wahrnehmen 23
Wahrnehmung 15, 40, 73, 81, 85, 90, 109, 112, 129
Weben 90f., 101, 104, 241
weibliche Stimme 118, 210, 227, 236
Weibliche, das 13, 25, 27, 31f., 35f., 43f., 60, 110, 134f., 140, 167, 171, 187, 193, 200
Weiblichkeit 13, 26, 31ff., 34, 39, 46, 51, 61f., 64, 66, 75, 86, 134f., 139f., 171, 183, 185f., 198, 215, 230, 234, 243f.
Weisheit 88, 92
Weisshaupt, Brigitte 21, 51f., 148
Welt 28, 44, 76, 86, 91, 111, 116, 125, 138, 155, 157, 162, 169, 176f., 222f., 224, 252
– weibliche 15, 75, 79, 84, 92
Weltsicht 67, 129f.
Wert 27, 43, 209, 230, 249, 251, 254
– weiblicher 133, 148, 206, 209, 244, 248
Wesen, weibliches 15, 184
Whitbeck, Caroline 219
Whitford, Margaret 164, 183
Wilson Schaef, Anne 136
Wirklichkeit 37, 40, 48, 136
Wirtschaftsethik 205, 207
Wirtschaftswissenschaft 111
Wisselinck, Erika 41
Wissen 22f., 27, 44, 47, 51, 125, 140, 144, 155

Wissenschaft 14, 29, 42-55, 77, 82, 106-131, 136, 140, 160, 237
- androzentrische 108, 116, 121
- harte 106
- patriarchale 44, 49, 113
- sexistische 110
- traditionelle 45, 49, 106, 121, 125
- vergeschlechtlichte 116, 125
- weiche 106
- weibliche 114, 116
Wissenschaftliche, das 52
Wissenschaftlichkeit 45, 51, 141
Wissenschaftsbegriff 54, 122
Wissenschaftsdiskurs 114
Wissenschaftskonzept 51
Wissenschaftskritik, feministische 44f., 108, 112
Wissenschaftslogik 116
Wissenschaftsverständnis 50
Wissenschaftstheorie 23, 49f., 52, 106f., 109
- feministische 42-55, 106-131
Woolf, Virginia 158
Women Studies 29

Young, Iris Marion 68

Zehl Romero, Christiane 68, 70
Zeit 39, 126, 163, 177, 197-200, 221
Zeitlichkeit 52, 200
Zuneigung 96, 103, 136, 220, 222

Über Literatur

Albin Lesky:
Geschichte der griechischen Literatur
dtv 4595

Michael v. Albrecht:
Geschichte der römischen Literatur
dtv 4618 (2 Bände)

Reinhard Baumgart:
Deutsche Literatur der Gegenwart
Kritiken, Essays, Kommentare
dtv 4674

Barbara Becker-Cantarino:
Der lange Weg zur Mündigkeit
Frauen und Literatur
dtv 4548

Joachim Bumke:
Höfische Kultur
dtv 4442

Siegmar Döpp:
Werke Ovids
dtv 4587

Umberto Eco:
Lector in fabula
Die Mitarbeit der Interpretation in erzählenden Texten
dtv 4531

Die Grenzen der Interpretation
dtv 4644
Zwischen Autor und Text
Interpretation und Überinterpretation
dtv 4682

K.R. Eissler:
Goethe
dtv 4457 (2 Bände)

Die englische Literatur
Herausgegeben von Bernhard Fabian
Epochen – Formen – Autoren
dtv 4494 / 4495

Dieter Kartschoke:
Geschichte der deutschen Literatur im frühen Mittelalter
dtv 4551

Joachim Bumke:
Geschichte der deutschen Literatur im hohen Mittelalter
dtv 4552

Thomas Cramer:
Geschichte der deutschen Literatur im späten Mittelalter
dtv 4553

Georg Lukács:
Theorie des Romans
dtv 4624

Peter von Matt:
Liebesverrat
Die Treulosen in der Literatur
dtv 4566
Das Schicksal der Phantasie
Studien zur deutschen Literatur
dtv 4692

Martin Meyer:
Ernst Jünger
dtv 4613

Mario Praz:
Liebe, Tod und Teufel
Die schwarze Romantik
dtv 4375

Theodore Ziolkowski:
Das Amt der Poeten
Die deutsche Romantik und ihre Institutionen
dtv 4631